A CIÊNCIA DA MEDITAÇÃO

Daniel Goleman e Richard J. Davidson

A ciência da meditação
Como transformar o cérebro, a mente e o corpo

TRADUÇÃO
Cássio de Arantes Leite

5ª reimpressão

Copyright © 2017 by Daniel Goleman e Richard J. Davidson
Todos os direitos reservados.

Grafia atualizada segundo o Acordo Ortográfico da Língua Portuguesa de 1990,
que entrou em vigor no Brasil em 2009.

Título original
Altered Traits: Science Reveals How Meditation Changes Your Mind, Brain, and Body

Capa
Celso Longo

Preparação
Diogo Henriques

Índice remissivo
Probo Poletti

Revisão
Carmen T. S. Costa
Clara Diament

Dados Internacionais de Catalogação na Publicação (CIP)
(Câmara Brasileira do Livro, SP, Brasil)

Goleman, Daniel
   A ciência da meditação: Como transformar o cére-
bro, a mente e o corpo / Daniel Goleman e Richard J.
Davidson; tradução Cássio de Arantes Leite. – 1ª ed.
– Rio de Janeiro: Objetiva, 2017.

   Título original: Altered Traits: Science Reveals
   How Meditation Changes Your Mind, Brain,
   and Body.
   ISBN 978-85-470-0050-9

   1. Meditação 2. Mente e corpo I. Davidson, Richard
J. II. Título.

17-08180	CDD-158.12

Índice para catálogo sistemático:
1. Meditação : Psicologia aplicada   158.12

Todos os direitos desta edição reservados à
EDITORA SCHWARCZ S.A.
Praça Floriano, 19, sala 3001 — Cinelândia
20031-050 — Rio de Janeiro — RJ
Telefone: (21) 3993-7510
www.companhiadasletras.com.br
www.blogdacompanhia.com.br
facebook.com/editoraobjetiva
instagram.com/editora_objetiva
twitter.com/edobjetiva

Sumário

1. O caminho amplo e o caminho profundo....................7
2. Pistas antigas....................22
3. O depois é o antes do durante seguinte....................40
4. O melhor que tínhamos....................55
5. Uma mente imperturbável....................73
6. Preparado para amar....................89
7. Atenção!....................106
8. Leveza de ser....................125
9. Mente, corpo e genoma....................139
10. A meditação como psicoterapia....................160
11. O cérebro de um iogue....................174
12. Tesouro escondido....................190
13. Alterando traços....................207
14. Uma mente saudável....................229

Agradecimentos....................245
Notas....................247
Outras fontes....................277
Índice remissivo....................279

1. O caminho amplo e o caminho profundo

Numa ensolarada manhã de outono, Steve Z, um tenente-coronel em serviço no Pentágono, escutou um "barulho estranho, muito alto", e na mesma hora viu-se coberto de escombros quando o teto cedeu, derrubando-o no chão, inconsciente. Era 11 de setembro de 2001 e um avião comercial colidira contra o enorme edifício, muito perto da sala de Steve.

Os destroços que soterraram Steve salvaram sua vida quando a fuselagem da aeronave explodiu, uma bola de fogo que varreu a sala desprotegida. Apesar de uma concussão, Steve voltou ao batente quatro dias depois, trabalhando de forma febril durante várias noites, das seis da tarde às seis da manhã, para acompanhar o fuso horário do Afeganistão. Logo depois, voluntariou-se para passar um ano no Iraque.

"Fui para o Iraque principalmente porque não conseguia nem passear pelo shopping sem ficar hipervigilante, preocupado com o jeito como as pessoas olhavam para mim, e em total estado de alerta", lembra Steve. "Eu não conseguia entrar num elevador, me sentia preso numa armadilha quando estava parado no trânsito."

Seus sintomas eram um caso clássico de transtorno do estresse pós-traumático (TEPT). Então chegou o dia em que ele se deu conta de que não conseguiria lidar sozinho com o problema. Steve procurou uma psicoterapeuta, que frequenta até hoje. Ela o orientou, muito delicadamente, a tentar a meditação mindfulness (ou "atenção plena", como também é conhecida).

A mindfulness, recorda ele, "me proporcionou algo que eu podia fazer para me sentir mais calmo, menos estressado, para não ser tão reativo". À medida que praticava, acrescentando a meditação da bondade amorosa à mistura, e frequentando retiros, seus sintomas de TEPT pouco a pouco foram ficando menos constantes e intensos. Embora sua irritabilidade e inquietação ainda aflorassem, ele podia sentir quando vinham.

Histórias como a de Steve são uma notícia encorajadora sobre a meditação. Nós, autores deste livro, praticamos meditação durante toda a vida adulta e, como Steve, sabemos por experiência própria que a prática traz incontáveis benefícios.

Mas nossa vivência científica também nos fez parar para pensar. Nem tudo que é creditado à magia da meditação se presta efetivamente a testes rigorosos. E desse modo nos dispusemos a esclarecer o que funciona e o que não funciona.

Parte do que o leitor sabe sobre meditação pode estar errado. Mas o que é verdade sobre a meditação o leitor talvez ainda não saiba.

Peguemos o caso de Steve. A história já foi repetida em infinitas variações por um número incalculável de pessoas que dizem ter encontrado alívio em métodos de meditação como a mindfulness — não só para o TEPT, mas para praticamente todo o espectro de transtornos emocionais.

E contudo a mindfulness, parte de uma antiga tradição meditativa, não se destinava a ser nenhum tipo de cura; só recentemente o método foi adaptado como um bálsamo para nossas modernas formas de angústia. O objetivo original, seguido em alguns círculos até hoje, concentra-se numa exploração da mente visando a uma alteração profunda do próprio ser.

Por outro lado, as aplicações pragmáticas da meditação — como a mindfulness, que ajudou Steve a se recuperar de seu trauma — têm amplo apelo, mas não vão tão fundo. Como essa abordagem ampla é de fácil acesso, um sem-número de gente tem encontrado uma maneira de incluir ao menos um pouquinho de meditação no seu dia a dia.

Há, desse modo, dois caminhos: o profundo e o amplo. Os dois são muitas vezes confundidos, embora suas diferenças sejam enormes.

Percebemos o caminho profundo representado em dois níveis: em sua forma pura, por exemplo, nas antigas linhagens do budismo teravada tal como praticado no Sudeste Asiático ou entre os iogues tibetanos (de quem veremos alguns dados notáveis no capítulo 11, "O cérebro de um iogue"). Chamamos esse tipo de prática mais intensiva de Nível 1.

No Nível 2, essas tradições se distanciaram de seu papel como parte de um estilo de vida pleno — monástico ou iogue, por exemplo — e foram adaptadas a formas mais palatáveis para o Ocidente. No Nível 2, a meditação aparece em formas que deixam para trás partes da fonte asiática original, que talvez não consigam fazer a travessia de uma cultura para outra com tanta facilidade.

Depois há as abordagens amplas. No Nível 3, um novo distanciamento tira essas mesmas práticas meditativas de seu contexto espiritual e as difunde ainda mais amplamente — como no caso da Redução do Estresse Baseada em Mindfulness (mais conhecida na sigla em inglês, MBSR), fundada por nosso bom amigo Jon Kabat-Zinn e ensinada atualmente em milhares de clínicas e centros médicos, e muito além. Ou a Meditação Transcendental (MT), que oferece mantras sânscritos clássicos para o mundo moderno num formato acessível.

As formas de meditação ainda mais amplamente acessíveis no Nível 4 são, necessariamente, as mais diluídas, de modo a se tornarem mais acessíveis para um maior número de pessoas. Atuais modismos, como a *mindfulness-at-your--desk* [mindfulness à mesa de trabalho], ou os aplicativos de meditação por alguns minutos, exemplificam esse nível.

Prevemos também um Nível 5, que no momento existe apenas de forma fragmentária, mas que com o tempo pode muito bem crescer em quantidade de praticantes e alcance. No Nível 5, as lições que os cientistas aprenderam estudando todos os demais níveis levarão a inovações e adaptações que podem ser de vasto benefício — potencial que exploramos no capítulo final, "Uma mente saudável".

As profundas transformações proporcionadas pelo Nível 1 nos fascinaram quando entramos em contato com a meditação pela primeira vez. Daniel Goleman, o Dan, estudou textos antigos e praticou os métodos ali descritos, em especial durante os dois anos que morou na Índia e no Sri Lanka em seus tempos de pós-graduação e logo depois. Richie (como todos o chamam) seguiu Dan na Ásia para uma visita prolongada, também praticando a meditação num retiro por lá, encontrando-se com estudiosos da arte — e mais recentemente Richie fez neuroimagens de verdadeiros atletas olímpicos da meditação em seu laboratório na Universidade de Wisconsin.

Nossa própria prática da meditação tem se situado sobretudo no Nível 2. Mas desde o início, o caminho amplo, Níveis 3 e 4, também foi importante para nós. Nossos professores asiáticos diziam que se algum aspecto da meditação podia ajudar a aliviar o sofrimento, ele deveria ser oferecido a todos, não apenas àqueles empenhados numa busca espiritual. Nossas teses de doutorado puseram esse conselho em prática examinando os meios pelos quais a meditação podia render frutos cognitivos e emocionais.

O relato que apresentamos aqui espelha nossa jornada pessoal e profissional. Somos amigos íntimos e colaboradores na ciência da meditação desde a década de 1970, quando nos conhecemos em Harvard durante a pós-graduação, e nos tornamos os dois praticantes dessa arte interior ao longo de todos esses anos (embora estejamos muito longe de dominá-la).

Apesar de ambos termos formação em psicologia, trazemos habilidades complementares para a construção deste relato. Dan é um tarimbado jornalista científico que escreveu para o *New York Times* por mais de uma década. Richie, um neurocientista, fundou e dirige o Center for Healthy Minds [Centro para Mentes Saudáveis] da Universidade de Wisconsin, além de chefiar o laboratório de neuroimagem no Waisman Center da universidade, aparelhado com sua própria fMRI (imagem por ressonância magnética funcional), PET scan (tomografia por emissão de pósitrons) e uma bateria de programas de análise de dados de última geração, além de centenas de servidores para todo o trabalho pesado de computação exigido pela pesquisa que conduz. Seu grupo de pesquisadores conta com mais de cem especialistas, que vão de físicos, estatísticos e cientistas da computação a neurocientistas e psicólogos, bem como estudiosos de tradições meditativas.

A colaboração entre coautores em um livro pode ser complicada. Tivemos alguma dificuldade, sem dúvida — mas quaisquer empecilhos que a coautoria possa ter nos oferecido foram vastamente suplantados pelo puro prazer que descobrimos em trabalhar juntos. Temos sido melhores amigos por décadas, mas atuando separadamente ao longo da maior parte de nossas carreiras. Este livro nos reuniu outra vez, o que é sempre uma alegria.

O leitor tem diante de si o livro que sempre quisemos escrever mas não podíamos. A ciência e os dados necessários para dar sustentação a nossas ideias só amadureceram recentemente. Agora que as duas coisas atingiram a massa crítica, ficamos empolgados em compartilhar tudo isso.

Nossa alegria também deriva da sensação de uma missão conjunta, significativa: queremos mudar os rumos desse debate com uma reinterpretação radical sobre quais são — ou não são — os reais benefícios da meditação, bem como sobre qual sempre foi o verdadeiro objetivo de sua prática.

O CAMINHO PROFUNDO

Após voltar da Índia no outono de 1974, Richie estava em um seminário de psicopatologia em Harvard. De cabelos compridos e trajado num estilo condizente com o espírito de Cambridge da época — incluindo uma colorida faixa de tecido trabalhado que usava como cinto —, ele levou um susto quando seu professor disse: "Um indício de esquizofrenia é o modo bizarro como uma pessoa se veste", lançando um significativo olhar de soslaio em sua direção.

E quando Richie contou a um de seus professores em Harvard que queria fazer sua tese com foco na meditação, a reação ríspida veio imediatamente: seria o fim de sua carreira.

Dan começou a pesquisar os impactos da meditação em que há uso de mantras. Ao saber disso, um de seus professores de psicologia clínica perguntou, desconfiado: "Em que um mantra difere dos meus pacientes obsessivos que não conseguem parar de dizer 'merda-merda-merda'?".[1] A explicação de que os expletivos são involuntários na psicopatologia, enquanto a silenciosa repetição do mantra é um artifício de concentração espontâneo e intencional, pouco serviu para aplacar o homem.

Essas reações eram típicas da oposição que enfrentávamos entre os chefes de departamento, que continuavam a reagir com uma negatividade automática a qualquer coisa que tivesse a ver com a consciência — talvez fosse uma forma branda de TEPT após a famigerada debacle envolvendo Timothy Leary e Richard Alpert. Leary e Alpert haviam sido publicamente expulsos de nosso departamento após um escândalo, quando se descobriu que tinham deixado alunos de Harvard experimentar drogas psicodélicas. Isso foi cerca de cinco anos antes da nossa chegada, mas os ecos continuavam repercutindo.

A despeito de nossos mentores acadêmicos virem a pesquisa sobre meditação como um beco sem saída, no fundo sabíamos que ela era de extrema importância. Tivemos uma grande ideia: além dos estados agradáveis que a meditação pode gerar, os verdadeiros frutos são os possíveis *traços* duradouros resultantes.

Um traço alterado — uma nova característica que surge com a prática da meditação — perdura independentemente da meditação. Traços alterados moldam como nos comportamos em nossa vida diária, não apenas durante ou imediatamente após meditar.

O conceito de traços alterados tem sido a busca de uma vida inteira, cada um de nós desempenhando papéis sinergéticos no decorrer dessa história. Houve os anos de Dan na Índia como participante-observador pioneiro nas raízes asiáticas desses métodos de alterar a mente. E, ao voltar aos Estados Unidos, ele não teve muito sucesso em transmitir à psicologia contemporânea as mudanças benéficas da meditação e os antigos modelos operacionais usados para obtê-las.

As experiências pessoais de Richie com a meditação levaram a décadas de busca por uma ciência que dê sustentação a nossa teoria de traços alterados. Seu grupo de pesquisa hoje produziu dados que dão credibilidade ao que de outro modo pareciam meras histórias fantasiosas. E, chefiando a criação de um campo de pesquisa incipiente, a neurociência contemplativa, ele vem preparando uma geração futura de cientistas cujo trabalho dá fundamentação e contribui para essa evidência.

Na esteira do tsunami de empolgação com o caminho amplo, a rota alternativa com frequência passa despercebida: ou seja, o caminho profundo, que sempre foi o verdadeiro objetivo da meditação. Segundo o nosso entendimento, os impactos mais interessantes da meditação não são a saúde melhorada ou um desempenho mais efetivo no trabalho, mas, antes, um alcance maior no aperfeiçoamento de nossa natureza.

Uma série de descobertas obtidas com o caminho profundo impulsiona notavelmente os modelos científicos para os limites superiores de nosso potencial positivo. O alcance maior oferecido pelo caminho profundo cultiva qualidades duradouras como abnegação, serenidade, presença terna e compaixão imparcial — traços alterados altamente positivos.

Quando começamos, isso parecia uma grande novidade para a psicologia moderna — se ela nos desse ouvidos. Admitimos que no início o conceito de traços alterados tinha respaldo insuficiente, salvo nosso conhecimento intuitivo adquirido no encontro com praticantes muito experientes na Ásia, as alegações de antigos textos sobre meditação e nossas próprias tentativas incipientes nessa arte interior. Hoje, após décadas de silêncio e desdém, os últimos anos têm testemunhado amplas descobertas que ratificam nosso palpite inicial. Só nos últimos tempos os dados científicos atingiram a massa crítica, confirmando o que a intuição e os textos nos diziam: essas mudanças profundas são sinais externos de uma função cerebral espantosamente diferente.

Grande parte desses dados vem do laboratório de Richie, o único centro científico a coletar as descobertas feitas com dezenas de mestres contemplativos, sobretudo iogues tibetanos — a maior amostragem de praticantes sérios estudada em qualquer parte.

Esses improváveis parceiros de pesquisa foram cruciais na construção da argumentação científica para a existência de um modo de ser que tem se esquivado ao pensamento moderno, embora se esconda à plena vista como objetivo das principais tradições espirituais do mundo. Hoje podemos compartilhar a confirmação científica dessas alterações profundas do ser — uma transformação que eleva dramaticamente os limites das ideias da ciência psicológica quanto às possibilidades humanas.

A mera ideia de "despertar" — a meta do caminho profundo — soa como um estranho conto de fadas para a sensibilidade moderna. Entretanto, dados do laboratório de Richie, alguns deles recém-publicados em periódicos no momento em que este livro vem à luz, confirmam que alterações positivas notáveis no cérebro e no comportamento, nas linhas descritas há muito tempo para o caminho profundo, não são lenda, mas realidade.

O CAMINHO AMPLO

Somos ambos membros diretores de longa data do Mind and Life Institute, formado inicialmente para criar diálogos intensivos entre o Dalai Lama e os cientistas sobre uma ampla gama de tópicos.[2] Em 2000, organizamos um simpósio sobre "emoções destrutivas", com diversos especialistas destacados no campo das emoções, incluindo Richie.[3] No meio da conversa, o Dalai Lama, virando para ele, lançou um desafio provocador.

Sua própria tradição, observou o Dalai Lama, contava com um vasto leque de práticas, submetidas ao teste do tempo, para domar as emoções destrutivas.

Assim, insistiu ele, devíamos levar esses métodos ao laboratório em formas isentas de armadilhas religiosas, testá-los rigorosamente e, no caso de poderem ajudar as pessoas a reduzir suas emoções destrutivas, disseminá-los amplamente para o benefício de todos.

Isso nos instigou. À hora do jantar — e em várias noites subsequentes —, começamos a arquitetar o rumo geral da pesquisa aqui relatada.

O desafio do Dalai Lama levou Richie a redimensionar a formidável capacidade de seu laboratório para uma avaliação tanto do caminho profundo como do caminho amplo. E, como diretor fundador do Center for Healthy Minds, Richie tem estimulado o trabalho em aplicações úteis e embasadas em evidência que sejam adequadas para escolas, clínicas, empresas e até a polícia — qualquer um, em qualquer lugar, desde um programa voltado a ensinar comportamentos bondosos para alunos de pré-escola a tratamentos para veteranos com TEPT.

A sugestão do Dalai Lama catalisou estudos que dão sustentação ao caminho amplo em termos científicos, um vernáculo que foi acolhido em várias partes do mundo. Entrementes, o modo amplo viralizou, tornando-se assunto de blogs, tuítes e ágeis aplicativos. Por exemplo, enquanto escrevo, uma onda de entusiasmo toma a mindfulness, e centenas de milhares — talvez milhões — hoje praticam o método.

Mas olhar para a mindfulness (ou qualquer variedade de meditação) por uma lente científica começa com questões como: Quando ela funciona, e quando não? Esse método ajudará todo mundo? Seus benefícios são em alguma medida diferentes de, digamos, se exercitar? Essas são algumas das perguntas que nos levaram a escrever este livro.

Meditação é uma palavra abrangente para uma miríade de variedades da prática contemplativa, assim como esporte se refere a uma ampla gama de atividades atléticas. Tanto nos esportes como na meditação, os resultados finais variam conforme o que a pessoa efetivamente faz.

Um conselho prático para a pessoa prestes a começar uma prática meditativa ou que vem experimentando diversas delas: tenha em mente que, assim como adquirir habilidades em um dado esporte, encontrar uma prática de meditação que o agrade e manter-se nela trarão enormes benefícios. Simplesmente escolha uma para testar, decida de forma realista quanto tempo consegue praticar diariamente — mesmo que não sejam mais que alguns minutos —, experimente por um mês e veja como se sente ao final desses trinta dias.

Assim como treinos regulares o deixam em melhor forma física, praticamente qualquer tipo de meditação aumentará a aptidão mental em algum grau. Como veremos, os benefícios específicos de um tipo ou outro ficam mais fortes quanto maior for o número de horas dedicadas à prática.

UMA HISTÓRIA PARA SERVIR DE LIÇÃO

Swami X, como vamos chamá-lo, estava na crista da onda dos professores de meditação vindos da Ásia que fervilhavam pelos Estados Unidos em meados dos anos 1970, durante nosso período em Harvard. Ele nos procurou dizendo-se ansioso para que os cientistas da universidade estudassem sua habilidade como iogue a fim de confirmar suas capacidades notáveis.

Era o auge da empolgação com uma tecnologia nova para a época, o biofeedback, que transmitia à pessoa uma informação instantânea sobre sua fisiologia — pressão sanguínea, por exemplo — que de outro modo estaria além de seu controle consciente. Com esse novo sinal sendo fornecido, as pessoas seriam capazes pouco a pouco de mover suas operações corporais para direções mais salutares. Swami X alegava ter esse controle sem a necessidade do biofeedback.

Felizes por nos depararmos com um indivíduo aparentemente apto para nossa pesquisa, requisitamos um laboratório de fisiologia no Massachusetts Mental Health Center da Faculdade de Medicina de Harvard.[4]

Mas, chegado o dia de testar as habilidades do swami, quando lhe pedíamos para baixar a pressão sanguínea, ele a elevava. Quando lhe pedíamos para elevá-la, ele a baixava. Ao ser informado disso, o swami nos repreendeu pelo "chá tóxico" que havíamos lhe servido, que supostamente sabotava seus dons.

Nosso monitoramento fisiológico revelou que o homem não era capaz de realizar nenhum dos feitos mentais de que se gabava. Mas ele conseguiu, de fato, fazer seu coração entrar em fibrilação atrial — um biotalento de alto risco — com um método que chamou de *dog samadhi*, nome que até hoje nos parece incompreensível.

De tempos em tempos o swami desaparecia no banheiro para fumar um *bidi* (cigarros vagabundos que consistem em algumas lascas de tabaco enroladas numa folha, muito populares em toda a Índia). Um telegrama de amigos na Índia logo revelou que o "swami" era na verdade ex-gerente de uma fábrica de sapatos que abandonara a esposa e dois filhos para buscar fortuna nos Estados Unidos.

Sem dúvida Swami X estava à procura de marketing para atrair discípulos. Em suas aparições públicas subsequentes, ele se prontificou a mencionar que "cientistas em Harvard" haviam estudado suas habilidades mentais. Isso foi um prenúncio inicial do que veio a ser uma rica safra de dados sendo reutilizados para fins de autopromoção e venda.

Com incidentes admonitórios como esses em mente, conservamos uma postura aberta, mas cética — a mentalidade do cientista —, para a leva atual de pesquisa em meditação. Na maior parte, vemos com satisfação a ascensão do movimento de mindfulness e o rápido crescimento de seu alcance nas escolas, nas empresas e em nossas vidas privadas — a abordagem ampla. Mas deploramos o modo como os dados muito frequentemente são distorcidos ou exagerados quando a ciência é usada como isca de vendas.

A mistura de meditação com monetarização tem um histórico deprimente como receita para fraudes, decepções e até escândalos. Com demasiada frequência, distorções grosseiras, alegações questionáveis ou deturpações de estudos científicos são usadas para mascatear a meditação. Um site de negócios, por exemplo, traz um artigo intitulado "Como a mindfulness conserta seu cérebro, reduz o estresse e promove o desempenho". Essas alegações são justificadas por descobertas científicas sólidas? Sim e não — embora o "não" muitas vezes seja negligenciado.

Entre as descobertas duvidosas que viralizaram com alegações entusiasmadas estão: a de que a meditação engrossa o centro executivo do cérebro, o córtex pré-frontal, ao passo que encolhe a amígdala, o gatilho de nossas reações de lutar-fugir-paralisar; de que a meditação altera o ponto de ajuste emocional do nosso cérebro numa faixa mais positiva; de que a meditação retarda a velhice; e de que ela pode ser usada para tratar doenças que vão de diabetes ao transtorno do déficit de atenção com hiperatividade.

Visto mais atentamente, cada um dos estudos no qual se baseiam essas afirmações apresenta problemas nos métodos utilizados; eles precisam de mais testes e corroboração para oferecer dados sólidos. Tais descobertas talvez ainda se prestem a um posterior escrutínio — ou não.

A pesquisa que mostra o encolhimento da amígdala, por exemplo, usou um método de estimativa do volume amigdalar que pode não ser muito preciso. E um estudo amplamente citado que descreve o retardamento da velhice usou um tratamento muito complexo que incluía um pouco de meditação, mas era combinado a uma dieta especial e exercícios intensos também; o impacto da meditação em si era impossível de se identificar.

Mesmo assim, as mídias sociais vivem repletas dessas alegações — e um texto propagandístico e hiperbólico pode ser sedutor. De modo que nós oferecemos uma visão realista baseada em ciência sólida, filtrando resultados que estejam longe de ser tão convincentes quanto gostam de afirmar que são.

Mesmo defensores bem-intencionados têm pouca orientação para distinguir entre alegações confiáveis e questionáveis ou a pura bobagem. Haja vista a maré crescente de entusiasmo, já estava mais do que na hora de apresentar nossa abordagem mais sóbria.

Uma nota ao leitor. Os três primeiros capítulos cobrem nossas incursões iniciais pela meditação, bem como o pressentimento científico que motivou nossa busca. Os capítulos 4 a 12 narram a jornada científica, sendo cada um deles dedicado a um tópico particular como atenção ou compaixão; todos vêm com um sumário no fim, "Em resumo", para quem estiver mais interessado no que descobrimos do que no processo que nos levou à descoberta. Nos capítulos 11 e 12 chegamos ao nosso tão aguardado destino, compartilhando as notáveis descobertas sobre os praticantes de meditação mais avançados jamais estudados. No capítulo 13, "Alterando traços", relacionamos os benefícios da meditação em três níveis: iniciante, longo prazo e "atleta olímpico". Em nosso capítulo final, especulamos sobre o que futuro possivelmente nos reserva, e como essas descobertas podem trazer maior benefício não só para cada um individualmente como também para a sociedade em geral.

A ACELERAÇÃO

Já na década de 1830, Thoreau e Emerson, junto com outros transcendentalistas americanos, flertavam com essas artes orientais internas. Foram estimulados pelas primeiras traduções em língua inglesa de antigos textos espirituais da Ásia — mas não eram nem um pouco instruídos nas práticas que davam sustentação a esses textos. Quase um século mais tarde, Sigmund Freud aconselhou os psicanalistas a adotarem uma "atenção uniformemente flutuante" ao escutar o que o paciente dizia — mais uma vez, sem sugerir nenhum método específico.

O envolvimento mais sério do Ocidente só se firmou há poucas décadas, quando chegaram mestres do Oriente e uma geração de ocidentais viajou para estudar meditação na Ásia, alguns deles voltando como professores. Essas experiências pavimentaram o caminho para a presente aceleração do caminho amplo, junto com possibilidades renovadas para esse grupo reduzido que optou por perseguir o caminho profundo.

Na década de 1970, quando começamos a publicar nossa pesquisa sobre meditação, não havia mais que um punhado de artigos científicos sobre o tema. Na última contagem chegou-se a 6838 artigos, com notável aceleração no fim. Em 2014, o número ficou em 925; em 2015 o total foi de 1098 e, em 2016, houve 1113 publicações em língua inglesa sobre o assunto na literatura científica.[5]

PREPARANDO O CAMPO DE ESTUDO

Era abril de 2001, no último andar do Fluno Center, no campus da Universidade de Wisconsin-Madison, e nos reuníamos com o Dalai Lama para uma tarde de simpósio científico sobre as descobertas na pesquisa de meditação. Ausente da sala estava Francisco Varela, neurocientista chileno e chefe de um laboratório de neurociência cognitiva do Centro Nacional da Pesquisa Científica, em Paris. Sua notável carreira incluía a cofundação do Mind and Life Institute, que organizara o encontro em questão.

Como praticante sério da meditação, Francisco percebeu a possibilidade de uma colaboração plena entre meditadores calejados e os cientistas que estudavam essa arte. Esse modelo se tornou a prática-padrão no laboratório de Richie, assim como em outros.

Francisco fora escalado para participar, mas estava lutando contra um câncer de fígado, e um severo declínio em sua saúde impossibilitou a viagem. Ele ficou em seu apartamento em Paris, no leito de morte.

Isso foi numa época anterior ao Skype e à videoconferência, mas o grupo de Richie conseguiu uma conexão de vídeo simultânea entre nossa sala de reunião e a casa de Francisco. O Dalai Lama se dirigiu a ele muito diretamente, olhando de perto para a câmera. Ambos sabiam que seria a última vez que veriam um ao outro nesta vida.

O Dalai Lama agradeceu Francisco por tudo que ele fizera pela ciência e pelo bem da humanidade, desejou-lhe força e disse que permaneceriam ligados para sempre. Richie e muitos outros na sala estavam com lágrimas nos olhos, apreciando a grande importância do momento. Poucos dias após a reunião, Francisco faleceu.

Três anos depois, em 2004, ocorreu um evento que concretizou o sonho sobre o qual Francisco tantas vezes falara. No Garrison Institute, que ficava a uma hora da cidade de Nova York, subindo o rio Hudson, uma centena de cientistas, alunos de pós-graduação e de pós-doutorado haviam se reunido para o primeiro do que viria a ser uma série de eventos anuais, o Summer Research Institute (SRI), encontro devotado a promover o estudo rigoroso da meditação.

As reuniões são organizadas pelo Mind and Life Institute, formado em 1987 pelo Dalai Lama, Francisco e Adam Engle, um advogado que se tornou empresário. Éramos membros fundadores e diretores. A missão do Mind and Life é "aliviar o sofrimento e promover o florescimento integrando a ciência e a prática contemplativa".

O encontro de verão do Mind and Life, acreditávamos, podia oferecer uma realidade mais acolhedora para aqueles que, como nós em nossos tempos de pós-graduação, quisessem trabalhar pesquisando a meditação. Embora tivéssemos sido os pioneiros, queríamos criar uma comunidade interligada de estudiosos e cientistas com ideias afins que partilhassem dessa busca. Eles poderiam dar apoio uns aos outros à distância, mesmo estando isolados na busca de seus interesses dentro da instituição.

Os detalhes do SRI foram concebidos à mesa de cozinha da casa de Richie em Madison, numa conversa com Adam Engle. Richie e um punhado de cientistas e estudiosos então organizaram o primeiro programa de verão e atuaram como um corpo docente durante a semana, apresentando temas como neurociência cognitiva da atenção e imaginário mental. No momento em que escrevemos isto, treze outros encontros se seguiram (sendo dois na Europa, até agora, com a perspectiva de encontros futuros na Ásia e na América do Sul).

A começar pelo primeiro SRI, o Mind and Life Institute iniciou um programa de pequenas bolsas batizado em homenagem a Francisco. Esses poucos (cerca de uma dúzia) e muito modestos prêmios (até 25 mil dólares, embora a maior parte da pesquisa desse tipo exija muito mais subsídios do que isso) alavancaram mais de 60 milhões de dólares em subsídios para prosseguimento da pesquisa por parte de fundações e programas de bolsistas do governo federal norte-americano. E a iniciativa já gerou muitos frutos: cerca de cinquenta alunos do SRI contribuíram com várias centenas de artigos sobre meditação.

À medida que foram ingressando em posições acadêmicas, esses jovens cientistas aumentaram o número de pesquisadores realizando tais estudos. Assim, impulsionaram consideravelmente a quantidade crescente de estudos científicos sobre meditação.

Ao mesmo tempo, cientistas mais estabelecidos mudaram seu foco para essa área à medida que os resultados se revelaram uma produção valiosa. As descobertas obtidas pelo laboratório de Richie na Universidade de Wisconsin — e por outros cientistas, das escolas de medicina de Stanford e Emory, Yale e Harvard, e muito além — muitas vezes ganharam as manchetes.

Dada a popularidade crescente da meditação, sentimos a necessidade de um olhar mais prático. Os benefícios neurológicos e biológicos mais bem documentados pela ciência séria não são necessariamente os que ouvimos falar na imprensa ou no Facebook ou aqueles alardeados pelo marketing enviado em nossos e-mails. E parte disso tudo que é proclamado aos quatro ventos tem pouco mérito científico.

Muitas notícias se resumem aos modos pelos quais uma pequena dose diária de meditação altera nossa biologia e vida emocional para melhor. Esses textos, após viralizarem, levaram milhões no mundo a encontrar uma brecha em sua rotina diária para a meditação.

Mas há possibilidades — e perigos — muito maiores. Chegou o momento de contar a história toda, que as manchetes têm deixado passar em brancas nuvens.

Há inúmeros fios na tapeçaria que tecemos aqui. Um deles pode ser visto na história de nossa amizade de décadas e em nossa sensação compartilhada de um propósito maior, antes um objetivo distante e improvável, mas no qual persistimos a despeito dos obstáculos. Outro investiga o aparecimento da comprovação em neurociência de que as experiências modificam o cérebro, uma plataforma a apoiar nossa teoria de que, à medida que a meditação treina a mente, ela remodela o cérebro. Por fim, há a abundância de dados que extraímos para mostrar o gradiente dessa mudança.

Desde o início, meros minutos de prática diária trazem surpreendentes benefícios (embora não tantos quanto os que costumam ser alegados). Além desses resultados para o iniciante, podemos demonstrar agora que, quanto mais horas de meditação, maiores os benefícios colhidos. E nos níveis mais elevados de prática, encontramos traços verdadeiramente alterados — mudanças no cérebro que a ciência nunca observou antes, mas que propusemos décadas atrás.

2. Pistas antigas

Nossa história começa certa manhã no início de novembro de 1970, quando o cume da estupa de Bodh Gaya sumiu de vista, envolto na bruma etérea que se erguia do rio Niranjan, nas proximidades. Perto da estupa havia uma descendente da própria Árvore de Bodhi sob a qual, reza a lenda, Buda meditava quando atingiu a iluminação.

Através da névoa nessa manhã, Dan vislumbrou um velho monge tibetano passar, conforme cumpria seu ritual após a aurora, andando em volta do sítio sagrado. Com cabelo grisalho cortado rente e óculos fundo de garrafa, ele manuseava suas contas *mala* enquanto murmurava um mantra suave louvando o Buda como um sábio, ou *muni*, em sânscrito: "*Muni, muni, mahamuni, mahamuniya swaha!*".

Dias depois, calhou de alguns amigos levarem Dan para visitar esse mesmo monge, Khunu Lama. Ele vivia numa cela esparsa e sem aquecimento, as paredes de concreto irradiando o frio de fins de outono. Um *tucket* feito de uma prancha de madeira servia de cama para dormir e de sofá durante o dia, tendo um suporte ao lado para apoiar textos para a leitura — e pouca coisa além disso. Como convém a um monge, o quarto não tinha qualquer pertence pessoal particular.

Das primeiras horas da manhã até tarde da noite, Khunu Lama ficava sentado em sua cama, um texto permanentemente aberto diante de si. Sempre que uma visita aparecia — e no mundo tibetano isso podia ser a qualquer hora —, ele invariavelmente a recebia com expressão bondosa e palavras afetuosas.

As qualidades de Khunu — mostrar-se atencioso com qualquer um que o visitasse, seu jeito tranquilo e sua presença amável — pareceram a Dan muito diferentes, e bem mais positivas, do que os traços de personalidade que viera estudando para seu curso de psicologia clínica em Harvard. Seu treinamento se concentrava em aspectos negativos: padrões neuróticos, sentimentos opressivos esmagadores e a pura e simples psicopatologia.

Khunu, por outro lado, projetava silenciosamente o melhor lado da natureza humana. Sua humildade, por exemplo, era lendária. Contava-se que o abade do mosteiro, em reconhecimento ao status espiritual de Khunu, ofereceu-lhe uma suíte de vários cômodos no andar superior do mosteiro, com um monge para servir como seu criado. Khunu declinou, preferindo a simplicidade de sua cela monástica pequena e vazia.

Khunu Lama foi um desses raros mestres reverenciados por todas as escolas de prática tibetana. Até o Dalai Lama o procurava em busca de ensinamento, recebendo instrução sobre o *O caminho do bodisatva* de Shantideva, um guia para a vida regida pela compaixão de um bodisatva. Até hoje, sempre que o Dalai Lama dá aulas sobre esse texto, um de seus favoritos, ele credita Khunu como seu mentor no assunto.

Antes de se encontrar com Khunu Lama, Dan passara meses com um iogue indiano, Neem Karoli Baba, que fora acima de tudo seu motivo para ir à Índia. Neem Karoli, conhecido pelo título honorífico de Maharaji, acabara de ficar famoso no Ocidente como o guru de Ram Dass, que naqueles anos rodava o país com relatos fascinantes de sua transformação de Richard Alpert (professor de Harvard demitido por fazer experimentos com drogas psicodélicas, junto com seu colega Timothy Leary) em um devoto do idoso Neem Karoli. Acidentalmente, durante o feriado natalino de suas aulas em Harvard, em 1968, Dan conheceu Ram Dass, que acabara de voltar de uma estadia com Neem Karoli na Índia, e esse encontro acabou por impulsionar sua viagem ao país.

Dan conseguiu uma bolsa de pesquisa pré-doutorado em Harvard para visitar a Índia no outono de 1970, e localizou Neem Karoli Baba em um pequeno ashram no sopé dos Himalaias. Vivendo como sadhu, as únicas posses terrenas de Maharaji pareciam ser o dhoti de algodão branco que vestia nos dias quentes e o pesado cobertor xadrez de lã que enrolava sobre o corpo quando esfriava. Não mantinha nenhuma agenda particular, nenhuma organização, tampouco oferecia qualquer programa fixo de posturas iogues ou meditações.

Como a maioria dos sadhus, era um andarilho, vivendo imprevisivelmente em movimento. Passava a maior parte do tempo em algum *tucket* na varanda de qualquer ashram, templo ou casa que estivesse visitando no momento.

Maharaji parecia sempre absorto em um estado de arrebatamento silencioso e, paradoxalmente, ao mesmo tempo, atento a quem quer que estivesse em sua presença.[1] O que chamou a atenção de Dan foi como Maharaji parecia completamente em paz e bondoso. Como Khunu, mostrava igual interesse por todos que o visitavam — e esses iam dos funcionários de escalão mais elevado no governo a mendigos.

Havia algo acerca do estado espiritual inefável de Maharaji que Dan nunca observara em ninguém antes de conhecê-lo. O que quer que estivesse fazendo, ele parecia permanecer sem esforço num espaço interior de júbilo e afeto, em tranquilidade perpétua. Fosse qual fosse o estado em que Maharaji se encontrava, não parecia se tratar de um oásis temporário da mente, mas de um modo duradouro de ser: uma condição de absoluto bem-estar.

ALÉM DO PARADIGMA

Após cerca de dois meses fazendo visitas diárias a Maharaji no ashram, Dan e seu amigo Jeff (hoje amplamente conhecido como o cantor devocional Krishna Das) saíram em viagem com outro ocidental que estava desesperado para renovar seu visto após ter passado sete anos na Índia vivendo como sadhu. Essa jornada terminou para Dan em Bodh Gaya, onde logo conheceria Khunu Lama.

Bodh Gaya, no estado norte-indiano de Bihar, é um sítio de peregrinação para budistas do mundo todo, e quase todo país budista tem um edifício na cidade onde seus peregrinos podem se hospedar. A vihara birmanesa, ou casa de repouso do peregrino, fora construída antes da subida ao poder de uma ditadura militar que proibiu os cidadãos birmaneses de viajar. A vihara tinha quartos de sobra, mas poucos peregrinos — e não demorou a se tornar um destino de pernoite para o bando de viajantes ocidentais maltrapilhos que perambulavam pela cidade.

Quando Dan chegou lá, em novembro de 1970, conheceu o único residente americano de longa data, Joseph Goldstein, um ex-funcionário do Corpo da

Paz na Tailândia. Joseph passara mais de quatro anos estudando na vihara com Anagarika Munindra, um mestre da meditação. Munindra, de constituição frágil e sempre trajado em branco, pertencia à casta Barua em Bengala, cujos membros haviam sido budistas desde a época do próprio Gautama.[2]

Munindra estudara a vipassana (a meditação teravada e fonte original de muitas formas hoje populares de mindfulness) com mestres birmaneses de grande reputação. Munindra, que se tornou o primeiro instrutor de Dan no método, acabara de convidar seu amigo S. N. Goenka, um ex-empresário jovial e barrigudo recém-alçado a professor de meditação, para conduzir uma série de retiros de dez dias na vihara.

Goenka se tornara professor de meditação na tradição estabelecida por Ledi Sayadaw, um monge birmanês que, como parte de um renascimento cultural no início do século XX, forjado para combater a influência colonial britânica, revolucionou a meditação, tornando-a amplamente disponível para os leigos. Embora a meditação naquela cultura tivesse sido por séculos proveniente de monges e monjas, Goenka aprendeu a vipassana com U Ba Khin (U é um sinal de distinção em birmanês), outrora contador-geral da Birmânia, que aprendera o método com um fazendeiro, que por sua vez fora instruído por Ledi Sayadaw.

Dan fez cinco dos retiros de dez dias de Goenka de uma vez, mergulhando nesse rico método de meditação. Foi acompanhado por cerca de uma centena de outros viajantes. Esse encontro no inverno de 1970-1 foi um momento seminal na mudança da mindfulness de uma prática esotérica em países asiáticos para sua atual adoção disseminada pelo mundo todo. Um punhado de alunos ali, com Joseph Goldstein mostrando o caminho, tornou-se mais tarde fundamental para levar a mindfulness ao Ocidente.[3]

A começar pelos anos de faculdade, Dan desenvolvera o hábito de fazer sessões de meditação de vinte minutos duas vezes ao dia, mas essa imersão em dez dias de prática contínua o lançou em um novo nível. O método de Goenka começava por simplesmente observar as sensações da inspiração e expiração — não por vinte minutos apenas, mas por horas e horas todo dia. Esse cultivo da concentração transformava-se então em uma sistemática varredura corporal para identificar quaisquer sensações que estivessem ocorrendo em alguma parte do corpo. O que antes era "meu corpo, meu joelho" tornava-se um oceano de sensação cambiante — uma mudança radical na consciência.

Tais momentos transformadores marcam a fronteira da mindfulness, na qual observamos os fluxos e refluxos ordinários da mente, com um alcance maior e mais insight sobre a natureza da mente. Com a mindfulness você simplesmente percebe a torrente de sensações.

O passo seguinte, insight, traz a compreensão suplementar de como chamo essas sensações de "minhas". O insight da dor, por exemplo, revela como vinculamos a ela uma sensação de "eu", de modo que se torna "minha dor", em vez de ser uma pura e simples cacofonia de sensações que mudam continuamente instante a instante.

Essa jornada interior era explicada em detalhes meticulosos em livretos mimeografados de aconselhamento prático — muito gastos, à maneira de publicações clandestinas que passam de mão em mão — escritos por Mahasi Sayadaw, professor de meditação birmanês de Munindra. Os surrados folhetos davam instruções detalhadas sobre mindfulness e estágios muito além, a lugares bem adiante no caminho.

Consistiam em manuais práticos para transformar a mente com receitas de *hacking* mental que haviam sido de uso contínuo por milênios.[4] Quando utilizados com os ensinamentos orais feitos sob medida para o estudante, passados tête-à-tête, esses manuais detalhados podiam orientar o praticante de meditação a se tornar um mestre.

Os manuais partilhavam a premissa de que preencher a vida da pessoa com meditação e práticas relacionadas produz notáveis transformações do ser. E a sobreposição nas qualidades entre Khunu, Maharaji e um punhado de outros seres semelhantes que Dan conheceu em suas viagens pela Índia parecia afirmar exatamente tais possibilidades.

A literatura espiritual por toda a Eurásia converge em descrições de uma liberação interior da aflição, da fixação, do foco em si próprio, da ambivalência e impulsividade cotidianos — e que se manifesta como liberdade das preocupações com o eu, serenidade em face de toda dificuldade, uma percepção agudamente alerta do momento presente e preocupação terna com o outro.

Por outro lado, a psicologia moderna, com mais ou menos um século de idade, não fazia a menor ideia desse alcance do potencial humano. A psicologia clínica, campo de Dan, estava determinada a procurar um problema específico, como ansiedade elevada, e a tentar consertar essa única coisa. As psicologias asiáticas apontavam uma lente mais ampla para nossas vidas e ofereciam maneiras de realçar nosso lado positivo. Dan resolveu que, ao partir da Índia de volta para Harvard, deixaria seus colegas cientes do que parecia ser um aperfeiçoamento interior muito mais onipresente do que qualquer um sonhado por nossa psicologia.[5]

Pouco antes de ir à Índia, Dan escrevera um artigo — baseado em seus contatos iniciais com a meditação durante a faculdade e nas escassas fontes sobre o assunto então disponíveis em inglês — que propunha a existência de um duradouro modo de consciência ultrabenigno.[6] Os principais estados da consciência, pela perspectiva da ciência na época, eram desperto, dormindo e sonhando — todos os quais com assinaturas de ondas cerebrais distintas. Outro tipo de consciência — mais controverso e carecendo de qualquer apoio forte de evidência científica — foi a total absorção na concentração não distraída, o samádi, um estado alterado atingido pela meditação.

Havia um único estudo de caso científico um pouco questionável relativo ao samádi que Dan podia citar na época: o relato de um pesquisador que encostou um tubo de ensaio aquecido num iogue em samádi, cujo EEG (eletrencefalograma) supostamente revelava que ele permaneceu abstraído da dor.[7]

Mas não existia dado algum mencionando qualquer qualidade duradoura e benigna do ser. Assim, tudo que Dan podia fazer era propor hipóteses. Contudo, ali na Índia, ele encontrou seres que talvez pudessem incorporar essa consciência rarefeita. Ou assim parecia.

O budismo, o hinduísmo e o jainismo — todas as religiões que brotaram da civilização indiana — compartilham o conceito de "libertação" numa forma ou outra. Porém a psicologia sabe que nossas pressuposições influenciam aquilo que vemos. A cultura indiana tinha um arquétipo forte da pessoa "libertada", e essa lente, Dan sabia, podia prontamente fomentar projeções ilusórias, uma falsa imagem de perfeição a serviço de um sistema de crenças onipresente e poderoso.

De modo que a questão sobre essas qualidades rarefeitas do ser permanecia: fato ou conto de fadas?

A CONSTRUÇÃO DE UM REBELDE

Assim como praticamente todo lar na Índia tem um altar, os veículos também têm. Se for o caso de um dos ubíquos, imensos e pesados caminhões

Tata, e calhar de o motorista ser sikh, as imagens mostrarão Guru Nanak, o reverenciado fundador dessa religião. Se o motorista for hindu, haverá uma deidade, talvez Hanuman, Shiva ou Durga, e em geral um santo ou guru favorito. Os retratos transformam o assento do motorista em uma mesinha *puja*, o lugar sagrado em uma casa indiana onde são feitas as orações diárias.

A perua vw vermelho-bombeiro que Dan dirigia em Cambridge após regressar a Harvard, no outono de 1972, levava seu próprio panteão. Entre as imagens presas com fita adesiva no painel havia Neem Karoli Baba, assim como outros santos de que ele ouvira falar: uma imagem extraterrena de Nityananda, Ramana Maharshi com seu sorriso radiante e o bigodudo Meher Baba, de expressão levemente brincalhona, com seu lema — mais tarde popularizado pelo cantor Bobby McFerrin — "Não se preocupe. Seja feliz".

Dan estacionou a perua não muito longe do local de reunião de um curso de psicofisiologia que estava frequentando para adquirir o treinamento em laboratório de que precisaria para sua tese de doutorado, um estudo da meditação como intervenção nas reações corporais ao estresse. Não havia mais que um punhado de alunos sentados à roda de uma mesa de seminário naquela sala no 14º andar do William James Hall. Por acaso, Richie sentou ao lado de Dan, e foi nessa noite que nos conhecemos.

Conversando após a aula, descobrimos um objetivo comum: queríamos usar nossa pesquisa de doutorado como uma oportunidade de documentar parte dos benefícios trazidos pela meditação. Estávamos cursando aquele seminário de psicofisiologia para aprender os métodos de que precisaríamos.

Dan ofereceu a Richie uma carona para o apartamento que Richie dividia com Susan (sua namorada desde a faculdade e agora esposa). A reação de Richie ao painel de *puja* da perua foi arregalar os olhos de perplexidade. Mas ele ficou encantado por estar em companhia de Dan: mesmo ainda não tendo se formado, Richie já lera inúmeros periódicos de psicologia, inclusive o obscuro *Journal of Transpersonal Psychology*, onde topara com o artigo de Dan.

Como Richie se recorda, "Fiquei besta de ver alguém em Harvard escrevendo um artigo como aquele". Quando se candidatou à pós-graduação, tomou isso como um dos vários sinais de que devia escolher Harvard. Dan, de sua parte, ficou feliz por alguém levar o artigo a sério.

O interesse de Richie pela consciência fora despertado inicialmente pela obra de autores como Aldous Huxley, o psiquiatra escocês R. D. Laing, Martin Buber e, mais tarde, Ram Dass, cujo *Be Here Now* [Esteja aqui agora] foi publicado logo no início de seus estudos de graduação.

Mas esses interesses haviam ficado em segundo plano durante seus anos de faculdade no Departamento de Psicologia da Universidade de Nova York, em seu campus no Bronx, onde behavioristas leais, seguidores de B. F. Skinner, dominavam o Departamento de Psicologia.[8] Eles eram da firme crença de que apenas o comportamento observável constituía um estudo apropriado da psicologia — olhar dentro da mente era uma empreitada questionável, um tabu e uma perda de tempo. Nossa vida mental, alegavam, era completamente irrelevante para compreender o comportamento.[9]

Quando Richie se inscreveu para um curso em psicologia anormal, o livro didático era fervorosamente behaviorista, alegando que toda a psicopatologia era resultado de um condicionamento operante, em que um comportamento desejado ganha uma recompensa, como uma guloseima para um pombo que bica o botão correto. Esse modo de ver, achava Richie, estava falido: não só ignorava a mente, como também ignorava o cérebro. Richie, que não suportava esse dogma, largou o curso ao final da primeira semana.

Richie tinha a convicção de que a psicologia devia estudar a mente — não reforços positivos em pombos —, e assim se rebelou. Seu interesse pelo que se passava dentro da mente era, de uma perspectiva estritamente behaviorista, transgressivo.[10]

Enquanto durante o dia ele lutava contra a maré behaviorista, à noite ficava livre para explorar outros interesses. Voluntariou-se para ajudar com a pesquisa do sono no Maimonides Medical Center, onde aprendeu a monitorar a atividade cerebral com EEG, habilidade que lhe seria muito útil ao longo de todo o resto de sua carreira nessa área.

Sua orientadora de tese era Judith Rodin, com quem Richie conduziu uma pesquisa sobre devaneios e obesidade. Sua hipótese era que, como os devaneios nos afastam do momento presente, ficamos menos sensíveis aos sinais de saciedade fornecidos pelo corpo, e desse modo continuamos a comer. A questão da obesidade devia-se ao interesse de Rodin no assunto; o devaneio foi uma forma de Richie começar a estudar a consciência.[11] Para ele, o estudo foi um pretexto para aprender técnicas capazes de sondar o que de fato se passava dentro da mente usando mensurações fisiológicas e comportamentais.

Richie monitorou o batimento cardíaco e a sudorese dos indivíduos conforme deixavam sua mente vagar ou realizavam tarefas mentais. Foi a primeira vez que usou medidas fisiológicas para inferir processos mentais, um método radical na época.[12]

Essa prestidigitação metodológica, agregando um elemento dos estudos da consciência a um ramo de pesquisa em tudo mais respeitável e aceito, seria uma marca registrada da pesquisa de Richie durante a década seguinte, quando seu interesse por meditação foi recebido com pouco ou nenhum apoio no éthos da época.

Planejar uma tese que não dependesse de uma amostragem de meditação em si, mas que pudesse ser um estudo autossuficiente utilizando apenas não praticantes de meditação, revelou-se uma jogada inteligente para Richie. Assegurou-lhe o primeiro cargo acadêmico no campus em Purchase da Universidade Estadual de Nova York, onde ele guardou seu interesse na meditação para si enquanto desenvolvia um trabalho seminal no campo emergente da neurociência afetiva — o modo como as emoções operam no cérebro.

Dan, entretanto, não conseguiu lecionar em nenhuma universidade que refletisse seus interesses na consciência e de bom grado aceitou trabalhar como jornalista — um rumo na carreira que terminaria por levá-lo a escrever sobre ciência no *New York Times*. Enquanto ocupou essa posição, ele aproveitou a pesquisa de Richie sobre emoções e o cérebro (entre trabalhos de outros cientistas) para escrever *Inteligência emocional*.[13]

Dos mais de oitocentos artigos que Dan escreveu no *Times*, apenas um pequeno punhado tinha alguma coisa a ver com meditação — mesmo que ambos continuássemos a participar de retiros em nosso tempo livre. Deixamos a ideia de lado, publicamente, por cerca de duas décadas, enquanto privadamente procurávamos a evidência de que a meditação intensa e prolongada pode alterar o próprio cerne da pessoa. Estávamos voando abaixo do radar.

ESTADOS ALTERADOS

O William James Hall assoma sobre Cambridge como um equívoco arquitetônico, uma laje branca modernista de quinze andares gritantemente deslocada em meio a casas vitorianas e edifícios baixos de tijolo e pedra do campus de Harvard. No começo do século XX, William James se tornou o primeiro professor de psicologia da universidade, tendo sido crucial para a criação da área, ao fazer a transição do universo teórico da filosofia para uma visão da mente mais empírica e pragmática. A antiga casa de James nos arredores está lá até hoje.

A despeito dessa história, como alunos de pós-graduação do departamento abrigado no William James Hall, nunca fomos incumbidos de ler uma única página de William James — ele saíra de moda havia muito tempo. Mesmo assim, James se tornou uma inspiração para nós, em grande parte porque abordava o tema que nossos professores ignoravam e que nos fascinava: a consciência.

Na época de James, a virada do século XIX, houve uma moda entre os doutos bostonianos de cheirar óxido nitroso (ou "gás hilariante", como o composto veio a ser chamado quando os dentistas o incorporaram em seu trabalho). Os momentos transcendentes de James com a ajuda da substância levaram-no ao que ele chamou de uma "convicção inabalável" de que "nossa usual consciência desperta [...] nada mais é que um tipo especial de consciência, enquanto a toda sua volta, separadas pela película mais tênue, jazem as formas potenciais de consciência inteiramente distintas".[14]

Depois de apontar para a existência de estados alterados da consciência (embora sem usar essa expressão), James acrescenta: "Podemos passar a vida toda sem suspeitar de sua existência; mas aplique-se o estímulo necessário e a um toque estão lá em toda sua plenitude".

O artigo de Dan começara com essa mesma passagem das *Variedades da experiência religiosa* de William James, um chamado para estudar os estados alterados da consciência. Esses estados, como James percebeu, apresentam uma descontinuidade em relação à consciência ordinária. "Nenhum relato do universo em sua totalidade que deixe de fora essas outras formas de consciência muito negligenciadas pode ser definitivo", observou ele. A mera existência desses estados "significa que excluem um desfecho prematuro do nosso acerto de contas com a realidade".

A topografia da mente usada pela psicologia impedia esse acerto. As experiências transcendentais não eram encontradas em nenhuma parte desse terreno; se e quando eram mencionadas, ficavam relegadas a domínios menos importantes. Desde os primeiros dias da psicologia, a começar pelo próprio Freud, os estados alterados eram descartados como sintomas de uma ou outra forma de psicopatologia. Por exemplo, quando Romain Rolland, poeta francês laureado com o Nobel, tornou-se discípulo do santo indiano Sri Ramakrishna, perto do início do século XX, ele escreveu para Freud descrevendo o estado místico que experimentou — e Freud diagnosticou isso como regressão à infância.[15]

Nos anos 1960, os psicólogos costumavam descartar estados alterados desencadeados por drogas como psicoses artificialmente induzidas (o termo original para drogas psicodélicas era drogas "psicotomiméticas" — que imitavam psicoses). Como descobrimos, atitudes similares aplicavam-se à meditação — essa nova rota suspeita para alterar a mente —, pelo menos entre nossos orientadores da faculdade.

Mesmo assim, em 1972, o *Zeitgeist* de Cambridge incluía um interesse apaixonado pela consciência quando Richie entrou em Harvard e Dan voltou de sua estadia na Ásia (a primeira de duas) para começar a tese de doutorado. O best-seller de Charles Tart, *Altered States of Consciouness* [Estados alterados de consciência], reunindo artigos sobre biofeedback, drogas, auto-hipnose, ioga, meditação e outras vias similares para os "outros estados" de James, capturava o éthos da época.[16] Na ciência do cérebro, a empolgação girava em torno da recente descoberta dos neurotransmissores, os mediadores químicos que enviam mensagens entre os neurônios, como o regulador de humor serotonina — moléculas mágicas capazes de nos lançar no êxtase ou no desespero.[17]

O trabalho de laboratório em neurotransmissores penetrou na cultura geral como um pretexto científico para atingir estados alterados com o uso de drogas como o LSD. Esses eram os tempos da revolução psicodélica, que tinha suas raízes no mesmo departamento de Harvard que estudávamos, coisa que talvez ajude a explicar por que os inflexíveis professores remanescentes olhavam com desconfiança para qualquer interesse na mente que cheirasse a estados alterados.

UMA JORNADA INTERIOR

Dalhousie fica aninhada nos contrafortes da cadeia de Dhauladhar, uma parte dos Himalaias que se estende aos estados indianos de Punjab e Himachal Pradesh. Estabelecida em meados do século XIX como uma "estância montanhosa" onde os burocratas do Raj britânico podiam fugir do calor de verão da Planície Indo-Gangética, Dalhousie foi escolhida por seu cenário deslumbrante. Com seus pitorescos bangalôs remanescentes dos tempos coloniais, essa estância se tornou há tempos uma atração turística.

Mas não foi o cenário que atraiu Richie e Susan ao local naquele verão de 1973. Eles estavam ali para um retiro de dez dias — seu primeiro mergulho profundo — com S. N. Goenka, o mesmo professor com quem Dan fizera sucessivos retiros em Bodh Gaya, alguns anos antes, por ocasião de sua primeira estadia na Índia para a bolsa de viagem pré-doutorado. Richie e Susan haviam acabado de visitar Dan em Kandy, Sri Lanka, onde ele vivia com uma bolsa de pós-doutorado durante sua segunda viagem à Ásia.[18]

Dan encorajou o casal a fazer um curso com Goenka como porta de entrada para a meditação intensiva. O curso foi um pouco confuso desde o início. Para começar, Richie dormia na grande barraca para os homens, e Susan, na barraca feminina. E a imposição de um "nobre silêncio" desde o primeiro dia significou que Richie nunca soube de fato quem compartilhava aquela barraca com ele — sua vaga impressão foi de que se tratava na maior parte de europeus.

No salão de meditação, Richie encontrou o chão coberto de *zafus* redondas, almofadas em estilo zen, para sentar. A *zafu* seria onde Richie ficaria ao longo das cerca de doze horas de meditação que o programa diário exigia.

Acomodando-se em sua *zafu* na costumeira postura de meio-lótus, Richie percebeu uma pontada no joelho direito, que sempre fora o mais frágil. À medida que as horas nessa posição passavam, dia após dia, a dor se transformou em um uivo surdo de desconforto e se espalhou não só para o outro joelho como também para sua região lombar — tradicionais áreas de dor para os corpos desacostumados a ficar sentados e imóveis por horas a fio, apoiados apenas numa almofada no chão.

A tarefa mental de Richie para o dia era sintonizar a sensação de respirar pelas narinas. A impressão sensorial mais vívida não foi sua respiração — mas a dor física intensa e contínua em seus joelhos e costas. No fim do primeiro dia, ele pensou: não acredito que tenho mais nove dias disso.

Mas no terceiro dia ocorreu uma grande mudança com a instrução de Goenka de fazer uma "varredura" com atenção cuidadosa, observadora, indo da cabeça ao dedão do pé, do dedão do pé à cabeça, passando por todas as muitas e variadas sensações do corpo. Embora Richie sentisse seu foco voltar repetidas vezes para a dor latejante no joelho, também começou a vislumbrar uma sensação de serenidade e bem-estar.

Em pouco tempo Richie se pegou entrando num estado de total absorção que, perto do fim do retiro, lhe possibilitou ficar sentado por mais de quatro horas seguidas. Na hora de apagar as luzes, ele ia para o salão vazio e meditava firmemente nas sensações de seu corpo, às vezes até uma ou duas da manhã.

O retiro fez Richie sentir como se tivesse usado algum tipo de narcótico. Ele saiu de lá com a firme convicção de que havia métodos capazes de transformar nossa mente para que produzisse uma profunda sensação de bem-estar. Não precisávamos ficar sob o controle da mente, com suas associações aleatórias, medos e fúrias repentinos e tudo mais — era possível assumir o leme.

Por dias após o fim do retiro, Richie continuou a curtir o efeito. Sua mente continuou a pairar nas alturas enquanto ele e Susan se hospedavam em Dalhousie. O sentimento de euforia seguiu com ele no ônibus que desceu as montanhas por estradas sinuosas, através de campos e vilarejos, com suas casas de sapé e telhado colmado, nas cidades mais agitadas das planícies, e finalmente pelas ruas palpitantes e apinhadas de Delhi.

Ali Richie sentiu que o efeito começava a diminuir conforme os dias passavam. Ele e Susan estavam hospedados num lugar simples, o que conseguiram pagar com sua verba de estudantes, e aventuravam-se pelas ruas barulhentas de Delhi para encomendar roupas com um alfaiate e comprar suvenires.

Talvez a principal razão para o declínio do estado induzido pela meditação tenha sido a diarreia que acometeu a ambos. O mal-estar os atormentou durante uma conexão em Frankfurt, no trajeto de Delhi a Nova York. Após um dia inteiro de viagem, aterrissaram no aeroporto JFK, onde foram recebidos pelos respectivos pais, ansiosos para vê-los após um verão passado na Ásia.

Quando Susan e Richie foram liberados pela alfândega — doentes, cansados e trajados no estilo indiano da época —, suas famílias os receberam com uma expressão de choque e horror. Em vez de abraçá-los com ternura, exclamaram alarmados: "O que fizeram para ficar desse jeito? Vocês estão com uma aparência péssima!".

Quando chegaram todos à casa de campo da família de Susan, no norte do estado de Nova York, a meia-vida daquele efeito havia chegado ao final, e Richie se sentiu tão mal quanto sua aparência sugerira ao descer do avião.

34

Ele tentou reviver o estado que havia alcançado no curso de Dalhousie, mas aquilo sumira. Parecia uma viagem de ácido: ele tinha vívidas lembranças do retiro, mas não tinham sido incorporadas, não eram uma transformação duradoura. Eram apenas lembranças.

Essa experiência contribuiu para o que se tornaria uma questão científica candente: por quanto tempo os efeitos na mente — como a euforia meditativa de Richie — duram? A que momento eles podem ser considerados traços duradouros? O que permite que tal transformação do ser se incorpore de maneira indelével, em vez de desaparecer nas brumas da memória?

E exatamente em que território da mente Richie estivera?

O GUIA DE VIAGEM DO PRATICANTE

As coordenadas do paradeiro interior de Richie muito provavelmente estariam detalhadas em algum lugar do grosso livro que Munindra encorajara Dan a estudar durante sua primeira estadia na Índia alguns anos antes: o *Visuddhimagga*. Esse texto do século V, que significa "O caminho da purificação", em páli (língua do cânone budista mais primitivo), era a antiga fonte daqueles manuais mimeografados sobre os quais Dan se debruçara em Bodh Gaya.

Embora com séculos de idade, o *Visuddhimagga* permanecia o guia de meditação definitivo em lugares como Birmânia e Tailândia para os praticantes na tradição teravada, e mediante interpretações modernas continua a oferecer um modelo fundamental para a meditação de insight, raiz do que é popularmente conhecido como mindfulness.

Esse manual de meditação sobre como atravessar as regiões mais sutis da mente forneceu uma cuidadosa fenomenologia de estados meditativos e sua progressão até atingir o nirvana (*nibbana*, em páli). Os caminhos para o pote de ouro da paz absoluta, revelava o manual, eram uma mente agudamente concentrada, por um lado, fundindo-se com uma consciência aguçadamente atenta, de outro.

Os pontos de referência experienciais ao longo do caminho para resultados meditativos eram delineados casualmente. Por exemplo, o caminho da concentração começa com um mero foco na respiração (ou qualquer um dos mais de quarenta outros pontos focais sugeridos, como um retalho de cor — qualquer coisa que sirva para concentrar a mente). Para os iniciantes, isso significa uma dança oscilante entre o foco pleno e a mente divagante.

No início, o fluxo de pensamentos corre como uma catarata, o que às vezes desencoraja os iniciantes, que sentem a mente escapar do controle. Na verdade, a sensação de torrente de pensamentos parece se dever ao fato de prestarmos atenção detida ao nosso estado natural, que as culturas asiáticas apelidaram de "mente de macaco", por sua aleatoriedade furiosamente frenética.

À medida que nossa concentração aumenta, pensamentos divagantes perdem a força, em vez de nos conduzirem para algum lugar profundo da mente. O fluxo de pensamentos corre mais devagar, como um rio — até finalmente repousar na imobilidade de um lago, como nos informa uma antiga metáfora para predispor a mente na prática da meditação.

O foco sustentado, observa o manual, propicia o primeiro grande sinal de progresso, a "concentração de acesso", em que a atenção permanece fixa no alvo escolhido, sem divagar. Com esse nível de concentração vêm as sensações de deleite e calma e, às vezes, fenômenos sensoriais como clarões luminosos ou uma sensação de leveza corporal.

O "acesso" sugere o limiar da concentração total, a completa absorção chamada *jhana* (similar ao samádi em sânscrito), em que quaisquer pensamentos causadores de distração cessam por completo. Na *jhana*, a mente se enche de forte arrebatamento, felicidade e de um inquebrantável foco no objeto da meditação.

O *Visuddhimagga* lista mais sete níveis de *jhana*, com o progresso sendo marcado por sentimentos sucessivamente sutis de contentamento e arrebatamento, e maior serenidade, junto com um foco cada vez mais firme e sem esforço. Nos últimos quatro níveis, até mesmo o contentamento, uma sensação relativamente simples, é abandonado, deixando apenas o foco inabalável e a serenidade. O alcance mais elevado dessa consciência cada vez mais refinada tem tal sutileza que é referido como a *jhana* "nem da percepção, nem da não percepção".

No tempo do Buda Gautama, uma concentração total no samádi era apregoada pelos iogues como a estrada da libertação. Reza a lenda que o Buda praticava essa abordagem com um grupo de ascetas errantes, mas que abandonou o método e descobriu um tipo de meditação inovadora: lançar um olhar profundo à mecânica da própria consciência.

Só a *jhana*, teria declarado o Buda, não era o caminho para uma mente liberta. Embora a concentração intensa possa ser de enorme ajuda ao longo do percurso, o caminho do Buda desvia para um tipo diferente de foco interior: o caminho do insight.

Aqui, a consciência se abre para o que quer que surja na mente, não para uma única coisa — com a exclusão de tudo o mais —, como na concentração total. A competência para manter essa mindfulness, uma postura na atenção alerta mas não reativa, varia conforme nossa capacidade de manter o foco no objeto.

Com a mindfulness, o meditador simplesmente observa sem reatividade seja lá o que surgir em sua mente, como pensamentos ou impressões sensórias (sons, por exemplo) — e deixa que se vão. A ideia central aqui é *ir*. Se damos alguma importância a qualquer coisa que tenha acabado de surgir, ou permitimos que acione a reatividade, perdemos nossa postura de mindfulness — a menos que essa reação ou pensamento por sua vez se torne o objetivo da mindfulness.

O *Visuddhimagga* descreve de que modo a mindfulness cuidadosamente mantida — "a consciência nítida e determinada do que de fato acontece" em nossa experiência durante momentos sucessivos — é refinada em uma prática de insight mais sutil que pode nos conduzir por uma sucessão de estágios rumo a essa epifania final, o nirvana/*nibbana*.[19]

Essa mudança para a meditação de insight ocorre na relação da nossa consciência com nossos pensamentos. Normalmente, somos compelidos por nossos pensamentos: nosso desprezo ou autodesprezo gera um conjunto de sentimentos e ações; nossas fantasias românticas, um conjunto completamente diverso. Mas com a firmeza da mindfulness, podemos experimentar uma sensação profunda em que o autodesprezo e os pensamentos românticos sejam a mesma coisa: como todos os demais pensamentos, trata-se de instantes fugazes da mente. Não precisamos ser perseguidos ao longo do dia pelo que pensamos — são uma série contínua de participações breves, pré-estreias e cenas em um teatro da mente.

Uma vez que vislumbramos nossa mente como uma série de processos, em vez de nos deixarmos arrastar pela sedução de nossos pensamentos, adentramos o caminho do insight. A partir daí progredimos mediante o repetido deslocamento de nossa relação com esse espetáculo interior — a cada vez produzindo ainda mais insights na natureza da própria consciência.

Assim como o lodo revolvido, ao assentar no fundo da lagoa, nos permite ver através da água, o aplacamento de nossa torrente de pensamentos permite que observemos nosso maquinário mental com maior clareza. Ao longo do caminho, por exemplo, o praticante de meditação vê um desfile desorientadoramente rápido de momentos perceptivos em disparada pela mente, normalmente ocultos da consciência em algum lugar, atrás de uma cortina.

A euforia meditativa de Richie sem dúvida pôde ser avistada em algum ponto dessas marcas de referência do progresso. Mas esse efeito desapareceu nas brumas da memória. Os estados alterados são passageiros.

Na Índia, contam de um iogue que passou muitos anos sozinho numa caverna, alcançando estados rarefeitos de samádi. Um dia, satisfeito por ter atingido o fim de sua jornada interior, o iogue desceu de seu refúgio na montanha para uma aldeia.

Nesse dia, o bazar estava apinhado de gente. Quando abria caminho entre a multidão, o iogue foi pego em um empurra-empurra para dar passagem a um senhor local montado em um elefante. Um jovem diante do iogue recuou subitamente, assustado — e deu um pisão no pé descalço do iogue.

O iogue, furioso com a dor, ergueu o bordão para bater no rapaz. Mas, de repente, vendo o que estava prestes a fazer — e a raiva que impeliu seu braço —, virou e voltou direto para sua caverna, a fim de praticar mais.

A história alude à diferença entre os efeitos meditativos e a alteração duradoura. Além dos estados transitórios como o samádi (ou seu equivalente, a absorvente *jhana*), podem ocorrer mudanças indeléveis em nosso próprio ser. O *Visuddhimagga* sustenta que essa transformação é o verdadeiro fruto de se atingir os mais altos níveis do caminho do insight. Por exemplo, como diz o texto, sentimentos fortemente negativos como ganância e egoísmo, raiva e inimizade desaparecem. Em seu lugar entra a predominância de qualidades positivas como serenidade, bondade, compaixão e alegria.

Essa lista evoca alegações semelhantes de outras tradições meditativas. Se esses traços se devem a certas experiências transformativas específicas que resultam na conquista desses níveis, ou meramente às horas de prática ao longo do caminho, não sabemos dizer. Mas a prazerosa euforia induzida por meditação que Richie experimentou — possivelmente em algum lugar nas vizinhanças da concentração de acesso, quando não da primeira *jhana* — não foi suficiente para ocasionar essas mudanças de traço.

A descoberta do Buda — atingir a iluminação mediante o caminho do insight — foi um desafio às tradições iogues de seu tempo, que seguiam o caminho da concentração para vários níveis de samádi, o estado pleno de felicidade da absorção absoluta. Naqueles dias, insight versus concentração era um debate candente numa política da consciência que girava em torno de qual era o melhor caminho para esses traços alterados.

Avancemos para outra política da consciência da década de 1960, durante os dias inebriantes da onda psicodélica. As súbitas revelações dos estados alterados por drogas levaram a pressuposições como, nas palavras de um usuário: "Com o LSD experimentamos o que um monge tibetano leva vinte anos para obter, porém chegamos lá em vinte minutos".[20]

Ele não podia estar mais equivocado. O problema com estados induzidos por drogas é que, quando a química deixa seu corpo, você continua a mesma pessoa que sempre foi. E, como Richie descobriu, o mesmo acontece com os efeitos da meditação.

3. O depois é o antes do durante seguinte

A segunda passagem de Dan pela Ásia foi em 1973, dessa vez para um pós--doutorado pelo Social Science Research Council, para todos os efeitos uma incursão pela "etnopsicologia", para estudar sistemas asiáticos de análise da mente e suas possibilidades. Começou com seis meses em Kandy, uma cidade nas colinas do Sri Lanka, onde Dan consultou periodicamente Nyanaponika Thera, monge teravada natural da Alemanha cujo conhecimento centrava-se na teoria e na prática da meditação (Dan depois continuou por vários meses em Dharamsala, Índia, onde estudou na Biblioteca de Obras e Arquivos Tibetanos).

Os escritos de Nyanaponika focavam no *Abhidhamma*, um modelo da mente que esboçava um mapa e métodos para a transformação da consciência na direção dos traços alterados. Embora o *Visuddhimagga* e os manuais de meditação que Dan havia lido fossem instruções de operação para a mente, o *Abhidhamma* era uma teoria norteadora para tais manuais. Esse sistema psicológico vinha com uma explicação detalhada dos elementos-chave da mente e de como atravessar essa paisagem interior para realizar mudanças duradouras no âmago do nosso ser.

Determinadas seções eram interessantes em sua relevância para a psicologia, particularmente a dinâmica delineada entre estados da mente "saudáveis" e "nocivos".[1] Com muita frequência nossos estados mentais flutuam por um escopo que dá ênfase aos desejos, egocentrismo, morosidade, agitação e coisas assim. Eles fazem parte dos estados nocivos nesse mapa da mente.

Estados saudáveis, por outro lado, incluem serenidade, compostura, mind-fulness contínua e confiança realista. De forma intrigante, um subconjunto de estados saudáveis aplica-se tanto à mente como ao corpo: resiliência, flexibilidade, adaptabilidade e maleabilidade. Os estados saudáveis inibem os nocivos, e vice-versa. A marca do progresso ao longo desse caminho é constatar se nossas reações na vida diária sinalizam uma mudança rumo a estados saudáveis. O objetivo é estabelecer os estados saudáveis como traços predominantes, duradouros.

Os estados nocivos do meditador, uma vez imerso em profunda concen-tração, são suprimidos — mas, como no caso daquele iogue no bazar, podem emergir com a força de sempre quando o estado de concentração cessa. Por outro lado, segundo essa antiga psicologia budista, a conquista de níveis aprofundados de prática do insight leva a uma transformação radical, em última instância libertando a mente meditativa desse coquetel prejudicial. Um praticante muito avançado se estabiliza sem esforço no lado saudável, incorporando a confiança, a resiliência e assim por diante.

Dan viu essa psicologia asiática como um modelo operacional da mente, submetido ao teste do tempo no decorrer de séculos, uma teoria de como o treinamento mental podia levar a traços alterados altamente positivos. Essa teoria havia orientado a prática da meditação por mais de dois milênios — foi uma eletrizante comprovação de conceito.

No verão de 1973, Richie e Susan chegaram a Kandy para uma visita de seis semanas antes de prosseguirem rumo à Índia para aquele retiro emocio-nante e revelador com Goenka. Uma vez reunidos em Kandy, Richie e Dan atravessaram a selva para consultar Nyanaponika em seu remoto eremitério sobre seu modelo de bem-estar mental.[2]

Mais tarde nesse mesmo ano, após Dan ter regressado de sua estadia na Ásia na condição de membro do Social Science Research, ele foi contratado por Harvard como professor visitante. No semestre de outono de 1974, ele ofereceu um curso, "A psicologia da consciência", que se ajustava bem ao éthos da época — ao menos entre os alunos, muitos dos quais faziam sua própria pesquisa extracurricular com drogas psicodélicas, ioga e até um pouco de meditação.

Uma vez anunciado o curso sobre a psicologia da consciência, centenas de alunos de graduação em Harvard acorreram a esse painel sobre meditação e seus estados alterados, o sistema psicológico budista e o pouco que então se sabia sobre a dinâmica da atenção — tudo isso entre os tópicos cobertos. O número de inscrições foi tão grande que a aula teve de ser transferida para o maior ambiente letivo de Harvard, o Sanders Theatre, com mil lugares.[3] Richie, então em seu terceiro ano de pós-graduação, atuou como professor assistente no curso.[4]

A maioria dos tópicos em "A psicologia da consciência" — e o título do curso em si — estava muito fora do mapa convencional da psicologia na época. Não foi surpresa quando não pediram que Dan continuasse no departamento após o fim do semestre. Mas a essa altura Dan e Richie já tinham escrito alguma coisa e pesquisado juntos, e o segundo ficou empolgado quando se deu conta de que esse também seria o caminho de sua própria pesquisa, e assim ficou ansioso para arregaçar as mangas.

Depois de voltarmos do Sri Lanka e depois do semestre em que Dan lecionou sobre a psicologia da consciência em Harvard, trabalhamos no primeiro esboço de nosso artigo, explicando e defendendo os traços alterados para nossos colegas psicólogos. Enquanto Dan, por necessidade, baseara seu primeiro artigo em alegações tênues, pesquisa escassa e muitas conjecturas, agora tínhamos um modelo para o caminho dos traços alterados, um algoritmo para a transformação interior. Nos esforçamos para descobrir como conectar esse mapa com os pouquíssimos dados que a ciência produzira até então.

De volta a Cambridge, ruminamos tudo isso em longas conversas, muitas vezes em Harvard Square. Éramos vegetarianos, e tomávamos sundae de caramelo na sorveteria Bailey's, na rua Brattle. Ali trabalhamos no que se tornou um artigo de periódico juntando as peças dos poucos dados relevantes que conseguimos encontrar para embasar nosso primeiro manifesto a favor dos extremamente positivos traços alterados.

Nós o chamamos de "O papel da atenção na meditação e na hipnose: uma perspectiva psicobiológica nas transformações da consciência". A expressão-chave aqui é *transformações da consciência*, nosso termo na época para os traços alterados, que víamos como mudança "psicológica" (hoje diríamos "neural"). Sustentamos que a hipnose, ao contrário da meditação, produzia primordialmente efeitos de estado, e não efeitos de traço, como com a meditação. Naquela época o fascínio não era com os traços, mas antes com os estados alterados, induzidos por drogas psicodélicas ou meditação. No entanto, como dissemos numa conversa na Bailey's: "Depois que o efeito vai embora, você continua o mesmo palerma de sempre". Articulamos mais formalmente a ideia no artigo subsequente.

Estávamos falando de uma confusão básica, ainda comum demais, sobre como a meditação pode nos alterar. Algumas pessoas se prendem aos extraordinários estados atingidos durante uma sessão de meditação — particularmente, durante longos retiros — e prestam pouca atenção em como, ou mesmo se, esses estados se traduzem em uma mudança duradoura para melhor em suas qualidades de ser, após terem voltado para suas vidas normais. Valorizar apenas o auge é deixar de enxergar a real finalidade da prática: transformar a nós mesmos de maneira permanente no dia a dia.

Mais recentemente, essa finalidade ficou bem clara para nós quando tivemos oportunidade de contar ao Dalai Lama sobre os estados meditativos e seus padrões cerebrais que um praticante de longa data exibiu no laboratório de Richie. Conforme esse praticante experiente se entregava a diferentes tipos de meditação — por exemplo, concentração ou visualização —, os dados de imagem cerebral revelaram um perfil neural distinto para cada estado alterado meditativo.

"É muito bom", comentou o Dalai Lama, "ele conseguiu mostrar alguns sinais de habilidade iogue" — com o que quis dizer a meditação intensiva por meses ou anos praticada por iogues em cavernas nos Himalaias, ao contrário da prosaica ioga fitness tão popular nos dias de hoje.[5] Então acrescentou, mas "a verdadeira marca de um praticante da meditação é que ele disciplinou sua mente, libertando-a das emoções negativas". Essa regra informal tem permanecido constante desde antes da época do *Visuddhimagga*: não é o efeito durante o processo que importa. É no que você se transforma.

Refletindo sobre como conciliar o mapa meditativo com as experiências que nós mesmos vivenciamos, e depois com a evidência científica reconhecidamente escassa, articulamos uma hipótese: *O depois é o antes do durante seguinte*. Elaborando a ideia, *depois* refere-se às mudanças duradouras da meditação que permanecem muito além da prática em si. *Antes* significa a condição em que nos encontramos na linha de base, antes de começar a meditar. *Durante* é o que acontece quando meditamos, mudanças temporárias em nosso estado que passam quando paramos de meditar. Em outras palavras, a prática constante da meditação resulta em traços duradouros — o *depois*.

Ficamos intrigados com a possibilidade de algum caminho biológico no qual a prática constante levasse à incorporação gradual de traços altamente positivos como bondade, paciência, presença e calma sob quaisquer circunstâncias. A meditação, argumentamos, era uma ferramenta para estimular precisamente tais ferramentas benéficas do ser.

Publicamos nosso artigo em uma de talvez duas ou três publicações acadêmicas interessadas em temas tão exóticos quanto a meditação na década de 1970.[6] Esse foi um primeiro vislumbre de nosso pensamento sobre traços alterados, embora com uma frágil base científica. A máxima de que "probabilidade não é prova" se aplicava ao caso, em certo sentido: o que tínhamos era uma possibilidade, mas pouca base para lhe atribuir uma probabilidade, e zero evidência.

Quando escrevemos pela primeira vez a respeito, nenhum estudo científico fora conduzido para fornecer o tipo de evidência de que necessitávamos. Apenas muitas décadas após termos publicado o artigo, Richie descobriria que, entre os meditadores muito proficientes, o estado "antes" era na verdade muito distinto daquele das pessoas que nunca praticaram a meditação, ou praticaram muito pouco — era um indicador de um traço alterado (como veremos no capítulo 12, "Tesouro escondido").

Ninguém na psicologia dessa época falava em traços alterados. Além do mais, nossa matéria-prima era muito incomum para os psicólogos: antigos manuais de meditação, então difíceis de encontrar fora da Ásia, junto com nossas experiências em retiros de meditação intensivos, e encontros fortuitos com praticantes proficientes. Éramos, para dizer o mínimo, estudiosos atípicos da psicologia — ou excêntricos, como sem dúvida éramos vistos por parte de nossos colegas em Harvard. Nossa visão dos traços alterados dava um salto para muito além da ciência psicológica de nossa época. Um negócio arriscado.

A CIÊNCIA CORRE ATRÁS

Quando um pesquisador imaginativo concebe um novo conceito, ele dá início a uma cadeia de eventos muito parecida com a variação natural na evolução: à medida que testes empíricos confiáveis consideram as novas ideias, eliminam hipóteses ruins e disseminam as boas.[7]

Para que isso aconteça, a ciência precisa equilibrar o ceticismo com a especulação — pessoas que lançam redes amplas, pensam de forma imaginativa e consideram "e se". A rede de conhecimento cresce ao se testar ideias originais propostas por especuladores como nós. Se apenas os céticos se interessassem pela ciência, haveria pouca inovação.

O economista Joseph Schumpeter ficou famoso nos últimos tempos por seu conceito de "destruição criativa", em que o novo rompe com o antigo em uma área específica. Nossos primeiros palpites sobre os traços alterados se encaixam no que Schumpeter chamou de "visão": um gesto intuitivo que supre direção e energia para esforços analíticos. Essa visão permite que a pessoa veja as coisas sob nova luz, como ele diz, luz que "não é encontrada nos fatos, métodos e resultados do estado preexistente da ciência".[8]

Decerto tivemos uma visão, nesse sentido — mas contávamos com uma disponibilidade de métodos ou dados insignificante para explorar esse extremo positivo dos traços alterados, e não fazíamos ideia do mecanismo cerebral que permitiria uma mudança assim tão profunda. Estávamos determinados a propor o debate, mas ainda demoraria muitos anos até surgir a peça científica crucial para esse quebra-cabeça.

Nossos dados sustentavam de forma frágil — *muito* frágil — a ideia de que quanto mais a pessoa pratica um modo de gerar um estado meditativo, mais essa prática mostra influências duradouras que vão além da própria sessão de meditação. Mesmo assim, à medida que a ciência do cérebro evolui ao longo das décadas, presenciamos o crescimento da fundamentação para nossas ideias.

Richie compareceu a sua primeira reunião da Sociedade de Neurociências em 1975, em Nova York, junto com cerca de outros 2500 cientistas, todos empolgados por estarem presenciando o nascimento de um novo campo (e nenhum deles sonhando que hoje em dia esses encontros atrairiam mais de 30 mil neurocientistas).[9] Em meados da década de 1980, um dos primeiros presidentes da sociedade, Bruce McEwen, da Universidade Rockefeller, deu-nos a munição científica.

McEwen pôs uma tupaia (espécie asiática parecida com um musaranho) dominante na mesma gaiola por 28 dias com outra inferior na hierarquia — a versão roedora de ficar preso no trabalho com um chefe tirânico dia e noite por um mês. A grande descoberta do estudo de McEwen foi que, no cérebro do animal dominante, os dendritos no hipocampo, um nódulo essencial para a memória, encolheram. Essas projeções ramificadas das células do corpo lhes permitem alcançar e atuar sobre outras células; dendritos encolhendo significam perda de memória.

Os resultados de McEwen repercutiram nas ciências do cérebro e do comportamento com a força de um pequeno tsunami, abrindo os olhos dos pesquisadores para a possibilidade de que uma determinada experiência pudesse deixar sua marca no cérebro. McEwen mirava um santo graal da psicologia: como eventos estressantes produzem cicatrizes neurais indeléveis. Que algum tipo de experimento pudesse deixar sua marca no cérebro era, até então, impensável.

Na verdade, já se esperava encontrar estresse em um rato de laboratório — McEwen apenas elevou a sua intensidade. O arranjo-padrão para acomodar um rato de laboratório era o equivalente roedor de um confinamento solitário: semanas ou meses a fio numa pequena gaiola e, se o rato tivesse sorte, uma roda para se exercitar.

Comparemos essa vida de tédio e isolamento social perpétuos com algo como uma colônia de férias para um roedor, com montes de brinquedos, coisas para escalar, paredes coloridas, companhia e ambientes interessantes para explorar. Esse foi o habitat estimulante que Marion Diamond, da Universidade da Califórnia em Berkeley, construiu para seus ratos de laboratório. Trabalhando mais ou menos no mesmo período de McEwen, Diamond identificou mudanças benéficas no cérebro dos ratos, com ramificações dendríticas mais grossas conectando os neurônios e o crescimento de algumas áreas cerebrais, como o córtex pré-frontal, cruciais para a atenção e a autorregulação.[10]

Enquanto o trabalho de McEwen mostrava como eventos adversos podem encolher partes do cérebro, o de Diamond enfatizava os positivos. E contudo os estudos desta última foram recebidos com indiferença na neurociência, talvez por desafiarem diretamente uma crença onipresente na disciplina. A mentalidade convencional na época era de que ao nascer abrigamos em nosso cérebro uma quantidade máxima de neurônios, e depois inexoravelmente os perdemos com sua gradativa morte no decorrer da vida. A experiência, supostamente, não tinha nada a ver com isso.

Mas McEwen e Diamond nos levaram a pensar: se essas mudanças cerebrais para pior e para melhor podiam ocorrer com ratos, a experiência certa poderia mudar o cérebro humano na direção de traços alterados benéficos? Poderia a meditação ser um exercício interior útil nesse caminho?

Vislumbrar tal possibilidade foi empolgante. Sentimo-nos na iminência de algo realmente revolucionário, mas levaria ainda cerca de duas décadas para a evidência começar a mostrar o que intuíramos.

O GRANDE SALTO

O ano era 1992, e Richie ficou nervoso quando o Departamento de Sociologia da Universidade de Wisconsin lhe pediu para realizar um grande seminário. Ele sabia que estava no olho de um furacão intelectual, uma batalha entre "natureza" e "cultura" que assolava por anos as ciências sociais. O campo da cultura acreditava que nosso comportamento era determinado por nossas experiências; o campo da natureza via nossos genes como determinantes para nosso comportamento.

A batalha tinha uma história longa e sinistra — racistas no século XIX e início do XX distorceram a genética da época como sendo uma base "científica" para justificar o preconceito contra negros, americanos nativos, judeus, irlandeses e uma longa lista de vítimas da intolerância. Os racistas atribuíam qualquer defasagem na conquista educacional e financeira de grupos estudados ao seu destino genético, ignorando os vastos desequilíbrios de oportunidades. A revolta resultante nas ciências sociais tornara muitos nesse Departamento de Sociologia profundamente céticos quanto a qualquer explicação biológica.

Mas Richie sentia que os sociólogos cometiam uma falácia científica ao presumir logo de saída que as causas biológicas necessariamente reduziam as diferenças de grupo à genética — e desse modo eram vistas como imutáveis. Na visão de Richie, esses sociólogos estavam se deixando levar por uma postura ideológica.

Pela primeira vez em público, ele propôs o conceito de "neuroplasticidade" como via para solucionar essa batalha entre a natureza e a cultura. A neuroplasticidade, explicou, mostra que a experiência repetida pode alterar o cérebro, modelando-o. Não temos de escolher entre natureza ou cultura. As duas coisas interagem, moldando uma à outra.

O conceito harmonizava elegantemente o que haviam sido pontos de vista antagônicos. Mas Richie avançava além da ciência da época; os dados sobre a neuroplasticidade humana ainda eram nebulosos.

Isso mudou apenas alguns anos depois, com uma enxurrada de descobertas científicas — por exemplo, as que mostravam que aprender um instrumento musical ampliava os centros cerebrais relevantes.[11] Violinistas, cuja mão esquerda manuseava continuamente as cordas conforme tocavam, haviam ampliado as áreas cerebrais responsáveis por essa atividade com os dedos. Quanto maior sua prática com o violino, mais elas haviam crescido.[12]

O EXPERIMENTO DA NATUREZA

Tente isto. Olhe diretamente à frente e mantenha um dedo erguido, com o braço esticado. Ainda olhando para a frente, mova lentamente o braço até esse dedo ficar cerca de meio metro à direita de seu nariz. Quando você move seu dedo bem para a direita, mas continua focando à frente, ele acaba em sua visão periférica, a fronteira externa do que seu sistema visual está absorvendo.[13]

A maioria das pessoas perde o dedo de vista à medida que ele se move para o extremo direito ou esquerdo do nariz. Mas um grupo é exceção: os surdos. Embora essa incomum vantagem visual entre os surdos já seja há muito conhecida, sua base cerebral apenas recentemente foi demonstrada. E o mecanismo é, mais uma vez, a neuroplasticidade.

Estudos do cérebro como esse aproveitam os chamados "experimentos da natureza", situações de ocorrência natural, como surdez congênita. Helen Neville, neurocientista da Universidade de Oregon, com um interesse apaixonado pela plasticidade do cérebro, aproveitou a oportunidade para usar uma imagem de ressonância magnética do cérebro a fim de testar tanto pessoas surdas como de audição normal com um estímulo visual que imitava o que o surdo vê quando está lendo uma língua de sinais.

Os sinais são gestos expansivos. Quando uma pessoa surda lê a sinalização de outra, ela normalmente olha no rosto da que sinaliza — não diretamente para o modo como as mãos se movem conforme sinalizam. Alguns desses gestos expansivos movem-se na periferia do campo visual e assim naturalmente exercitam a capacidade do cérebro para perceber dentro dessa margem externa da visão. A plasticidade permite que esses circuitos assumam uma tarefa visual à medida que o surdo aprende a linguagem de sinais: lendo o que se passa no limite da visão.

O pedaço de terreno neural que normalmente opera como córtex auditivo primário (conhecido como giro de Heschl) não recebe input sensório algum em surdos. O cérebro de pessoas surdas, descobriu Neville, se transformara de modo que o que normalmente faz parte do sistema auditivo estava agora operando com os circuitos visuais.[14]

Tais descobertas ilustram quão radicalmente o cérebro consegue refazer suas ligações neurais ao reagir às experiências repetidas.[15] As descobertas com músicos e com surdos — e alguns outros grupos — ofereciam uma prova pela qual estávamos esperando. A neuroplasticidade fornece uma estrutura baseada na evidência e uma linguagem que faz sentido em termos de pensamento científico atual.[16] Era a plataforma científica de que precisávamos havia tempos, um modo de pensar sobre como o treinamento intencional da mente, como a meditação, pode moldar o cérebro.

O ESPECTRO DO TRAÇO ALTERADO

Os traços alterados mapeiam um espectro que começa no extremo negativo, o transtorno do estresse pós-traumático (TEPT) sendo um exemplo. A amígdala atua como radar neural para ameaças. O trauma opressivo recalibra em um gatilho hipersensível o limiar da amígdala para monopolizar o resto do cérebro de modo a reagir ao que é percebido como uma emergência.[17] Em pessoas com TEPT, qualquer indício que lembre a experiência traumática — e que para algum outro não seria particularmente notável — dispara uma cascata de reações exageradas que gera os flashbacks, a insônia, a irritabilidade e a ansiedade hipervigilante comuns ao transtorno.

Movendo-se pelo espectro do traço na direção do extremo positivo, há impactos neurais benéficos de ser uma criança segura, cujo cérebro é moldado por pais compreensivos, preocupados e responsáveis na sua criação. Essa moldagem cerebral da infância serve de base para que na vida adulta a pessoa seja capaz, por exemplo, de se acalmar numa situação de estresse.[18]

Nosso interesse nos traços alterados olha para além do espectro meramente saudável, mirando um extremo ainda mais benéfico, os traços salutares do ser. Esses *traços alterados extremamente positivos*, como a serenidade e a compaixão, são um objetivo da mente que treina nas tradições contemplativa. Usamos o termo *traço alterado* como uma taquigrafia para esse leque altamente positivo.[19]

A neuroplasticidade oferece uma base científica para o modo como o treino repetitivo é capaz de criar essas qualidades de ser duradouras que havíamos encontrado em um punhado excepcional de iogues, swamis, monges e lamas. Seus traços alterados combinam com antigas descrições de transformação duradoura nos níveis mais elevados.

A mente livre de perturbações é valiosa para diminuir o sofrimento humano, meta compartilhada tanto pela ciência como pelas linhas meditativas. Mas à parte as elevadas alturas do ser, há um potencial mais prático ao alcance de cada um de nós: uma vida que pode ser mais bem descrita como florescendo.

FLORESCIMENTO

Quando Alexandre, o Grande, liderava seus exércitos pelo lugar que hoje chamamos Caxemira, reza a lenda que conheceu um grupo de iogues ascéticos em Taxila, então uma cidade próspera em um desvio da Rota da Seda que levava às planícies da Índia.

Os iogues reagiram com indiferença à chegada dos ferozes soldados de Alexandre, dizendo que, assim como eles próprios, o general só podia na verdade possuir o chão onde pisava no momento — e que, como eles, um dia morreria.

A palavra derivada do grego para esses iogues era gimnossofistas, literalmente, os "filósofos nus" (até hoje alguns grupos de iogues indianos vivem nus, com o corpo coberto de cinzas). Alexandre, impressionado com sua serenidade, considerou-os "homens livres" e até convenceu um deles, Kalyana, a acompanhá-lo em sua jornada de conquistas. Sem dúvida o estilo de vida e a aparência dos iogues evocavam a criação do próprio Alexandre. O macedônio tivera por tutor o filósofo grego Aristóteles. Famoso desde sempre por seu amor ao conhecimento, Alexandre teria reconhecido os iogues como exemplos de uma outra fonte de sabedoria.

As escolas gregas de filosofia desposavam um ideal de transformação pessoal que se assemelhava notavelmente ao das asiáticas, como Alexandre talvez tenha percebido em suas conversas com Kalyana. Como sabemos, os gregos e seus herdeiros, os romanos, lançaram a fundação para o pensamento ocidental até os tempos atuais.

Aristóteles postulou o objetivo da vida como sendo uma existência virtuosa baseada na *eudaimonia* — uma espécie de florescimento —, visão que continua sob muitos disfarces no pensamento moderno. As virtudes, disse Aristóteles, são em parte atingidas encontrando-se o "meio certo" entre extremos; a coragem reside entre o risco impulsivamente assumido e a covardia; uma moderação suave, entre a autoindulgência e a negação ascética.

E não somos virtuosos por natureza, acrescentava, mas todos têm o potencial de sê-lo por meio do esforço correto. Esse esforço inclui o que hoje chamaríamos de automonitoramento, a prática contínua de atentar para nossos pensamentos e atos.

Outras escolas filosóficas greco-romanas usavam práticas similares em seus próprios caminhos rumo ao florescimento. Para os estoicos, uma chave era ver que nossos sentimentos sobre os eventos da vida, não os eventos em si, determinam nossa felicidade; encontramos serenidade separando o que podemos do que não podemos controlar na vida. Essa crença atualmente encontra um eco na versão popularizada pelos Doze Passos da oração do teólogo Reinhold Niebuhr:

Concedei-me, ó Deus, serenidade para aceitar as coisas que não posso mudar,
Coragem para mudar as que posso,
E sabedoria para perceber a diferença.

A via clássica da "sabedoria para perceber a diferença" reside no treinamento mental. Essas escolas gregas viam a filosofia como uma arte aplicada e ensinavam exercícios contemplativos e autodisciplina como caminhos para o florescimento. Como seus pares no Oriente, os gregos perceberam que podemos cultivar qualidades da mente que estimulem o bem-estar.

As práticas gregas para desenvolver virtudes eram até certo ponto ensinadas abertamente, enquanto outras eram aparentemente dadas apenas aos iniciados, como Alexandre, que observou que textos filosóficos eram mais bem compreendidos no contexto desses ensinamentos secretos.

Na tradição greco-romana, qualidades como integridade, bondade, paciência e humildade eram consideradas cruciais para um bem-estar duradouro. Tanto esses pensadores ocidentais como as tradições espirituais asiáticas enxergavam o valor de cultivar uma vida virtuosa por meio da transformação do ser, *grosso modo* de forma similar. No budismo, por exemplo, o ideal do florescimento interior é formulado em termos de *bodhi* (em páli e sânscrito), um caminho da autorrealização que nutre "o que há de melhor em si".[20]

OS DESCENDENTES DE ARISTÓTELES

A psicologia atual usa o termo *bem-estar* para uma versão do meme aristotélico *florescimento*. A psicóloga da Universidade de Wisconsin (e colega de Richie por lá) Carol Ryff, baseando-se em Aristóteles, entre muitos outros pensadores, postula um modelo de bem-estar com seis ramificações:

- *Autoaceitação*, ser positivo consigo mesmo, admitir tanto suas melhores qualidades como as não tão boas, e sentir-se bem em ser exatamente quem é. Isso exige uma autopercepção que não faça juízos de valores.
- *Crescimento pessoal*, a sensação de que você continua a mudar e se desenvolver rumo ao seu pleno potencial — melhorando à medida que o tempo avança —, adotando novas maneiras de ver ou ser e extraindo o máximo de seus talentos. "Cada um é perfeito do jeito que é", dizia o mestre zen Shunryu Suzuki a seus alunos, acrescentando, "e um pouco de aperfeiçoamento vem a calhar" — conciliando elegantemente aceitação com crescimento.
- *Autonomia*, independência em pensamentos e atos, ser livre da pressão social e uso dos padrões pessoais para medir a si mesmo. Isso, a propósito, se aplica mais fortemente a culturas individualistas como Austrália e Estados Unidos, ao contrário de culturas como a japonesa, na qual a harmonia com o grupo ao qual se pertence adquire maior importância.
- *Controle*, sentir-se competente para lidar com as complexidades da vida, aproveitando as oportunidades à medida que surgem pelo caminho, e criando situações que se prestem a suas necessidades e valores.
- *Relações gratificantes*, providas de afeto, empatia e confiança, junto com a preocupação com o outro e um dar e receber salutar.

- *Propósito na vida*, metas e convicções que lhe deem uma sensação de significado e direção. Alguns filósofos argumentam que a verdadeira felicidade surge como um subproduto do significado e propósito na vida.

Ryff enxerga essas qualidades como uma versão moderna da *eudaimonia* — o "bem humano mais elevado de todos", segundo Aristóteles, a percepção de seu potencial único.[21] Como veremos nos capítulos que seguem, diferentes variedades de meditação parecem cultivar uma ou mais dessas capacidades. De forma mais imediata, diversos estudos examinaram como a meditação incrementava a classificação das pessoas na mensuração de bem-estar de Ryff.

Menos da metade dos americanos, segundo os Centros de Controle e Prevenção de Doenças, afirma ter um forte sentido de propósito na vida além de seus trabalhos e obrigações familiares.[22] Esse aspecto particular do bem-estar pode ter implicações significativas: Viktor Frankl escreveu sobre como uma sensação de significado e propósito permitiu que ele e alguns poucos escolhidos sobrevivessem durante anos em um campo de concentração nazista enquanto milhares morriam a sua volta.[23] Para Frankl, continuar seu trabalho como psicoterapeuta com outros prisioneiros no campo trouxe propósito a sua vida; para outro homem ali, foi ter um filho que ficara do lado de fora; um terceiro encontrou propósito no livro que queria escrever.

O sentimento de Frankl evoca uma descoberta feita após um retiro de meditação de três meses (cerca de 540 horas no total), no qual os praticantes que haviam fortalecido seu sentido de propósito na vida durante esse tempo também mostravam um aumento simultâneo na atividade da telomerase em suas células imunes, mesmo passados cinco meses.[24] Essa enzima protege as fileiras dos telômeros, as coberturas nas sequências terminais de DNA que refletem quanto tempo uma célula viverá.

É como se as células do corpo estivessem dizendo: "Aguente firme, você tem um trabalho importante a fazer". Por outro lado, como observam esses pesquisadores, a descoberta precisa ser reproduzida em estudos bem projetados antes de podermos ter mais certeza.

Outro ponto interessante: oito semanas de uma variedade de mindfulness pareciam aumentar uma região no tronco cerebral que estava correlacionada a um aumento do bem-estar no teste de Ryff.[25] Mas o estudo foi muito pequeno — apenas catorze pessoas —, e desse modo precisa ser refeito com um grupo maior antes que possamos extrair conclusões mais do que apenas provisórias.

Similarmente, em um estudo separado, pessoas praticando uma forma popular de mindfulness relataram níveis mais elevados de bem-estar e outros benefícios até mais de um ano depois.[26] Quanto mais mindfulness no dia a dia, maior o incremento subjetivo do bem-estar. Novamente, os números nesse estudo eram pequenos, e uma medição cerebral — que, como afirmamos, é muito menos suscetível a distorção psicológica do que as autoavaliações — seria ainda mais convincente.

Assim, embora consideremos tentador concluir que a meditação estimula o bem-estar, sobretudo por nós mesmos sermos adeptos da prática, nosso lado científico permanece cético.

Estudos como esses são com frequência citados como "comprovando" os méritos da meditação, em particular hoje em dia, quando a mindfulness caiu no gosto popular. Mas a pesquisa de meditação varia enormemente no que diz respeito à solidez científica — ainda que, ao ser usada para promover alguma marca de meditação, aplicativo ou qualquer outro "produto" contemplativo, esse fato inconveniente passe em brancas nuvens.

Nos capítulos seguintes, utilizamos padrões rigorosos para separar a conversa fiada dos fatos. O que a ciência verdadeiramente nos diz sobre os impactos da meditação?

4. O melhor que tínhamos

A cena: uma marcenaria, e dois sujeitos — vamos chamá-los de Al e Frank — batem um papo animado enquanto Al deposita uma grande chapa de compensado diante das lâminas denteadas de uma serra circular gigante. De repente você percebe que Al não usou a proteção de segurança para aquela serra — seu batimento cardíaco acelera ao você ver que o polegar de Frank está indo na direção daquele círculo de aço assustador e afiado.

Al e Frank estão conversando distraídos, os dois alheios ao perigo próximo, enquanto aquele polegar se aproxima da lâmina zunindo. Seu coração bate forte e gotas de suor se formam em sua testa. Você sente um desejo urgente de avisar Al — mas ele é apenas um ator no filme que você está assistindo. *Não precisava acontecer*, feito pelo Canadian Film Board para assustar marceneiros e obrigá-los a usar os dispositivos de segurança, retrata, em seus breves doze minutos, três acidentes na oficina. Como aquele polegar avançando inexoravelmente para a lâmina, cada um deles cresce em suspense até o momento do impacto: Al perde o polegar na serra circular, outro trabalhador tem os dedos dilacerados e uma tábua sai voando e acerta alguém em cheio.

O filme teve uma vida bem diferente do seu objetivo inicial de ser uma advertência para marceneiros. Richard Lazarus, psicólogo da Universidade da Califórnia em Berkeley, implementou essas representações de acidentes sangrentos como um estímulo de estresse emocional confiável por mais de uma década de sua pesquisa seminal.[1] Ele generosamente deu uma cópia do filme para Dan utilizar na pesquisa em Harvard.

Dan mostrou o filme para cerca de sessenta pessoas, metade delas voluntários (alunos de Harvard fazendo cursos de psicologia) que não tinham experiência com meditação, a outra metade professores de meditação com no mínimo dois anos de prática. Metade das pessoas em cada grupo meditou pouco antes de assistir ao filme; ele ensinou os alunos a meditar ali no laboratório. Dan disse aos que haviam sido designados a um grupo de controle escolhido aleatoriamente para apenas sentar e relaxar.

Enquanto o batimento cardíaco e a sudorese das pessoas que viam o filme aumentavam e arrefeciam conforme os acidentes na oficina, Dan ficava na sala de controle ao lado. Meditadores experientes tenderam a se recuperar do estresse de ver aqueles acontecimentos perturbadores mais rapidamente do que pessoas novatas na prática.[2] Ou assim pareceu.

A pesquisa foi sólida o bastante para render a Dan um doutorado em Harvard e ser publicada em uma das principais publicações de seu campo de estudo. Mesmo assim, revendo o experimento com maior atenção, enxergamos uma quantidade de pontos problemáticos. Os responsáveis por revisar pedidos de bolsa e artigos de periódicos têm padrões rígidos para determinar quais os melhores projetos de pesquisa — ou seja, os que trazem resultados mais confiáveis. Desse ponto de vista, a pesquisa de Dan — e a maioria dos estudos de meditação ainda hoje — tinha falhas.

Por exemplo, Dan foi a pessoa que ensinou os voluntários a meditar ou lhes disse apenas para relaxar. Mas Dan sabia o resultado desejado, de que a meditação devia ajudar — e isso pode muito bem ter influenciado na forma como se dirigiu aos dois grupos, talvez de uma maneira que encorajasse os bons resultados da meditação e os resultados ruins da condição de controle que apenas relaxava.

Outra questão: dos 313 artigos de periódicos que citaram os resultados de Dan, nem um sequer tentou reproduzir o estudo para descobrir se obteriam dados semelhantes. Esses autores simplesmente presumiram que os resultados eram sólidos o bastante para usar como base para suas próprias conclusões.

O exemplo do estudo de Dan não está sozinho; essa atitude prevalece até hoje. A reprodutibilidade, como se diz no meio, destaca-se como uma força do método científico; quaisquer outros cientistas deviam ser capazes de reproduzir um determinado experimento e publicar os mesmos resultados — ou revelar o fracasso em reproduzi-los. Mas pouquíssimos sequer tentam.

Essa ausência de reprodução surge como um problema onipresente na ciência, em particular quando se trata de estudos sobre o comportamento humano.[3] Das cem descobertas mais frequentemente citadas na psicologia, tentativas metódicas de reprodução foram verificadas em apenas 39% dos estudos originais. E apenas uma fração minúscula dos estudos em psicologia chega a ser considerada para reprodução; os incentivos da área favorecem o trabalho original, não a duplicação. Além do mais, a psicologia, como todas as ciências, tem um forte viés de publicação entranhado: os cientistas raramente tentam publicar estudos quando não obtêm resultados significativos. E no entanto o próprio resultado nulo significa muita coisa.

Há ainda a diferença crucial entre medições "sensíveis" e "rígidas". Se você pede às pessoas para relatar seus próprios comportamentos, sentimentos e coisas assim — medições sensíveis —, fatores psicológicos como o humor do momento e querer passar uma boa impressão ou agradar o pesquisador podem influenciar enormemente o modo como reagem. Por outro lado, tais vieses têm menor (ou nenhuma) probabilidade de influenciar processos fisiológicos como batimentos cardíacos ou atividade cerebral, o que faz deles mensurações rígidas.

Peguemos a pesquisa de Dan: ele se baseou até certo ponto em medidas sensíveis em que as pessoas avaliavam as próprias reações. Usou uma aferição de ansiedade popular (entre os psicólogos) que pedia às pessoas para classificar a si próprias em alternativas como "Estou preocupado", de "nem um pouco" a "muito", e de "quase nunca" a "quase sempre".[4] Esse método, no geral, revelou que se sentiam menos estressadas após a primeira experiência com meditação — uma descoberta razoavelmente comum ao longo dos anos nesses estudos. Mas tais estudos autorrelatados são notoriamente suscetíveis à "demanda de expectativa", os sinais implícitos para informar um resultado positivo.

Mesmo iniciantes em meditação informam que se sentem mais relaxados e menos estressados assim que começam. Tais autorrelatos de melhor gerenciamento do estresse aparecem muito mais cedo nos dados dos meditadores do que medições rígidas como atividade cerebral. Isso pode significar que a sensação de ansiedade diminuída que os praticantes de meditação vivenciam ocorre antes de mudanças discerníveis nas medições rígidas — ou que a expectativa de tais efeitos envíesa o que os meditadores afirmam.

Mas o coração não mente. O estudo de Dan implementou medições fisiológicas como batimento cardíaco e suor, coisas que em geral não podem ser controladas deliberadamente, e desse modo produziu um retrato mais acurado das verdadeiras reações da pessoa — sobretudo comparado àquelas medições autorrelatadas muito subjetivas e mais facilmente sujeitas a viés.

Para sua tese, a principal medida fisiológica de Dan foi a resposta galvânica da pele (ou GSR, em inglês), descargas de atividade elétrica que indicam a quantidade de suor. A GSR sinaliza o aumento do estresse no corpo. Como já se especulou, na evolução primitiva a liberação de suor talvez tornasse a pele menos sensível, protegendo os humanos no combate corpo a corpo.[5]

As medições cerebrais são ainda mais confiáveis do que as fisiológicas "periféricas", como batimento cardíaco. Mas nos antecedemos a tais métodos, os menos tendenciosos e mais convincentes de todos. Na década de 1970, sistemas de imagem cerebral como fMRI, SPECT (tomografia computadorizada por emissão de elétron único) e análises computadorizadas muito refinadas de EEG ainda não haviam sido inventados.[6] Medidas de reações corporais distantes do cérebro — batimento cardíaco, ritmos de respiração e suor — eram o melhor à disposição de Dan.[7] Como tais reações fisiológicas refletem uma complexa mistura de forças, elas são um pouco confusas de interpretar.[8]

Outra deficiência do estudo deriva da tecnologia de gravação da época, muito antes que esses tipos de dados fossem digitalizados. O ritmo do suor era acompanhado pelo movimento de uma agulha em uma bobina de papel contínua. Dan examinava os rabiscos resultantes por horas, analisando dados através da conversão de vaivéns de tinta em números. Isso correspondia a contar as manchinhas que significavam uma emissão de suor antes e depois de cada acidente na oficina.

A questão crucial: será que havia uma diferença significativa entre as quatro condições — treinado versus novato, instruído a meditar ou a apenas ficar sentado em silêncio — em sua velocidade de recuperação dos picos de excitação durante os acidentes? Os resultados, como Dan registrou, sugeriam que meditar acelerava o ritmo da recuperação, e que meditadores experientes se recuperavam mais rápido.[9]

A frase *como Dan registrou* levanta mais um potencial problema: foi Dan quem fez a contagem, e a empreitada toda destinava-se a dar sustentação a uma hipótese defendida por ele. Essa situação favorece um viés do experimentador, em que a pessoa que projeta o estudo e analisa seus dados pode distorcer os resultados para obter um fim desejado.

A vaga (certo, bastante vaga) lembrança de Dan após quase cinquenta anos é de que entre os meditadores, quando havia uma GSR ambígua — que talvez tivesse ocorrido no pico da reação ao acidente, ou logo após —, ele a registrava no pico, em vez de no início da subida de recuperação. O efeito final de tal viés teria sido fazer com que a reação de suor do meditador parecesse reagir mais ao acidente, embora recuperando-se mais rápido (porém, como veremos, esse é precisamente o padrão encontrado nos mais avançados meditadores estudados até o momento).

A pesquisa sobre viés encontrou dois níveis: nossas predileções conscientes e, mais difícil de mensurar, as inconscientes. Até hoje Dan é incapaz de jurar que sua marcação daqueles riscos de tinta foi imparcial. Nesse sentido, Dan partilhou do dilema da maioria dos cientistas que fazem pesquisa em meditação: eles próprios são praticantes, o que pode encorajar tal viés, mesmo que inconscientemente.

CIÊNCIA IMPARCIAL

Poderia ter sido uma cena diretamente saída de uma versão bollywoodiana de *Poderoso chefão*: uma limusine Cadillac preta encostou a uma hora e lugar combinados, a porta traseira aberta, e Dan entrou. Sentado ao seu lado estava o mandachuva — não Marlon Brando/Don Corleone, mas antes um iogue miúdo e barbudo trajando um *dhoti* branco.

Iogue Z deixara o Oriente rumo aos Estados Unidos nos anos 1960 e rapidamente ganhou as manchetes por se misturar com as celebridades. Ele atraiu uma legião de seguidores e recrutou centenas de jovens americanos para serem professores de seu método. Em 1971, pouco antes de sua primeira viagem à Índia, Dan compareceu a um acampamento de verão para treinamento de professores promovido pelo iogue.

Iogue Z de algum modo ficou sabendo que Dan era um aluno de Harvard prestes a viajar para a Índia com uma bolsa de pré-doutorado. O iogue tinha planos para o rapaz. Entregando a Dan uma lista de nomes e endereços de seus seguidores na Índia, Iogue Z instruiu-o a procurar cada um, entrevistá-los e então escrever uma tese de doutorado propondo e concluindo que seu método em particular era o único modo de alcançar a "iluminação" nos dias atuais.

Dan achou a ideia revoltante. Uma monopolização descarada como essa da pesquisa para promover uma marca específica de meditação simboliza a picaretagem que, lamentavelmente, tem caracterizado determinado tipo de "professor espiritual" (lembremos de Swami X). Quando um professor assim se envolve numa autopromoção digna de uma marca comercial, ele demonstra que alguém planeja usar o surgimento do aperfeiçoamento interior a serviço do marketing. E quando os pesquisadores ligados a uma marca específica de meditação anunciam resultados positivos, o mesmo viés questionável aparece, bem como outra questão: houve resultados negativos que não foram registrados?

Por exemplo, os professores de meditação no estudo de Dan ensinavam Meditação Transcendental. A pesquisa em MT tem um histórico de altos e baixos em parte porque a maior parte dela foi feita por uma equipe na Maharishi University of Management (antiga Maharishi International University), que é uma parte da organização que promove a MT. Isso suscita a preocupação com um conflito de interesses, mesmo que a pesquisa tenha sido bem-feita.

Por esse motivo, o laboratório de Richie emprega intencionalmente vários cientistas céticos quanto aos efeitos da meditação e que levantam uma quantidade salutar de problemas e dúvidas que "adeptos verdadeiros" da prática talvez ignorem ou varram para debaixo do tapete. Uma consequência: o laboratório de Richie publicou diversos não resultados (*non-findings*), estudos que testam uma hipótese específica sobre o efeito da meditação e deixam de observar o efeito esperado. O laboratório também publica fracassos em reprodutibilidade — estudos que não obtêm os mesmos resultados ao tentar reproduzir o método de artigos previamente publicados com a conclusão de que a meditação traz efeitos benéficos. Tais fracassos em reproduzir resultados anteriores os põem em dúvida.

Recrutar céticos é apenas um dentre muitos modos de minimizar o viés do experimentador. Outro pode ser estudar um grupo que é apresentado às práticas de meditação e seus benefícios mas não recebe instrução alguma. Melhor ainda: um "controle ativo", onde um grupo se envolve numa atividade diferente da meditação, atividade que, assim acreditam, lhes trará benefícios, como exercitar-se.

Um dilema posterior em nossa pesquisa de Harvard, também ainda onipresente na psicologia, era que os alunos de graduação disponíveis para o estudo em nosso laboratório não constituíam uma amostragem típica da humanidade como um todo. Nossos experimentos foram feitos com indivíduos conhecidos no campo como WEIRD: *Western* (ocidental), *educated* (instruído), *industrialized* (industrializado), *rich* (rico), e vindos de culturas democráticas.[10] E usar alunos de Harvard, um grupo ainda mais fora da curva, mesmo entre WEIRD, torna os dados menos valiosos na busca de características universais na natureza humana.

AS VARIEDADES DA EXPERIÊNCIA MEDITATIVA

Richie, em sua pesquisa de doutorado, estava entre os primeiros neurocientistas a se perguntar se podemos identificar uma assinatura neural nas habilidades com a atenção. Essa questão básica era, naquele tempo, bastante razoável.

Mas a pesquisa de doutorado de Richie foi feita no espírito daquela excursão oculta pela mente de seus tempos de graduação. As segundas intenções disfarçadas no estudo: explorar se sinais de habilidade na atenção diferiam entre meditadores e não meditadores. Os meditadores melhoravam ao focar? Naquela época, essa *não* era uma pergunta razoável.

Richie mediu os sinais elétricos cerebrais com eletrodos no couro cabeludo dos meditadores conforme escutavam diferentes sons ou viam luzes LED piscando, ao mesmo tempo que os instruía a focar nos sons e ignorar as luzes, ou vice-versa. Richie analisou os sinais elétricos para "potenciais de eventos relacionados" (ERP), indicados por rabiscos específicos em reação a uma luz ou som. Os ERP, embutidos em um coro de ruído, são um sinal tão minúsculo que é medido em microvolts — milionésimos de volt. Esses sinais minúsculos oferecem uma janela para o modo como alocamos nossa atenção.

Richie descobriu que o tamanho desses sinais minúsculos diminuía em resposta ao som quando os meditadores se concentravam na luz, ao passo que os sinais disparados pela luz eram reduzidos em intensidade quando os meditadores concentravam sua atenção no som. Esse resultado isolado seria desinteressante; já esperávamos por ele. Mas o padrão de bloquear a modalidade indesejável foi bem mais forte nos meditadores do que no grupo de controle — parte da primeira evidência de que os meditadores eram melhores em concentrar a atenção do que os não meditadores.

Uma vez que selecionar um alvo para foco e ignorar as distrações representa uma habilidade crucial da atenção, Richie concluiu que os registros elétricos do cérebro — o eletrencefalograma — podiam ser utilizados para essa aferição (hoje rotineira, mas um passo adiante no progresso científico da época). Mesmo assim, a evidência de que meditadores eram melhores nisso do que o grupo de controle, que nunca meditara, foi um tanto fraca.

Em retrospecto, podemos ver um motivo pelo qual essa evidência foi em si questionável: Richie recrutara uma mistura de meditadores, que empregavam vários métodos. Em 1975 éramos bastante ingênuos sobre a importância dessas variações na técnica. Hoje sabemos que há muitos aspectos da atenção e que diferentes tipos de meditação treinam uma variedade de hábitos mentais e, assim, impactam as habilidades mentais de modos variados.

Por exemplo, pesquisadores no Instituto Max Planck de Cognição Humana e Neurociências em Leipzig, Alemanha, fizeram novatos praticar diariamente por alguns meses três diferentes tipos de meditação: focar a respiração; gerar bondade amorosa; e monitorar os pensamentos sem se deixar levar por eles.[11] O foco na respiração, descobriram, era calmante — parecendo confirmar uma pressuposição disseminada sobre a utilidade da meditação como meio de relaxamento. Mas, contrariando esse estereótipo, nem a prática da bondade amorosa nem a monitoração de pensamentos deixavam o corpo mais relaxado, aparentemente porque cada uma exige esforço mental: por exemplo, conforme monitora os pensamentos, a pessoa é continuamente arrastada por eles — e então, quando percebe que isso aconteceu, precisa fazer um esforço consciente de simplesmente voltar a monitorá-los. Além disso, a prática da bondade amorosa, em que você deseja o bem para si mesmo e para os outros, compreensivelmente criou um estado de espírito positivo, ao contrário dos outros dois métodos.

Assim, diferentes tipos de meditação produzem resultados únicos — fato que deveria se tornar uma medida rotineira para identificar o tipo específico sendo estudado. Porém a confusão sobre as especificidades permanece muito comum. Um grupo de pesquisa, por exemplo, coletou de forma mais moderna dados sobre anatomia do cérebro em cinquenta praticantes de meditação, um conjunto de dados inestimável.[12] Exceto que os nomes das práticas meditativas sendo estudadas revelam uma mistura de tipos — uma confusão. Se o treinamento mental específico vinculado a cada tipo de meditação houvesse sido metodicamente registrado, esse conjunto de dados podia muito render resultados ainda mais valiosos. (Mesmo assim, parabéns ao grupo por revelar essa informação, que no mais das vezes passa despercebida.)

À medida que lemos o hoje vasto estudo de pesquisa sobre meditação, às vezes estremecemos quando nos deparamos com a confusão e ingenuidade de alguns cientistas sobre as especificidades. Com demasiada frequência elas são simplesmente equivocadas, como no artigo científico que dizia que tanto na meditação zen como na vipassana ao estilo de Goenka os praticantes ficam de olhos abertos (o erro: Goenka instrui as pessoas a fechar os olhos).

Um punhado de estudos tem utilizado um método de "antimeditação" como controle ativo. Numa versão dessa chamada antimeditação, os voluntários foram instruídos a se concentrar no máximo possível de pensamentos positivos — o que na verdade se assemelha a alguns métodos contemplativos, como a meditação da bondade amorosa, que veremos com mais detalhes no capítulo 6. O fato de esses experimentadores acreditarem que isso diferia de meditação atesta sua confusão sobre o que exatamente estavam pesquisando.

A regra informal — de que a prática leva à perfeição — sublinha a importância de equiparar uma dada estratégia mental na meditação ao seu resultado. Isso é verdadeiro igualmente para aqueles que estudam a meditação e aqueles que meditam: a pessoa deve estar ciente dos resultados prováveis de uma dada abordagem meditativa. Eles não são absolutamente a mesma coisa, ao contrário do mal-entendido que existe entre alguns pesquisadores e até praticantes.

No domínio da mente (como tudo mais), o que você faz determina o que obtém. Em suma, "meditação" não é uma atividade única, mas uma ampla gama de práticas, todas atuando a seu modo particular na mente e no cérebro.

Perdida no País das Maravilhas, Alice perguntou ao Gato de Cheshire: "Que caminho devo tomar?". E ele respondeu: "Depende de onde você quer chegar".

O conselho do Gato de Cheshire para Alice é válido também para a meditação.

CONTANDO AS HORAS

Cada um dos meditadores "especialistas" de Dan, todos professores de Meditação Transcendental, praticavam a MT havia pelo menos dois anos. Mas Dan não tinha como saber o total de horas que haviam empenhado ao longo dos anos. Tampouco sabia qual poderia ser a efetiva qualidade dessas horas.

Poucos pesquisadores, mesmo hoje, dispõem desse dado crucial. Mas, como veremos em maiores detalhes no capítulo 13, "Alterando traços", nosso modelo de mudança acompanha quantas horas de prática de meditação a pessoa teve ao longo da vida e se isso foi no seu dia a dia ou em retiros. Essas horas totais são então conectadas a alterações nas qualidades do ser e às diferenças subjacentes no cérebro que dão origem a elas.

Com muita frequência os meditadores são agrupados em categorias genéricas de experiência, como "iniciante" e "especialista", sem maiores especificações. Um grupo de pesquisa relatou o tempo diário que as pessoas por ele estudadas dedicavam à meditação — indo de dez minutos algumas vezes por semana a 240 minutos diários —, mas não por quantos meses ou anos haviam feito isso, fator essencial para calcular as horas de prática durante a vida.

No entanto, esse cálculo está ausente da vasta maioria dos estudos de meditação. De modo que aquele clássico estudo zen dos anos 1960, mostrando a falha em habituar-se a sons repetidos — um dos poucos existentes na época e que servira como ponto de partida para nosso interesse —, na verdade fornecia dados escassos sobre a experiência meditativa dos monges zen. Seria de uma hora por dia, dez minutos, zero em alguns dias ou seis horas todos os dias? E quantos retiros (*sesshins*) de prática mais intensiva eles faziam, e quantas horas de meditação cada uma envolvia? Não fazemos ideia.

Ainda hoje, a lista de estudos que sofrem dessa incerteza poderia prosseguir indefinidamente. Mas obter informação detalhada sobre as horas totais na vida de uma prática meditativa tornou-se um procedimento operacional padrão no laboratório de Richie. Os meditadores estudados por ele informam que tipo de prática adotam, com que frequência e por quanto tempo a realizam durante a semana, e se frequentam retiros.

Nesse caso, os participantes informam quantas horas diárias praticam no retiro, quanto tempo o retiro dura e quantos retiros fizeram. Além disso, os meditadores fazem uma avaliação cuidadosa de cada retiro e estimam o tempo passado envolvidos em diferentes estilos de prática meditativa. Essa matemática permite ao grupo de Richie analisar seus dados em termos de horas totais de prática e separar o tempo para diferentes estilos e para horas de retiro versus horas em casa.

Como veremos, às vezes há uma relação dose-resposta quando se trata do cérebro e dos benefícios comportamentais da meditação: quanto mais você a pratica, mais ela compensa. Isso significa que os pesquisadores, quando falham em registrar o total de horas de meditação ao longo da vida de seus indivíduos estudados, deixam algo importante de fora. Justamente por isso, muitos estudos de meditação que incluem um grupo de "especialistas" exibem uma enorme variação quanto ao que esse termo significa — e não utilizam uma mensuração precisa para a quantidade total de horas praticadas por esses "especialistas".

Se as pessoas estudadas estão meditando pela primeira vez — digamos, sendo treinadas na mindfulness —, seu número de horas praticadas é inequívoco (horas de treinamento mais as horas que fizeram por conta própria, em casa). No entanto, muitos dos estudos mais interessantes observam os meditadores experientes sem calcular as horas praticadas durante a vida de cada um, fato que pode variar muito. Um desses estudos, por exemplo, agrupou praticantes que iam de um a 29 anos de experiência!

Depois há a questão da perícia entre os que dão aula de meditação. Um punhado de estudos entre os muitos que examinamos lembrou de mencionar quantos anos de experiência em meditação tinham os mestres, embora nenhum deles houvesse calculado o total de horas ao longo da vida. Em um determinado estudo, o número mais elevado era cerca de quinze anos; o mais baixo, zero.

ALÉM DO EFEITO HAWTHORNE

Na remota década de 1920, na Hawthorne Works, uma fábrica de equipamentos elétricos perto de Chicago, pesquisadores apenas melhoraram a iluminação da fábrica e ajustaram ligeiramente os horários de trabalho. Mas, mesmo com apenas essas mudanças modestas para melhor, as pessoas trabalharam com mais afinco — pelo menos por um tempo.

Para não esquecer: qualquer intervenção positiva (e, talvez, apenas ter alguém que observe seu comportamento) levará as pessoas a dizer que se sentem melhor ou que progrediram em algum outro aspecto. Esses "efeitos Hawthorne", porém, não significam que houvesse qualquer fator único de valor agregado extraído de uma dada intervenção; a mesma sacudidela para cima ocorreria com qualquer mudança que as pessoas vissem como positiva.

O laboratório de Richie, sensível a questões como o efeito Hawthorne, tem devotado considerável reflexão e esforço para usar condições de comparação apropriadas em seus estudos de meditação. O entusiasmo do instrutor por um dado método pode contagiar aqueles que o aprendem — e assim o método de "controle" deve ser ensinado com o mesmo nível de positividade que é legítimo para a meditação.

Para separar efeitos extrínsecos como esses dos reais impactos da meditação, Richie e seus colegas desenvolveram um Health Enhancement Program (HEP), ou "Programa de Otimização da Saúde", como condição comparativa para estudos de Redução do Estresse Baseada em Mindfulness, a MBSR. O HEP consiste em terapia musical com relaxamento, educação nutricional e exercícios de movimento como melhoria da postura, equilíbrio, fortalecimento do core, alongamento e caminhadas ou corridas.

Nos estudos laboratoriais, os instrutores que ensinavam HEP acreditavam que ele seria de ajuda, tanto quanto os que ensinavam meditação. Um "controle ativo" como esse pode neutralizar fatores como entusiasmo e assim identificar melhor os benefícios únicos de qualquer intervenção — nesse caso, meditação — para ver o que acrescenta ao efeito Hawthorne.

O grupo de Richie designou voluntários tanto para o HEP como para a MBSR, e então, antes e depois do treinamento, pediu-lhes que preenchessem questionários que numa pesquisa anterior haviam refletido melhorias obtidas com a meditação. Mas, nesse estudo, ambos os grupos anunciaram melhoria comparável nas mensurações gerais subjetivas de angústia, ansiedade e sintomas médicos. Isso levou o grupo de Richie a concluir que grande parte das melhorias no alívio do estresse que os iniciantes creditam à meditação poderia não ser tão exclusiva.[13]

Além do mais, em um questionário especificamente desenvolvido para medir a mindfulness, nenhuma diferença foi encontrada no nível de melhoria da MBSR ou do HEP.[14]

Isso levou o laboratório de Richie a concluir que, para essa variedade de mindfulness, e provavelmente para qualquer outra meditação, muitos dos benefícios relatados nos estágios iniciais da prática podem ser atribuídos a expectativa, ligação social no grupo, entusiasmo do instrutor ou outras "características de demanda". Mais do que advirem da meditação em si, quaisquer benefícios relatados podem simplesmente ser sinais de que as pessoas têm esperanças e expectativas positivas.

Tais dados servem de alerta para que a pessoa à procura de uma prática meditativa fique com um pé atrás para as afirmações exageradas sobre seus benefícios. E também para que a comunidade científica seja mais rigorosa ao projetar estudos de meditação. Apenas descobrir que pessoas praticando um ou outro tipo de meditação relatam melhorias comparadas àquelas no grupo de controle que nada fazem não significa que tais benefícios sejam devidos à meditação em si. No entanto, esse é talvez o paradigma mais comum ainda em uso na pesquisa sobre os benefícios da meditação — e obscurece o retrato de quais possam ser as verdadeiras vantagens de praticá-la.

Podemos esperar testemunhos entusiásticos semelhantes vindos de alguém que espera um incremento no bem-estar praticando pìlates, boliche ou dieta paleolítica.

O QUE EXATAMENTE É A "MINDFULNESS"?

Em seguida há a confusão sobre o que queremos dizer com mindfulness (ou atenção plena), talvez atualmente o método mais popular entre os pesquisadores. Alguns cientistas usam o termo como substituto para todo e qualquer tipo de meditação. E, no uso popular, a mindfulness pode se referir à meditação em geral, a despeito do fato de ser apenas um dentre uma ampla variedade de métodos.

Para ir um pouco mais fundo, mindfulness tornou-se a tradução inglesa mais comum para a palavra da língua páli *sati*. Estudiosos, porém, traduzem *sati* de muitas outras maneiras — *"awareness"* [percepção/consciência], *"attention"* [atenção], *"retention"* [retenção], até *"discernment"* [discernimento].[15] Em suma, não há um único equivalente em inglês para *sati* com o qual todos os especialistas concordem.[16]

Algumas tradições meditativas reservam a mindfulness para o ato de observar quando a mente divaga. Nesse sentido, ela se torna parte de uma sequência mais ampla que inicia com o foco em algo, depois passa à mente vagando para alguma outra coisa até que chega o momento da atenção: notar o devaneio da mente. A sequência termina com o regresso da atenção para o foco inicial.

Essa sequência — familiar a qualquer meditador — também poderia ser chamada de concentração, em que a mindfulness desempenha um papel de apoio no esforço de focar uma coisa só. Ao focar em um mantra, por exemplo, às vezes a instrução é: "Sempre que notar a mente divagando, reinicie suavemente o mantra". Na mecânica da meditação, focar uma única coisa significa também notar quando sua mente vagueia, de modo que você possa trazê-la de volta — e desse modo concentração e mindfulness caminham de mãos dadas.

Outro significado comum de mindfulness tem a ver com uma consciência inconstante que testemunha seja lá o que acontece em nossa experiência sem julgar ou reagir. Talvez a definição mais amplamente citada venha de Jon Kabat-Zinn: "A consciência que advém de prestarmos atenção deliberadamente, no momento presente, e sem emitir juízos de valor à experiência que se desenrola".[17]

Do ponto de vista da ciência cognitiva, há, porém, mais um significado quando se trata dos métodos precisos utilizados: o que é chamado de mindfulness tanto entre cientistas como entre praticantes pode se referir a maneiras muito diferentes de usar a atenção. Por exemplo, o modo como a mindfulness é definida em um contexto zen ou teravada parece ser a compreensão do termo segundo algumas tradições tibetanas.

Cada uma delas refere-se a diferenciar (às vezes sutilmente) as posturas atentivas — e muito possivelmente a disparar correlatos cerebrais. Assim, torna-se essencial que os pesquisadores compreendam que tipo de mindfulness estão efetivamente estudando — ou se, na verdade, uma variedade particular de meditação é *de fato* a mindfulness.

O significado do termo mindfulness na pesquisa científica tomou um rumo inesperado. Uma das medidas de mindfulness mais comumente utilizada não foi desenvolvida com base no que acontece durante a efetiva meditação mindfulness, mas antes testando centenas de alunos em um questionário que os pesquisadores achavam que capturaria diferentes facetas da mindfulness.[18] Por exemplo, a pessoa deve responder se afirmações como estas são verdadeiras no seu caso: "Observo meus sentimentos sem me deixar levar por eles" ou "Acho difícil ficar focado ao que acontece no momento presente".

O teste inclui qualidades como não julgar a si mesmo — por exemplo, quando você tem um sentimento ruim. Isso tudo parece ótimo à primeira vista. Tal mensuração da mindfulness deve se correlacionar, e de fato o faz, com o progresso das pessoas em programas de treinamento como a MBSR, e as pontuações do teste se correlacionam com a quantidade e a qualidade da prática da mindfulness em si mesma.[19] De um ponto de vista técnico, isso é muito bom — é chamado no meio de "validade de constructo".

Mas, ao aplicar essa mensuração a outro teste técnico, o grupo de Richie encontrou problemas na "validade discriminante", a capacidade de uma mensuração de não só se correlacionar com o que deve — como a MBSR —, mas também de *não* se correlacionar quando não deve. Nesse caso, o teste não deve refletir as mudanças entre os componentes do grupo de controle ativo HEP, algo que foi intencionalmente projetado para *não* ampliar a mindfulness de modo algum.

Mas os resultados dos indivíduos do HEP foram muito parecidos com os da MBSR — um incremento na mindfulness tal como aferido no teste com autorrelato. Mais formalmente, havia zero evidência de que essa mensuração tivesse validade discriminante. *Oops!*

Outra medida de mindfulness autorrelatada vastamente utilizada, em um estudo, mostrava uma correlação positiva entre se embriagar e a mindfulness — quanto mais a pessoa bebia, maior a mindfulness. Parece que tem alguma coisa errada aqui![20] E um pequeno estudo com doze meditadores de nível avançado (média de 5800 horas de prática) e outros doze ainda mais experientes (média de 11 mil horas de prática) revelou que eles não diferiam de um grupo não meditativo em dois questionários muito comumente utilizados para medir mindfulness, talvez porque estivessem *mais* cientes das divagações de sua mente do que a maioria das pessoas.[21]

Qualquer questionário que peça à pessoa para fazer um autorrelato pode ser suscetível a distorções. Um pesquisador afirmou de forma mais direta: "Eles podem ter sido manipulados". Por esse motivo o grupo de Richie propôs o que considera uma medição de comportamento mais robusta: a capacidade de manter o foco à medida que contamos a respiração, uma a uma.

Isso não é tão simples como pode parecer. No teste você pressiona a seta para baixo do teclado a cada exalação. E, para aumentar a precisão, a cada nove exalações bate numa tecla diferente, a seta da direita. Então começa a contar suas respirações de um a nove outra vez.[22] O ponto forte desse teste: a diferença entre sua contagem e o real número de respirações que foi feito dá uma medida objetiva muito menos propensa a viés psicológico. Quando sua mente divaga, a precisão de sua contagem cai. Como esperado, meditadores experientes saem-se significativamente melhor do que não meditadores, e as pontuações nesse teste melhoram com o treinamento em mindfulness.[23]

Toda essa revisão crítica — os problemas com nossas primeiras tentativas de pesquisar a meditação, as vantagens de um grupo de controle ativo, a necessidade de mais rigor e precisão em mensurar os impactos da meditação — parece um prelúdio bastante apropriado ao nosso frutífero momento da pesquisa sobre o tema.

Ao resumir esses resultados, a intenção era aplicar os mais rígidos padrões experimentais, o que nos permitiu focar os resultados mais sólidos. Isso significa pôr de lado a vasta maioria das pesquisas em meditação — incluindo os resultados que cientistas veem como questionáveis, inconclusivos ou deturpados.

Como vimos, nossos métodos de pesquisa um pouco falhos durante os tempos de pós-graduação em Harvard refletiram a qualidade geral — ou a falta dela — durante as primeiras décadas de estudos da meditação, em 1970 e 1980. Hoje, nossas tentativas de pesquisa iniciais não estariam à altura dos padrões incluídos aqui. Na verdade, grande parte dos estudos de meditação de um modo ou de outro fica aquém do padrão-ouro para métodos de pesquisa, algo essencial para publicação nos principais periódicos científicos de primeiro nível.

De fato, ao longo dos anos tem havido uma sofisticação crescente à medida que o número de estudos de meditação chegou a mais de mil por ano. Esse tsunami de pesquisas cria uma imagem nebulosa, com uma profusão confusa de resultados. Além do nosso foco nos resultados mais sólidos, tentamos enfatizar os padrões significativos dentro desse caos. Ao analisar essa massa de resultados vemos que muitos têm a ver com as alterações de traço descritas na literatura clássica de muitas tradições espirituais importantes. Assim, essa literatura acaba nos oferecendo hipóteses de trabalho de tempos antigos para a pesquisa de hoje.

Também relacionamos essas alterações de traço aos sistemas cerebrais envolvidos, sempre que os dados permitem. Os quatro principais caminhos neurais que a meditação transforma são, primeiro, os que reagem a eventos perturbadores — o estresse e nossa recuperação dele (que Dan tentou sem muito sucesso documentar). Como veremos, o segundo sistema cerebral, de compaixão e empatia, revela-se notavelmente pronto para um upgrade. O terceiro, o circuito da atenção, interesse inicial de Richie, também melhora de inúmeras maneiras — isso não causa surpresa, haja vista que a meditação em sua essência retreina nossos hábitos de foco. O quarto sistema neural, de nosso senso de eu, recebe pouca atenção na conversa moderna sobre meditação, embora tradicionalmente se constitua em uma das grandes metas para alteração.

Quando esses fios de mudança se entrelaçam, há duas maneiras principais pelas quais a pessoa se beneficia do esforço contemplativo: ter corpo são e mente sã. Devotamos alguns capítulos à pesquisa sobre as duas coisas.

Ao destrinchar os principais efeitos da meditação nos traços, enfrentamos uma tarefa gigantesca — tarefa que simplificamos ao limitar nossas conclusões aos melhores estudos. Esse olhar mais rigoroso contrasta com as duas práticas comuns de acatar resultados — e apregoá-los — simplesmente porque foram publicados em um periódico "revisado por pares". Antes de mais nada, os periódicos acadêmicos variam nos padrões pelos quais os pares revisam os artigos; demos preferência a periódicos de primeiro nível, os que apresentam padrões mais elevados. Além disso, observamos cuidadosamente os métodos utilizados, em vez de ignorar os inúmeros obstáculos e limitações desses estudos publicados e devidamente listados ao final dos artigos.

Para começar, o grupo de pesquisa de Richie selecionou, entre todos os artigos publicados em periódicos sobre os efeitos da meditação, um conjunto exaustivo para um tópico específico — compaixão, por exemplo. Depois passou um pente-fino e separou os que iam ao encontro dos mais elevados padrões de projeto experimental. Assim, por exemplo, dos 231 artigos originais sobre cultivar a bondade amorosa ou a compaixão, apenas 37 estavam à altura dos padrões exigidos. E quando Richie se concentrou na força e importância do projeto, eliminou os que coincidiam e também os condensou, esse escrutínio mais detido encolheu o número para cerca de oito estudos, cujos resultados são comentados no capítulo 6, "Preparado para amar", junto com alguns outros que suscitam questões interessantes.

Nossos colegas cientistas talvez esperassem um relato bem mais detalhado — certo, obsessivo! — de todos os estudos relevantes, mas esse não é nosso objetivo aqui. Dito isso, devemos reconhecer com grande apreciação os muitos esforços de pesquisa que não incluímos e cujos resultados estão de acordo com nosso relato (ou em desacordo, ou que acrescentam algo), alguns excelentes e outros nem tanto.

Mas não vamos complicar por ora.

5. Uma mente imperturbável

"Tudo que a pessoa faz, seja grande ou pequeno, é apenas um oitavo do problema", advertia um monge cristão do século VI a seus colegas de claustro, "ao passo que manter a mente imperturbável, mesmo que por causa disso ela fracasse na tarefa, constitui os demais sete oitavos."[1]

Uma mente imperturbável evidencia uma meta proeminente das linhas meditativas em todas as grandes tradições espirituais. Thomas Merton, um contemplativo trapista, escreveu sua versão de um poema louvando essa qualidade, extraída dos antigos anais do taoismo. Ele conta sobre um artesão que era capaz de traçar círculos perfeitos sem usar compasso, e cuja mente era "livre e despreocupada".[2]

Uma mente despreocupada é o oposto da angústia que a vida nos traz: preocupação com dinheiro, trabalho demais, crises familiares, problemas de saúde. Na natureza, episódios de estresse, como encontrar um predador, são temporários, dando tempo ao corpo para se recuperar. Na vida moderna, os estressores são na maior parte psicológicos, não biológicos, e podem ser contínuos (nem que seja apenas em nossa cabeça), como um chefe insuportável ou problemas com a família. Esses estressores disparam aquelas mesmas reações biológicas antigas. Se essas reações de estresse duram por muito tempo, podem nos deixar doentes.

Nossa vulnerabilidade a doenças agravadas pelo estresse, como diabetes ou hipertensão, reflete um aspecto negativo no projeto do nosso cérebro. O aspecto positivo reflete as glórias do córtex humano, que construiu civilizações (e o computador em que isto está sendo escrito). Mas o centro executivo do cérebro, localizado atrás da testa em nosso córtex pré-frontal, nos dá tanto uma vantagem única dentre todos os animais como uma desvantagem paradoxal: a capacidade de antecipar o futuro — e se preocupar com isso —, bem como de pensar sobre o passado — e se lamentar.

Como o filósofo grego Epiteto afirmou séculos atrás, não são as coisas que nos acontecem que trazem aflição, mas o modo como as vemos. Um sentimento mais moderno vem do escritor Charles Bukowski: não são as grandes coisas que nos enfurecem, mas "o cadarço que desamarra quando não há mais tempo".

A ciência aqui mostra que quanto mais percebemos esses aborrecimentos em nossas vidas, maior o nível de hormônios do estresse como o cortisol. Isso é um pouco danoso: o cortisol, se aumentado de forma crônica, acarreta impactos deletérios como aumento do risco de morrer de uma doença cardíaca.[3] A meditação pode ajudar?

DO VERSO DE UM ENVELOPE

Conhecemos Jon Kabat-Zinn nos tempos de Harvard, quando ele tinha acabado de concluir seu doutorado em biologia molecular no MIT e estava explorando meditação e ioga. Jon era aluno do mestre zen coreano Seung Sahn, que tinha um centro de meditação no mesmo bairro de Cambridge onde Dan morava. E não longe dali, no apartamento onde morava Richie, no segundo andar de um prédio numa travessa da Harvard Square, Jon passou a Richie seu primeiro ensinamento em meditação e ioga, pouco antes de Richie viajar para a Índia.

Um cientista da meditação que pensava como nós, Jon se juntara a nossa equipe quando estudamos Swami X na Faculdade de Medicina de Harvard. Jon acabara de receber uma bolsa em anatomia e biologia celular na recém-inaugurada Faculdade de Medicina da Universidade de Massachusetts em Worcester, a uma hora de carro de Cambridge. Anatomia era o que mais o interessava — Jon já começara a dar aulas de ioga em Cambridge.

Naquele tempo, Jon costumava ir a retiros na Insight Meditation Society (IMS), então recém-criada, em Barre, também a cerca de uma hora de Boston e não longe de Worcester. Em 1974, vários anos antes que a IMS fosse fundada, Jon passara duas semanas em um gelado início de abril num acampamento sem aquecimento para bandeirantes nos Berkshires, alugado para um curso vipassana. O instrutor, Robert Hover, fora treinado pelo mestre birmanês U Ba Khin, que, o leitor deve lembrar, foi também professor de S. N. Goenka, cujos retiros Dan e Richie frequentaram na Índia.

Como Goenka, os principais métodos ensinados por Hover foram, inicialmente, focar a respiração a fim de conseguir concentração para os três primeiros dias do retiro e depois esquadrinhar de forma sistemática as sensações do corpo, muito vagarosamente, da cabeça aos pés, repetidas vezes, pelos sete dias seguintes. Durante esse processo de varredura a pessoa se concentrava apenas nas sensações corporais essenciais — uma praxe nessa linha de meditação.

As instruções de Hover incluíam várias sessões de meditação de duas horas em que os alunos se comprometiam a não fazer nenhum movimento voluntário — o dobro das sessões nos cursos de Goenka. Essas sessões de imobilidade, afirmou Jon, geravam um nível de sofrimento que ele nunca experimentara antes. Mas sentindo essa dor insuportável e esquadrinhando o corpo para focar sua experiência, a dor se dissolveu em puras sensações.

Nesse retiro Jon teve um insight, que anotou rapidamente no verso de um envelope, de que devia haver um modo de compartilhar os benefícios das práticas meditativas com pacientes médicos, sobretudo aqueles que sofriam de alguma dor crônica que não sumia apenas com a mudança de postura ou a interrupção da prática meditativa. Combinado a uma súbita visão que lhe veio alguns anos mais tarde em um retiro na IMS[4] e que unia partes separadas de seu próprio histórico de prática em uma forma que seria acessível a qualquer um, o programa hoje conhecido no mundo todo como Mindfulness-Based Stress Reduction (Redução do Estresse Baseada em Mindfulness, ou MBSR) veio à luz em setembro de 1979 no Centro Médico da Universidade de Massachusetts em Worcester.

Em sua visão ele percebeu que as clínicas de ortopedia estão lotadas de pessoas com sintomas excruciantes e que não conseguem fugir da dor a não ser por meio de narcóticos debilitantes. Ele viu que a varredura corporal e outras práticas meditativas podiam ajudar esses pacientes a separar as partes cognitivas e emocionais contidas em sua experiência de dor da pura sensação, uma mudança perceptiva que pode em si mesma constituir um alívio significativo.

Mas a maioria desses pacientes — uma amostragem aleatória de pessoas da classe trabalhadora nos arredores de Worcester — não foi capaz de permanecer sentada e imóvel por períodos de tempo prolongados, como os dedicados meditadores instruídos por Hover. Assim, Jon adaptou um método com base em seu treinamento de ioga, uma meditação de varredura corporal realizada na posição deitada, que, similar à abordagem de Hover, faz com que a pessoa entre em conexão com regiões cruciais do corpo numa sequência sistemática, e depois as percorra, a começar pelo dedão do pé esquerdo e subindo até o alto da cabeça. O ponto-chave: é possível registrar e então investigar e transformar a relação com o que quer que estejamos sentindo em um determinado lugar do corpo, mesmo que seja muito desagradável.

Aproveitando sua experiência tanto zen como vipassana, Jon acrescentou uma meditação na posição sentada em que a pessoa presta grande atenção à respiração, deixando ir os pensamentos ou sensações que emergem — apenas ficando ciente da atenção em si, não do objeto da atenção, da respiração no começo e depois de outros objetos como sons, pensamentos, emoções e, é claro, sensações corporais de todo tipo. E, pegando outra deixa com o zen e a vipassana, acrescentou a caminhada com mindfulness, comer com mindfulness e uma consciência geral das atividades cotidianas, incluindo os relacionamentos.

Ficamos felizes por Jon indicar nossa pesquisa de Harvard como evidência (no mais, bastante insuficiente naquela época) de que métodos extraídos dos caminhos contemplativos e aplicados sob novas formas fora de seu contexto espiritual podiam ter benefícios no mundo moderno.[5] Nesses dias em que a evidência passou a ser mais do que ampla, a MBSR ascendeu ao topo das práticas de meditação que passam por escrutínio científico. A MBSR talvez seja a forma de mindfulness mais amplamente praticada do mundo, sendo ensinada em hospitais e clínicas, escolas e até empresas. Um dos muitos benefícios reivindicados para a MBSR: melhorar o modo como as pessoas lidam com o estresse.

Em um antigo estudo sobre o impacto da MBSR na reação ao estresse, Philippe Goldin (um participante do SRI) e seu mentor na Universidade Stanford, James Gross, estudaram um pequeno grupo de pacientes com transtorno de ansiedade social que se submeteram ao programa-padrão de oito semanas de MBSR.[6] Antes e depois do treinamento, passaram pela fMRI, ao mesmo tempo que eram apresentados a estressores — afirmações tiradas de seus próprios relatos de "colapso" social e seus pensamentos durante a crise — por exemplo, "Sou um incompetente" ou "Tenho vergonha da minha timidez".

À medida que esses pensamentos estressantes se apresentavam, os pacientes usavam uma de duas diferentes posturas atentivas: percepção atenta (*mindful awareness*) da respiração ou distração com aritmética mental. Apenas a mindfulness da respiração tanto baixou a atividade amigdalar — sobretudo através de uma rápida recuperação — como fortaleceu a atividade nas redes atentivas do cérebro, enquanto os pacientes relatavam menos reatividade ao estresse. O mesmo padrão benéfico emergiu quando os pacientes que haviam feito a MBSR eram comparados a pessoas com treinamento em aeróbica.[7]

Esse é apenas um dentre as muitas centenas de estudos que foram feitos sobre a MBSR, revelando uma infinidade de frutos, como veremos ao longo de todo este livro. Mas o mesmo pode ser dito da prima em primeiro grau da MBSR, a mindfulness em si.

ATENÇÃO PLENA

Quando começamos a participar dos diálogos entre o Dalai Lama e os cientistas no Mind and Life Institute, ficamos impressionados com a precisão com que um de seus intérpretes, Alan Wallace, era capaz de encontrar equivalentes entre os termos científicos e as palavras em tibetano, língua que não possui nenhuma terminologia técnica do tipo. Alan, viemos a saber, era doutor em estudos religiosos por Stanford, tinha extensa familiaridade com a física quântica e um treinamento filosófico rigoroso, em parte vivendo como monge budista tibetano por vários anos.

Valendo-se de sua perícia contemplativa, Alan desenvolveu um programa único que extrai do contexto tibetano uma prática de meditação acessível a todos, batizada por ele de Mindful Attention Training, ou Treinamento em Atenção Plena. Esse programa começa com foco pleno na respiração, depois progressivamente refina a atenção para observar o fluxo natural da correnteza da mente, até finalmente repousar na sutil consciência da própria consciência.[8]

Em um estudo em Emory, pessoas que nunca haviam meditado antes foram aleatoriamente instruídas a praticar o Treinamento em Atenção Plena ou alguma meditação compassiva. Um terceiro grupo, o controle ativo, participou de uma série de discussões sobre saúde.[9]

Os participantes foram escaneados antes e depois de passar oito semanas em treinamento. Quando estavam no aparelho, viram uma série de imagens — algo padrão na pesquisa de emoções — que incluíam cenas perturbadoras, como uma vítima de queimadura. O grupo da Atenção Plena mostrou reduzida atividade amigdalar em reação às imagens perturbadoras. As mudanças na função da amígdala ocorreram no estado de linha-base comum nesse estudo, sugerindo um efeito de traço embrionário.

Uma palavra sobre a amígdala, que desempenha papel privilegiado como radar de ameaças do cérebro: ela recebe um input imediato de nossos sentidos, que realizam uma varredura para segurança ou perigo. Se percebe uma ameaça, o circuito da amígdala dispara a reação de lutar-fugir-paralisar do cérebro, um fluxo de hormônios como cortisol e adrenalina que nos impele a agir. A amígdala também reage a qualquer coisa importante para nossa atenção, agradável ou não.

As quantidades de suor que Dan mediu em seu estudo eram indicadores remotos dessa reação motivada pela amígdala. Em essência, Dan estava tentando identificar uma mudança na função amigdalar — uma recuperação mais rápida do estímulo —, mas usando uma medição indireta da reação de suor, algo impossível. Isso foi numa época muito anterior à invenção de aparelhos que rastreiam diretamente a atividade em regiões do cérebro.

A amígdala se conecta fortemente com o circuito cerebral tanto para focar nossa atenção quanto para reações emocionais intensas. Esse papel dual explica por que, quando somos presas da ansiedade, também ficamos muito distraídos, sobretudo por seja lá o que estiver nos deixando ansiosos. Como radar de ameaça do cérebro, a amígdala prende nossa atenção no que julga perturbador. Assim, quando algo nos preocupa ou aborrece, nossa mente vaga repetidamente para essa coisa, até o ponto da fixação — como os espectadores do filme de acidentes na oficina quando viam o polegar de Al se aproximar da sinistra lâmina da serra.

Mais ou menos na mesma época em que Alan descobriu que a mindfulness acalma a amígdala, outros pesquisadores tinham voluntários que nunca haviam meditado antes de praticar mindfulness por apenas vinte minutos diários durante uma semana, e então os submeteram a um aparelho de fMRI.[10] Enquanto eram escaneados, eles viam imagens que iam de tenebrosas vítimas de queimaduras a fofos coelhinhos. Observaram essas imagens em seu estado de espírito cotidiano e depois enquanto praticavam a mindfulness.

Durante a atenção plena a reação da amígdala foi significativamente mais baixa (comparada à de não meditadores) para todas as imagens. Esse sinal de estar menos perturbado, de forma reveladora, era maior na amígdala do lado direito do cérebro (há uma amígdala no hemisfério direito e outra no esquerdo), que muitas vezes tem uma reação mais forte ao que nos perturba do que a amígdala esquerda.

Nesse segundo estudo, a diminuição da reatividade da amígdala foi encontrada apenas durante a atenção plena, e não durante a consciência normal, indicando um efeito de estado, não um traço alterado. Uma mudança de traço, lembre-se, é o "antes", não o "depois".

A DOR ESTÁ NO CÉREBRO

Se damos um violento beliscão no dorso da mão, diferentes sistemas cerebrais são mobilizados, alguns para a pura sensação de dor e outros para nossa aversão a essa dor. O cérebro os unifica em um grande "Ai!". Mas essa unicidade desaba quando praticamos a mindfulness do corpo e passamos horas observando nossas sensações corporais em grande detalhe. À medida que sustentamos esse foco, nossa consciência adquire nova configuração.

O que era um doloroso beliscão se transforma, separando-se em suas partes constituintes: a intensidade do beliscão e a sensação dolorosa, e o tom da sensação emocional — não queremos a dor; queremos que a dor pare imediatamente. Mas se perseveramos com a investigação atenta, esse beliscão se torna uma experiência a ser desempacotada com interesse, e até com serenidade. Podemos perceber nossa aversão sumir e a "dor" se separar em sabores mais sutis: latejo, calor, intensidade.

Imagine agora que você escuta um ronco suave conforme um tanque com vinte litros de água começa a ferver e manda um fluxo de líquido através de uma fina mangueira de borracha que passa por uma placa metálica de cinco por cinco centímetros presa a seu pulso. A placa esquenta, no início, de forma agradável. Mas essa sensação agradável rapidamente dá lugar à dor, à medida que a temperatura da água sobe vários graus em dois segundos. Finalmente, você não aguenta mais — se fosse um forno quente em que houvesse encostado, recolheria a mão instantaneamente. Mas você não pode retirar a placa metálica. Sente o calor excruciante por dez segundos completos, e sem dúvida está se queimando.

Mas não há queimadura; sua pele está perfeita. Você apenas atingiu o mais alto limiar da dor, exatamente o que esse dispositivo, o estimulador termal Medoc, foi projetado para detectar. Usado por neurologistas para avaliar doenças neuropáticas degenerativas do sistema nervoso central, o estimulador termal possui mecanismos de segurança embutidos para que a pele da pessoa não se queime, mesmo quando precisamente calibrado para medir o máximo limiar da dor. E esse limiar das pessoas não fica nem próximo da calibragem mais elevada onde ocorreria uma queimadura. É por isso que o Medoc tem sido utilizado com voluntários em experimentos para estabelecer como a meditação altera nossa percepção da dor.

Entre os principais componentes da dor estão nossas sensações puramente fisiológicas, como queimaduras, e nossas reações psicológicas a essas sensações.[11] A meditação, diz a teoria, pode mudar nossa resposta emocional à dor e assim tornar as sensações de calor mais suportáveis.

No zen, por exemplo, os praticantes aprendem a suspender suas reações mentais e a categorização de seja lá o que surge na mente ou à volta deles, e essa postura mental gradualmente verte para a vida cotidiana.[12] "O praticante experiente do zazen não depende de ficar sentado calmamente", como Ruth Sasaki, professora de zen, afirma, acrescentando: "Estados de consciência no início alcançados apenas na sala de meditação pouco a pouco se tornam contínuos em toda e qualquer atividade".[13]

Meditadores zen experientes submetidos à neuroimagem (e que receberam instrução de "não meditar") suportaram o estimulador termal.[14] Embora tenhamos apontado os motivos para ter um grupo de controle ativo, essa pesquisa não o tinha. Mas esse é um problema menor aqui, devido à imagem cerebral. Se as medições resultantes estão baseadas em autorrelatos (os mais facilmente influenciados pelas expectativas) ou mesmo no comportamento observado por alguém (em certa medida menos suscetível a vieses), nesse caso um grupo de controle ativo faz enorme diferença. Mas, quando se trata da atividade cerebral, as pessoas não têm como saber o que está acontecendo, e desse modo um controle ativo faz menos diferença.

Os estudantes zen mais experientes não só eram capazes de suportar mais dor do que o grupo de controle como também apresentavam pouca atividade nas áreas de execução, avaliação e emoção durante a dor — todas as regiões que normalmente têm uma explosão de atividade quando sob estresse intenso. De forma reveladora, seus cérebros pareciam desconectar a ligação usual entre os circuitos do centro executivo de avaliação (*Isso dói!*) e os circuitos para sentir a dor física (*Isso queima!*).

Em suma, os meditadores zen pareciam reagir à dor como se ela fosse uma sensação mais neutra. Em linguajar mais técnico, seus cérebros mostravam um "desacoplamento funcional" das regiões cerebrais mais elevadas e mais baixas que registram a dor — embora seus circuitos sensórios sentissem a dor, seus pensamentos e emoções não reagiam a ela. Isso oferece nova guinada em uma estratégia às vezes usada na terapia cognitiva: *reavaliação* do estresse severo — pensar a respeito de forma menos ameaçadora —, que pode diminuir sua severidade subjetiva, bem como a resposta cerebral. Aqui, porém, os meditadores zen pareciam aplicar uma estratégia neural *não avaliadora* — de acordo com a atitude mental do próprio zazen.

Uma leitura atenta desse artigo revela uma menção apenas passageira a um efeito de traço significativo, numa diferença encontrada entre os meditadores zen e o grupo de comparação. Durante a leitura da linha-base inicial, a temperatura é aumentada numa série escalonada de incrementos sutilmente graduados para calibrar o preciso limiar máximo de dor para cada pessoa. O limiar de dor dos praticantes zen foi dois graus centígrados maior do que o dos não meditadores.

Isso pode não parecer muito, mas o modo como experimentamos a dor do calor significa que ligeiros incrementos na temperatura podem ter um impacto dramático tanto subjetivamente como no modo como nosso cérebro responde. Embora a diferença de dois graus centígrados possa parecer trivial, no mundo da experiência de dor isso é muita coisa.

Os pesquisadores estão, como devem mesmo estar, céticos sobre tais resultados inclinados ao traço, porque a autosseleção sobre quem decide permanecer com a meditação e quem a abandona ao longo do caminho também explica esses dados; talvez as pessoas que decidam meditar por anos e anos já sejam diferentes de maneiras que se parecem com efeitos de traço. A máxima *correlação não significa causação* se aplica aqui.

Mas se um traço de personalidade pode ser compreendido como o efeito duradouro da prática, isso propicia uma explicação alternativa. E quando diferentes grupos de pesquisa se deparam com descobertas similares sobre os traços, as conclusões convergentes nos fazem levar o resultado mais a sério. Compare a recuperação da reatividade ao estresse entre os meditadores zen com o esgotamento nervoso, esse estado de prostração e desespero que surge após anos de pressões constantes, ininterruptas, como empregos que exigem demais. O esgotamento tem crescido vertiginosamente entre profissionais da saúde, como enfermeiros e médicos, bem como entre responsáveis pelos cuidados domésticos de entes queridos com problemas como Alzheimer, por exemplo. E, é claro, qualquer um pode ficar esgotado ao enfrentar ameaças de clientes mal-educados ou prazos implacáveis, como no ritmo frenético de uma startup.

O estresse constante, pelo jeito, modela o cérebro para pior.[15] Neuroimagens de pessoas que por anos enfrentaram um trabalho que exigia até setenta horas semanais revelaram amígdalas ampliadas e ligações fracas entre áreas do córtex pré-frontal que podiam acalmar a amígdala em um momento de inquietação. E quando se pedia a esses trabalhadores estressados para reduzir a reação emocional a imagens perturbadoras, eles eram incapazes de fazê-lo — tecnicamente, uma falha na "regulação decrescente".

Como pessoas que sofrem de síndrome de estresse pós-traumático, as vítimas do esgotamento não conseguem interromper a reação de estresse no cérebro — e, assim, nunca dispõem de tempo de recuperação, esse bálsamo restaurador. Alguns resultados tentadores dão apoio indireto ao papel da meditação na resiliência. Uma colaboração entre o laboratório de Richie e o grupo de pesquisa dirigido por Carol Ryff observou um subgrupo de participantes em um grande estudo sobre a meia-idade realizado em âmbito nacional nos Estados Unidos. Eles descobriram que o indivíduo, quanto maior seu sentido de propósito na vida, mais rapidamente se recuperava de um estressor em laboratório.[16]

Ter um sentido de propósito e significado pode levar a pessoa a enfrentar melhor os desafios da vida, reestruturando-a de forma que possa se recuperar mais prontamente. E, como vimos no capítulo 3, a meditação parece ampliar o bem-estar na mensuração de Ryff, que inclui o sentido de propósito de alguém. Assim, qual é a evidência direta de que a meditação pode nos ajudar a enfrentar os percalços e desafios com maior autoconfiança?

ALÉM DA CORRELAÇÃO

Quando Dan deu o curso de psicologia da consciência em 1975, em Harvard, Richie, então em seu último ano de pós-graduação, era, como mencionado, um professor assistente. Entre os alunos que encontrava semanalmente estava Cliff Saron, na época em seu último ano como aluno em Harvard. Cliff tinha um pendor pelo lado técnico da pesquisa, incluindo a eletrônica (talvez legado de seu pai, Bob Saron, que cuidara do equipamento de som na NBC). A competência de Cliff logo fez dele um coautor nos artigos de pesquisa de Richie.

E quando este obteve seu primeiro cargo como professor na Universidade Estadual de Nova York em Purchase, levou Cliff junto para gerenciar o laboratório. Após um período ali — e assumindo a coautoria de uma série de artigos científicos com Richie —, Cliff obteve seu próprio doutorado em neurociência no Albert Einstein College of Medicine. Hoje, ele dirige um laboratório no Center for Mind and Brain da Universidade da Califórnia em Davis, e se tornou presença constante entre os professores do Mind and Life Summer Research Institute.

A sagacidade de Cliff nas questões metodológicas sem dúvida o ajudou a projetar e conduzir uma pesquisa crucial, um dos poucos estudos longitudinais sobre meditação até o momento.[17] Com Alan Wallace como líder de retiro, Cliff preparou uma bateria rigorosa de avaliações para alunos passando por um treinamento de três meses numa série de estilos de meditação clássicos, alguns dos quais, como mindfulness da respiração, concebidos para aumentar o foco, e outros para cultivar estados positivos como bondade amorosa e serenidade. Enquanto os iogues cumpriam seu exigente cronograma de meditação por seis ou mais horas diárias durante noventa dias, Cliff realizou com eles uma bateria de testes no início, meio e fim do retiro, e cinco meses após o final.[18]

O grupo de comparação eram pessoas que haviam se inscrito para o retiro de três meses, mas que só começariam quando o primeiro grupo terminasse. Esse tipo de controle de "lista de espera" elimina preocupações sobre a demanda de expectativa e confusões psicológicas similares (mas não acrescenta um controle ativo como o HEP — que seria um ônus logístico e financeiro num estudo como esse). Um perfeccionista da precisão em pesquisas, Cliff providenciou o transporte dos indivíduos no grupo da lista de espera para o local do retiro e os submeteu exatamente às mesmas avaliações, no contexto idêntico ao dos que estavam no retiro.

Um teste apresentava linhas de diferentes comprimentos em rápida sucessão, com a instrução de apertar o botão para uma linha mais curta do que as demais. Apenas uma em cada dez linhas era curta; o desafio era inibir o reflexo de apertar o botão para a linha curta quando uma longa aparecia. À medida que o retiro progredia, igualmente o fazia a agilidade dos meditadores em controlar esse impulso — espelho de uma habilidade crítica para administrar nossas emoções, a capacidade de se abster de agir por capricho ou impulso.

Essa habilidade simples, sugeriam as análises estatísticas, levou a uma gama de melhorias nos autorrelatos, desde menos ansiedade até uma sensação geral de bem-estar, incluindo regulação da emoção tal como medida por informes de recuperação mais rápida de percalços e maior liberdade de impulsos. De maneira reveladora, o grupo de controle da lista de espera não mostrou alteração em nenhuma dessas medições — mas revelou os mesmos progressos assim que passou pelo retiro.

O estudo de Cliff vincula diretamente esses benefícios à meditação, dando forte apoio à defesa dos traços alterados. Um argumento decisivo: um acompanhamento pós-pesquisa feito cinco meses após os retiros mostrou que os progressos se mantinham.

E o estudo elimina dúvidas de que todos os traços positivos encontrados em meditadores de longo prazo devem-se simplesmente à autosseleção, em que as pessoas que já exibiam esses traços optavam pela prática ou permaneciam com ela no longo prazo. De evidências como essa, parece provável que os estados praticados na meditação gradualmente penetram na vida cotidiana para moldar nossos traços — pelo menos quando se trata de lidar com o estresse.

UMA PROVAÇÃO INFERNAL

Imagine que você esteja descrevendo suas qualificações para um emprego diante de dois entrevistadores carrancudos. O rosto deles não revela empatia alguma, e tampouco balançam a cabeça para encorajá-lo. Essa é a situação no Trier Social Stress Test (TSST) — "teste de estresse social da (universidade de)

Trier" —, uma das maneiras mais confiáveis conhecidas pela ciência de disparar os circuitos de estresse do cérebro e sua cascata de hormônios do estresse.

Agora imagine, após a desanimadora entrevista de emprego, que você precisa realizar uma aritmética mental sob pressão: precisa subtrair o número 13 repetidamente, em rápida sucessão, de um número como 1232. Essa é a segunda parte do teste de Trier, e os mesmos entrevistadores impassíveis o obrigam a fazer as contas com rapidez cada vez maior — e, sempre que você comete um erro, ordenam que comece outra vez a partir do 1232. Esse teste infernal gera uma imensa dose de estresse social, as horríveis sensações que nos acometem quando as pessoas nos avaliam, rejeitam ou excluem.

Alan Wallace e Paul Ekman criaram um programa de reciclagem para professores que combinava treinamento psicológico e meditação.[19] Se Dan utilizara o filme de acidentes na oficina para provocar estresse no laboratório, aqui o estressor era a entrevista de emprego simulada do teste de Trier, seguida do formidável desafio matemático.

Quanto maior a quantidade de horas de meditação praticada por esses professores, mais rapidamente sua pressão sanguínea se recuperava de um nível elevado durante o TSST. Isso continuou sendo verdade cinco meses após o fim do programa, sugerindo ao menos um efeito de traço moderado (cinco anos depois seria uma evidência de traço ainda mais forte).

O laboratório de Richie usou o TSST com meditadores vipassana experientes (média na vida = 9 mil horas) que cumpriram oito horas de meditação em um dia e no seguinte realizaram o teste.[20] Os meditadores e seu grupo de comparação equiparado em termos de idade e gênero passaram todos pelo Trier Social Stress Test (bem como por um teste de inflamação — mais sobre esses resultados no capítulo 9, "Mente, corpo e genoma").

Resultado: os meditadores tiveram um aumento no cortisol menor durante o estresse. Igualmente importante, os meditadores *reagiram* ao temido teste de Trier com menos estresse do que os não meditadores. Esse modo mais inabalável e equilibrado de encarar o estressor entre os meditadores experientes não foi explorado enquanto praticavam, mas quando estavam em repouso — nosso "antes". Sua tranquilidade não só durante a entrevista como também no difícil desafio matemático mental parece um efeito de traço genuíno.

Evidência adicional disso deriva da pesquisa com esses mesmos meditadores de nível avançado.[21] O cérebro dos meditadores foi escaneado enquanto viam imagens perturbadoras de pessoas sofrendo, como as vítimas de queimaduras. O cérebro dos praticantes experientes revelou um nível menor de reatividade na amígdala; eles eram imunes ao sequestro emocional. O motivo: seus cérebros tinham conectividade operativa mais forte entre o córtex pré-frontal, que governa a reatividade, e a amígdala, que dispara essas reações. Como sabem os neurocientistas, quanto mais forte essa ligação particular no cérebro, menos a pessoa será vítima de uma gangorra emocional de qualquer tipo.

Essa conectividade modula o nível de reatividade emocional da pessoa: quanto mais forte a ligação, menos reativa. De fato, essa relação é tão poderosa que o nível de reatividade de uma pessoa pode ser previsto pela conectividade. Assim, quando esses meditadores com elevado número de horas de prática durante a vida viam a imagem perturbadora de uma vítima de queimadura, sua reatividade amigdalar era baixa. Voluntários de idade equiparada não mostraram conectividade ampliada nem serenidade ao ver as imagens terríveis.

Mas quando o grupo de Richie repetiu esse estudo com pessoas passando pelo treinamento MBSR (um total de quase trinta horas), além de um pouco de prática diária em casa, não conseguiram encontrar nenhuma intensificação da conexão entre a região pré-frontal e a amígdala durante o desafio com as imagens de queimaduras. Tampouco houve alguma quando o grupo MBSR simplesmente repousava.

Embora o treinamento MBSR de fato tenha reduzido a reatividade da amígdala, o grupo meditador de longo prazo revelou tanto essa reatividade reduzida na amígdala como o fortalecimento da ligação entre o córtex pré-frontal e a amígdala. Esse padrão sugere que se o momento presente se torna desagradável — por exemplo, em resposta a algum grande desafio na vida, como perder o emprego — a capacidade de administrar o estresse (que depende da conectividade entre o córtex pré-frontal e a amígdala) será maior nos meditadores de longa data, comparados aos que passaram apenas pelo treinamento MBSR.

A boa notícia é que essa resiliência pode ser aprendida. O que não sabemos é por quanto tempo esse efeito pode durar. Suspeitamos que terá vida curta a menos que os participantes continuem a praticar, algo essencial para transformar um estado em um traço.

Entre os que revelam a reação de amígdala com tempo mais curto, as emoções vêm e vão, adaptáveis e adequadas. O laboratório de Richie submeteu essa ideia ao teste com mapeamento cerebral de 31 meditadores muito experientes (média na vida de 8800 horas de prática, indo de apenas 1200 a 30 mil).

Eles viram as usuais imagens abrangendo tanto pessoas em sofrimento extremo (vítimas de queimadura) como coelhos fofinhos. A uma primeira análise da amígdala dos meditadores experientes, não houve diferença de reação na comparação com os voluntários equiparados que nunca meditaram antes. Mas quando o grupo de Richie dividiu os meditadores experientes entre aqueles com menos horas de prática (média na vida de 1849 horas) e os com mais (média na vida de 7118), os resultados mostraram que, quanto mais horas de prática, mais rapidamente a amígdala se recuperava da aflição.[22]

Essa recuperação rápida é a marca registrada da resiliência. Em suma, a serenidade emerge com mais força na prática prolongada. Entre os benefícios da meditação de longo prazo, isso nos informa, estão exatamente o que aqueles Padres do Deserto buscavam: uma mente imperturbável.

EM RESUMO

A amígdala, um nódulo-chave nos circuitos de estresse do cérebro, revela atividade entorpecida com meras trinta horas ou algo assim (acima de oito semanas) de prática MBSR. Outros treinamentos de mindfulness mostram benefício similar, e há indícios na pesquisa de que essas alterações sejam inclinadas ao traço: elas surgem não simplesmente durante a instrução explícita de perceber atentamente os estímulos estressantes, mas até no estado de "linha-base", com reduções na ativação da amígdala chegando a 50%. Tal redução das reações de estresse do cérebro surge não apenas como resposta às imagens perturbadoras usadas no laboratório, mas também a desafios mais realistas da vida, como a estressante entrevista Trier perante uma audiência hostil. O aumento da prática diária parece estar associado a uma diminuição da reatividade ao estresse. Praticantes zen experientes conseguem suportar níveis de dor mais elevados e reagir menos aos estressores. Um retiro de meditação de três meses trouxe indicativos de regulação emocional aperfeiçoada e a prática de longo prazo foi associada a uma conectividade funcional maior entre as áreas pré-frontais que governam a emoção e as áreas da amígdala que reagem ao estresse, resultando em menos reatividade. E ser capaz de regular melhor a atenção acompanha parte do impacto benéfico da meditação sobre a reatividade ao estresse. Finalmente, a rapidez com que os meditadores de longo prazo se recuperam do estresse salienta como os efeitos de traço emergem com a prática contínua.

6. Preparado para amar

Nas paisagens áridas de antigamente, uvas eram raridade, uma iguaria suculenta cultivada em regiões remotas. Mas um dia, segundo registros que datam do século II, alguém levou essas frutas até a morada de Macário, um eremita cristão, no deserto.[1]

Mas Macário não comeu as uvas; em vez disso, deu-as para outro eremita nos arredores que estava debilitado e parecia precisar mais do alimento. E esse eremita, embora grato pela bondade de Macário, pensou em outro dentre eles que se beneficiaria de comer as uvas, e levou-as para o monge. E assim foi em toda a comunidade de eremitas até as uvas voltarem a aparecer diante de Macário.

Esses antigos eremitas cristãos, conhecidos como Padres do Deserto, cultivavam os mesmos salutares modos de ser dos iogues nos Himalaias atuais, que seguem disciplinas, costumes e práticas meditativas surpreendentemente similares. Eles partilham de uma ética de abnegação e generosidade e vivem isolados, para melhor imergir na meditação.

O que levou à jornada das suculentas uvas pela comunidade no deserto? Os motivos foram a compaixão e a bondade amorosa, a atitude de pôr a necessidade do outro à frente da sua própria. Tecnicamente, bondade amorosa refere-se a desejar que outras pessoas sejam felizes; sua prima em primeiro grau, a compaixão, implica o desejo de que as pessoas encontrem alívio do sofrimento. Ambas as visões de mundo (às quais vamos nos referir simplesmente como compaixão) podem ser fortalecidas mediante o treinamento mental — e, se bem-sucedido, o resultado servirá para ajudar os outros, como testemunham os Padres do Deserto e o tal cacho de uvas.

Mas considere uma modernização disso. Os alunos de um seminário foram informados de que seriam avaliados na prática de uma homilia. Metade recebeu uma seleção aleatória de temas bíblicos para seu sermão. A outra metade ficou incumbida da Parábola do Bom Samaritano, o homem que parou para ajudar um estranho necessitado caído à beira da estrada, enquanto outros passavam por ele com indiferença.

Após algum tempo para organizar as ideias, iam todos, um de cada vez, para outro prédio, onde o discurso que haviam acabado de preparar seria avaliado. Quando atravessavam um pátio a caminho de fazer o sermão, passavam por um homem curvado, gemendo de dor. A questão: eles paravam para ajudar o estranho necessitado?

Como se viu, o fato de o estudante ajudar ou não dependia de quão atrasado acreditasse estar — quanto maior a pressão do horário, menor a probabilidade de parar.[2] Quando andamos apressados em um dia de trabalho, preocupados em chegar a tempo a algum lugar, tendemos a não notar as pessoas em volta, muito menos suas necessidades.

Há um espectro que vai de preocupações autocentradas (*Estou atrasado!*), passa por notar as pessoas em torno, entrar em sintonia com elas, solidarizar-se e, finalmente, se estão necessitadas, agir para ajudar. Manter uma atitude de compaixão significa meramente desposar essa virtude; *personificar* a compaixão significa agir. Os alunos refletindo sobre o Bom Samaritano provavelmente apreciavam sua compaixão — mas eles próprios não se mostraram mais propensos a agir com compaixão por causa disso.

Diversos métodos de meditação visam cultivar a compaixão. A questão científica (e ética) é: faz alguma diferença? Isso move as pessoas a tomar uma atitude compassiva?

QUE TODOS OS SERES FIQUEM LIVRES DE SOFRIMENTO

Durante a primeira estada de Dan na Índia, em dezembro de 1970, ele foi convidado para dar uma palestra sobre ioga e ciência em Nova Delhi. Entre os muitos viajantes do Ocidente presentes para escutá-lo estava Sharon Salzberg, então uma jovem de dezoito anos fazendo um ano de estudo independente da Universidade Estadual de Nova York em Buffalo. Sharon juntara-se aos milhares de jovens ocidentais que nos anos 1970 faziam a viagem por terra da Europa através do Oriente Próximo até a Índia, viagem que a guerra e a política tornaram praticamente impossível hoje em dia.

Dan mencionou que acabara de chegar de um curso vipassana ministrado por S. N. Goenka em Bodh Gaya, e que uma série desses retiros de dez dias continuava a ser oferecida. Sharon estava entre o punhado de ocidentais que seguiu direto de Delhi para a *vihara* birmanesa em Bodh Gaya a fim de participar. Ela se tornou uma aluna fervorosa do método e continuou seus estudos de meditação com professores na Índia e na Birmânia, e após regressar aos Estados Unidos tornou-se professora, e cofundadora da Insight Meditation Society em Massachusetts — junto com Joseph Goldstein, que conheceu na *vihara*.

Sharon veio a ser uma das principais defensoras de um método que conheceu com Goenka, chamado *metta* em páli e traduzido livremente como bondade amorosa — benevolência e boa vontade incondicionais —, uma qualidade do amor semelhante ao grego *agape*.[3]

No formato de bondade amorosa que Sharon ajudou a trazer para o Ocidente, a pessoa repete silenciosamente frases como "que eu tenha segurança", "que eu tenha saúde" e "que minha vida transcorra com tranquilidade", primeiro desejando essas coisas para si, depois para as pessoas amadas, depois para pessoas neutras e, finalmente, para todos os seres — mesmo quando é difícil ou se a pessoa lhe causou algum mal. Numa versão ou outra, esse se tornou o formato mais bem estudado da meditação compassiva. Essa versão da bondade amorosa às vezes inclui também o desejo compassivo de que as pessoas fiquem livres do sofrimento. E, embora a diferença entre a bondade amorosa e a compaixão possa ser importante de algum modo, pouca atenção é dada a essa distinção no mundo da pesquisa.

Anos após ter voltado da Índia, Sharon participou do painel em um simpósio com o Dalai Lama em 1989, do qual Dan foi moderador.[4] A certa altura, Sharon disse ao Dalai Lama que muitos ocidentais sentiam ódio de si mesmos. Ele ficou perplexo — nunca ouvira falar disso. E respondeu que sempre presumira que as pessoas naturalmente amassem a si mesmas. E contudo a palavra inglesa *compassion*, observou o Dalai Lama, significa o desejo de que outros fiquem bem — mas não inclui a própria pessoa. Ele explicou que em sua língua, tibetano, bem como nas línguas clássicas páli e sânscrito, a palavra para "compaixão" subentende que o sentimento se aplica tanto a si mesmo como às outras pessoas. O inglês, acrescentou ele, precisa de uma nova palavra, *self-compassion* ("autocompaixão").

Esse mesmo termo entrou para o mundo da psicologia mais de uma década depois, quando Kristin Neff, uma psicóloga da Universidade do Texas em Austin, publicou sua pesquisa sobre uma medida da autocompaixão. Em sua definição, isso inclui ser complacente consigo mesmo, em vez de autocrítico; ver seus fracassos e erros como simples parte da condição humana, e não como falha pessoal; e apenas observar suas imperfeições, não ruminar sobre elas.

O oposto da autocompaixão pode ser visto na autocrítica constante e comum, por exemplo, a modos de pensar deprimidos. A bondade amorosa dirigida a si próprio, por outro lado, parecia oferecer um antídoto direto. Um grupo israelense testou essa ideia e descobriu que ensinar bondade amorosa para pessoas particularmente propensas à autocrítica tanto diminuía esses pensamentos desagradáveis como aumentava sua autocompaixão.[5]

EMPATIA SIGNIFICA SENTIR COM

A pesquisa cerebral indica que há três tipos de empatia.[6] A empatia cognitiva nos leva a compreender como pensa o outro, vendo sua perspectiva. Na empatia emocional, sentimos o que o outro está sentindo. E o terceiro tipo, preocupação ou consideração empática, reside no cerne da compaixão.

A palavra *empathy* entrou para a língua inglesa apenas no início do século XX, como uma tradução da palavra alemã *Einfühlung*, que significa "sentir com". A empatia puramente cognitiva não envolve tais sentimentos de solidariedade, ao passo que o sinal definitivo da empatia emocional é sentir no próprio corpo o que a pessoa que sofre parece sentir. Mas se o que sentimos nos perturba, com bastante frequência nossa reação seguinte corresponde a deixar de prestar atenção, o que ajuda a fazer com que nos sintamos melhor, mas bloqueia a ação compassiva. No laboratório, uma das maneiras pela qual esse instinto de retraimento se revela é nas pessoas que desviam o olhar de fotos mostrando sofrimento intenso — como um homem tão terrivelmente queimado que sua pele sumiu. De modo similar, pessoas sem-teto se queixam de terem ficado invisíveis — quem passa na rua as ignora, outra forma de evitar olhar para o sofrimento.

Uma vez que a compaixão começa com a aceitação do que está acontecendo sem darmos as costas — um primeiro passo essencial para tomar uma atitude prestativa —, poderiam as meditações que cultivam a compaixão mudar as coisas? Pesquisadores no Instituto Max Planck em Leipzig, na Alemanha, ensinaram a voluntários uma versão da meditação da bondade amorosa.[7] Os voluntários praticavam gerando essa bondade amorosa em uma sessão instrucional de seis horas, e depois sozinhos em casa.

Antes de terem aprendido o método da bondade amorosa, quando viam imagens fortes de pessoas sofrendo, os voluntários tinham apenas seus circuitos negativos da empatia emocional ativados: seus cérebros refletiam o estado de sofrimento das vítimas como se estivesse ocorrendo com eles mesmos. Isso lhes trazia um sentimento de perturbação, um eco emocional da aflição que era transferida das vítimas para eles próprios. Então as pessoas foram instruídas a mostrar empatia por outros vídeos — a partilhar das emoções das pessoas que viam ali. Essa empatia, revelaram estudos com fMRI, ativava circuitos centrados em partes da ínsula — circuitos que se iluminam quando somos nós que estamos sofrendo. A empatia significava que as pessoas sentiam a dor daqueles que sofriam.

Mas quando outro grupo recebeu instruções sobre compaixão — sentir amor pelos que sofrem —, seus cérebros ativaram um grupo de circuitos completamente diferente, os do amor parental por um filho.[8] A assinatura cerebral em seu caso era claramente diferente dos que receberam instruções sobre empatia. E isso depois de apenas oito horas!

Um olhar tão positivo para uma vítima de sofrimento significa que podemos confrontar e lidar com sua dificuldade. Isso nos permite um deslocamento pelo espectro, de notar o que está acontecendo até o resultado disso, ajudar a pessoa de fato. Em muitos países do Leste Asiático as palavras Kuan Yin, o reverenciado símbolo do despertar compassivo, se traduzem como "aquele que escuta e ouve os lamentos do mundo a fim de vir e ajudar".[9]

DA ATITUDE À AÇÃO

O cientista cético tem de perguntar: exibir esse padrão neural significa que a pessoa vai ajudar de fato, especialmente se isso implicar fazer algo desconfortável, até mesmo um sacrifício? Apenas medir a atividade cerebral das pessoas enquanto ficam imóveis em um aparelho de neuroimagem, e mesmo descobrir que a preparação neural para a bondade e a ação fica mais forte, é intrigante mas não convincente. Afinal, aqueles seminaristas refletindo sobre o Bom Samaritano não se mostraram mais inclinados a ajudar uma pessoa necessitada.

Mas há evidências que sugerem um resultado mais auspicioso. No laboratório de Richie, o cérebro dos voluntários foi escaneado antes e depois de duas semanas tanto do treinamento em compaixão (pensar nos outros) como na reavaliação cognitiva, um autofoco em que o indivíduo aprende a pensar de forma diferente sobre as causas de eventos negativos. Depois o cérebro deles foi escaneado quando viam imagens de sofrimento humano. Após a neuroimagem, disputaram o Jogo da Redistribuição, em que primeiro testemunhavam um "ditador" trapacear alguém e lhe dar apenas um dólar, em vez dos dez dólares a que a pessoa teria direito. O jogo então permitia que os voluntários abrissem mão de cinco dólares de seu próprio dinheiro em prol da vítima, e as regras do jogo forçavam o ditador a dar duas vezes essa quantia para a vítima. Resultado: aqueles com treinamento em compaixão deram quase o dobro para a vítima do que o grupo que aprendera a reavaliar seus sentimentos. E seu cérebro revelou ativação aumentada nos circuitos para atenção, tomada de perspectiva e sentimentos positivos; quanto maior a ativação, mais altruísmo.

Como comentou Martin Luther King Jr. sobre a parábola do Bom Samaritano, os que não ajudaram se perguntaram: Se eu parar para ajudar, o que vai acontecer comigo? Mas o Bom Samaritano perguntou: Se eu não parar para ajudar, o que vai acontecer com ele?

PRONTO PARA AMAR

Qualquer pessoa minimamente solidária acharia doloroso olhar para a foto de uma criança pequena passando fome, os olhos grandes e tristes voltados para o chão, a expressão taciturna, a barriga distendida com os ossos perceptíveis sob a pele.

Essa imagem, como a da vítima de queimadura, tem sido usada em vários desses estudos de compaixão como parte de um teste-padrão da capacidade de enfrentar o sofrimento. Na escala que vai de ignorar a dor ou necessidade de alguém a notar, solidarizar-se e então agir para ajudar, sentimentos despertados de bondade amorosa energizam cada passo.

Estudos com novatos no aprendizado da bondade amorosa revelam um prenúncio de reações ampliadas de amígdala a imagens de dor e sofrimento encontradas em meditadores experimentados.[10] O resultado não foi nem de longe tão forte quanto entre os meditadores de longa data — apenas um indício de que o padrão pode aparecer bem cedo.

Quão cedo? Talvez em questão de minutos — pelo menos quando se trata do estado de espírito. Um estudo mostrou que meros sete minutos de prática da bondade amorosa encorajam os bons sentimentos e a sensação de conexão social da pessoa, ainda que apenas temporariamente.[11] E o grupo de Richie havia descoberto que, após cerca de oito horas de treinamento em bondade amorosa, os voluntários mostravam fortes ecos daqueles padrões cerebrais encontrados em meditadores mais experientes.[12] A onda temporária de sentimento solidário dos iniciantes pode ser um primeiro precursor das alterações cerebrais mais notáveis em pessoas que praticam bondade amorosa por semanas, meses ou anos.

E considere um grupo aleatório de pessoas que se voluntariou para experimentar um curso de meditação on-line, por um total de duas horas e meia (ou seja, vinte sessões de dez minutos cada). Esse breve treinamento de bondade amorosa resultou nas pessoas sentindo-se mais relaxadas e doando para caridade a um ritmo mais elevado do que um grupo para comparação que realizou uma quantidade comparável de exercícios leves, como alongamento.[13]

Reunindo resultados do laboratório de Richie com outros, podemos juntar as peças para construir um perfil neural de reações ao sofrimento. Os circuitos de aflição ligados à ínsula, incluindo a amígdala, reagem com força particular — padrão típico da empatia de qualquer pessoa com o sofrimento alheio. A ínsula monitora os sinais em nosso corpo e também ativa as respostas autônomas, como batimento cardíaco e respiração — como enfatizamos, nossos centros neurais para a dor e o sofrimento espelham o que captamos da outra pessoa. E a amígdala sinaliza algo destacado no ambiente — nesse caso, o sofrimento alheio. Quanto mais profundamente imersa na meditação compassiva a pessoa afirmava estar, mais forte era esse padrão compassivo — a compaixão parece acentuar a empatia pelo sofrimento, exatamente como espera a meditação.

Em um estudo diferente feito no laboratório de Richie, meditadores de longo prazo gerando compaixão revelaram um forte aumento na reação da amígdala a sons aflitivos (como uma mulher gritando), ao passo que para o grupo de comparação havia pouca diferença entre a compaixão e a condição de controle neutra.[14] Em um estudo associado, os participantes foram submetidos a escaneamentos do cérebro enquanto se concentravam numa luz fraca e escutavam esses sons aflitivos.[15] Em voluntários sem treinamento em meditação, a amígdala se iluminou de atividade ao escutar esses sons, ao passo que nos meditadores a resposta amigdalar foi muda e a concentração deles permaneceu forte. Mesmo os voluntários para quem fora prometido um prêmio caso se esforçassem em se concentrar na luz, independentemente do que escutassem, foram distraídos pelos gritos.

A comparação desses resultados fornece várias pistas sobre como funciona o treinamento mental. Para começar, com muita frequência a meditação vem em lotes, não como uma prática isolada. Os meditadores vipassana (a maioria daqueles nos estudos de longo prazo relatados aqui) em um retiro típico podem misturar a mindfulness da respiração com a de bondade amorosa. A MBSR e programas similares oferecem diversos tipos de treinamento mental. Esses vários métodos de treinamento impulsionam o cérebro de diferentes maneiras. Durante a prática da compaixão, a amígdala cresce em volume, ao passo que, na atenção focada em algo como a respiração, é diminuída. Meditadores estão aprendendo a mudar sua relação com as próprias emoções usando diferentes práticas.

Os circuitos da amígdala se iluminam quando somos expostos a pessoas submetidas a forte emoção negativa — medo, raiva etc. Esse sinal amigdalar alerta o cérebro de que alguma coisa importante está acontecendo; a amígdala atua como um radar neural detectando a ênfase de seja lá o que estivermos vivenciando. Se o que acontece parece urgente, como uma mulher gritando de medo, a amígdala se vale de extensas conexões para recrutar outros circuitos a responder.

Entrementes, a ínsula usa suas conexões com órgãos viscerais (como o coração) e prepara o corpo para um envolvimento ativo (aumentando o fluxo sanguíneo para os músculos, por exemplo). Uma vez que o cérebro prontifica o corpo a responder, aqueles que meditaram na compaixão ficam mais propensos a agir para ajudar.

Mas depois há a questão de quanto tempo duram tais efeitos de treinamento mental em compaixão. Trata-se de um estado apenas temporário ou ele se torna um traço duradouro? Sete anos depois que seu retiro experimental de três meses terminou, Cliff Saron monitorou os participantes.[16] Ele encontrou uma surpresa entre os que, durante e imediatamente após o retiro, foram capazes de sustentar a atenção para imagens perturbadoras de sofrimento — uma medida psicofisiológica de aceitação, ao contrário do olhar desviado e da expressão de aversão que presenciamos em outros (e que tipificam as pessoas em geral).

Os que não desviavam o olhar mas absorviam o sofrimento foram, sete anos depois, mais capazes de lembrar essas imagens específicas. Em ciência cognitiva, esse tipo de memória indica um cérebro capaz de resistir ao sequestro emocional e, assim, absorver a imagem trágica de forma mais plena, ter uma lembrança mais efetiva dela — e, presumivelmente, agir.

Ao contrário de outros benefícios da meditação que emergem de maneira gradual — como uma recuperação mais rápida do estresse —, enfatizar a compaixão vem mais prontamente. Suspeitamos que o cultivo da compaixão talvez tire vantagem da "prontidão biológica", uma disposição programada para aprender determinada habilidade, como se vê, por exemplo, na rapidez com que crianças pequenas aprendem a linguagem. Assim como no caso da fala, o cérebro parece preparado para aprender a amar. Isso talvez se deva principalmente aos circuitos da consideração pelo outro, que compartilhamos com todos os mamíferos. São as redes que acendem quando sentimos amor por nossos filhos, nossos amigos — qualquer um dentro do nosso círculo natural de afeto. Esses circuitos, entre outros, se fortalecem até com breves períodos de treinamento em compaixão.

Como vimos, a ênfase na atitude compassiva vai além da mera visão de mundo; as pessoas de fato ficam cada vez mais inclinadas a ajudar alguém necessitado mesmo quando isso acarreta um custo para elas próprias. Essa intensa ressonância com o sofrimento alheio foi identificada em outro grupo notável: altruístas extraordinários, pessoas que doaram um dos rins para um estranho terrivelmente necessitado de transplante. Neuroimagens revelaram que essas almas compassivas têm uma amígdala maior do lado direito, em comparação com outras pessoas de sua idade e gênero.[17]

Uma vez que essa região é ativada quando sentimos empatia por alguém em sofrimento, uma amígdala maior pode conferir capacidade incomum para sentir a dor alheia, desse modo motivando o altruísmo da pessoa. As mudanças neurais da prática de bondade amorosa (cujos sinais emergentes são encontrados até entre iniciantes) alinham-se com as que são encontradas no cérebro dos doadores de rim, os Supersamaritanos.[18]

O cultivo de uma preocupação terna com o bem-estar alheio traz um benefício único e surpreendente: os circuitos cerebrais de felicidade se energizam, junto com a compaixão.[19] A bondade amorosa também impulsiona as ligações entre os circuitos cerebrais para alegria e felicidade e o córtex pré-frontal, zona crítica para orientar o comportamento.[20] E quanto mais aumenta a ligação entre essas regiões, mais altruísta uma pessoa se torna após o treinamento em meditação compassiva.

CULTIVANDO A COMPAIXÃO

Quando jovem, Tania Singer achava que poderia seguir carreira nos palcos, talvez como diretora de teatro e ópera. Mas, a partir dos tempos de faculdade, mergulhou em retiros de meditação de diferentes tipos, estudando com uma variedade de professores ao longo dos anos. Os métodos iam da vipassana à prática da gratidão do padre David Steindl-Rast. Ela gravitava para professores que encarnavam uma qualidade de amor incondicional.

Os mistérios da mente humana atraíram Tania para a psicologia, campo em que obteve seu doutorado; sua pesquisa sobre o aprendizado na velhice deixou-a interessada pelo estudo da plasticidade. Sua pesquisa de pós-doutorado sobre empatia revelou que, quando testemunhamos a dor e o sofrimento alheios, ativamos redes que enfatizam esses mesmos sentimentos em nós mesmos — descoberta que recebeu ampla atenção, lançando as bases para a pesquisa de empatia em neurociência.[21]

Nossa ressonância empática à dor dos outros, descobriu ela, ativa o equivalente de um alarme neural que de imediato nos deixa sintonizados com o sofrimento alheio, potencialmente nos alertando para a presença de perigo.

Mas a compaixão — sentir *preocupação* com o sofrimento da pessoa — parecia envolver um conjunto diferente de circuitos cerebrais, os responsáveis pelos sentimentos de cordialidade, amor e preocupação.

Essa descoberta se originou de experimentos que Tania fez com Matthieu Ricard, um monge tibetano com doutorado em ciência e décadas de prática de meditação. Tania lhe pediu para tentar uma variedade de estados meditativos enquanto o submetia à neuroimagem. Ela queria ver o que acontecia no cérebro de um meditador calejado de modo a projetar práticas de meditação que qualquer um pudesse tentar.

Quando cultivava a empatia, partilhando o sofrimento de outro, ela viu a ação em suas redes neurais para a dor. Mas assim que ele começou a gerar compaixão — sentimentos ternos por alguém sofrendo —, ativou os circuitos cerebrais para sentimentos positivos, recompensa e afiliação. O grupo de Tania fez então a engenharia reversa do que descobrira com Matthieu, treinando grupos de meditadores de primeira viagem para sentir empatia por uma pessoa sofrendo, ou sentir compaixão por seu sofrimento.

A compaixão, ela descobriu, abrandava a aflição empática que pode levar à exaustão emocional e ao esgotamento nervoso (como acontece às vezes nas profissões ligadas aos cuidados com os outros, como a enfermagem). Em vez de simplesmente sentir a angústia da outra pessoa, o treinamento em compaixão levou à ativação de circuitos cerebrais completamente diferentes, os da preocupação terna, e a sentimentos positivos e resiliência.[22]

Hoje Tania dirige o Departamento de Neurociência Social no Instituto Max Planck de Cognição Humana e Neurociências em Leipzig, na Alemanha. Fundindo seus interesses meditativos e científicos e com base em sua prévia e promissora pesquisa sobre plasticidade em empatia e treinamento de compaixão, Tania realizou uma pesquisa conclusiva sobre a meditação como meio de cultivar qualidades mentais salutares como atenção, mindfulness, tomada de perspectiva, empatia e compaixão.

Em um elegante programa de pesquisa chamado ReSource Project, o grupo de Tania recrutou cerca de trezentos voluntários, que se comprometeram a passar onze meses em diferentes tipos de práticas contemplativas, praticando cada um em três módulos de vários meses — além de um grupo de comparação que não recebeu treinamento algum, mas passou pela mesma bateria de testes a cada três meses.

O primeiro treinamento mental, "Presença", requeria um escaneamento do corpo e foco na respiração. Outro, "Perspectiva", incluía observar pensamentos por meio de uma nova prática interpessoal de "díades contemplativas", em que os parceiros compartilhavam sua torrente de pensamentos uns com outros por dez minutos diários, fosse por um aplicativo de celular, fosse em pessoa.[23] O terceiro, "Afeto", incluía a prática da bondade amorosa.

Resultados: o escaneamento aumentou a consciência corporal e diminuiu a divagação da mente. Observar os pensamentos realçou a metaconsciência, um subproduto da mindfulness. Por outro lado, a bondade amorosa impulsionou pensamentos e sentimentos ternos para com o outro. Em resumo, se você quer aumentar de forma mais eficiente seus sentimentos bondosos, pratique exatamente isso — não alguma outra coisa.

QUAL É O INGREDIENTE ATIVO?

"Samantha tem HIV", lemos. "Ela contraiu a doença de uma agulha usada em um consultório médico no exterior. Ela frequenta comícios pela paz uma vez por mês. Foi bem no ensino médio." Junto a esse esboço conciso, vemos a foto de Samantha, uma mulher de vinte e poucos anos com cabelos na altura do ombro.

Você doaria dinheiro para ajudá-la?

Para descobrir que fatores internos estão em jogo aqui, pesquisadores na Universidade do Colorado ensinaram meditação compassiva a um grupo de voluntários, enquanto um engenhoso grupo de controle inalava diariamente um placebo apresentado como "oxitocina", que, segundo foram informados, aumentaria seus sentimentos de conexão social e compaixão. A falsa droga criou expectativas positivas comparáveis às dos meditadores compassivos.[24]

Após a meditação ou a inalação, um aplicativo de celular mostrava para cada pessoa uma foto e um perfil conciso de alguém em necessidade, como Samantha, com a opção de lhes doar parte do dinheiro recebido pelos voluntários.

De forma reveladora, simplesmente fazer a meditação compassiva não foi o prognóstico mais forte de doação. Na verdade, nesse estudo, os que faziam a meditação compassiva não exibiam maior propensão a doar do que o grupo inalando a falsa oxitocina — ou o grupo que não fez uma coisa nem outra.

Sem querer ser nerd demais, mas isso levanta uma questão-chave sobre os métodos usados em pesquisa de meditação. Embora esse estudo fosse um projeto excelente em muitos aspectos (como na engenhosa ideia do grupo de controle com a falsa oxitocina), pelo menos num aspecto o estudo é obscuro: a natureza da meditação compassiva não era especificada, parece ter mudado no transcorrer da pesquisa e incluía meditação que cultiva serenidade.

Esses exercícios contemplativos foram tirados de um conjunto projetado para ajudar pessoas que trabalham com pacientes terminais (aconselhamento pastoral, equipes hospitalares) a permanecer sensíveis ao sofrimento e ao mesmo tempo serenas em relação aos que estão no leito de morte — afinal, há pouca ou nenhuma ajuda que se pode dar nesse ponto, salvo uma presença compassiva. E, embora não estivessem mais propensos a doar dinheiro, os que fizeram a meditação compassiva sentiram maior ternura para com as pessoas necessitadas. Perguntamo-nos se a serenidade pode ter um efeito muito diferente da compaixão nas doações — talvez tornar alguém menos inclinado a, digamos, dar dinheiro, ainda que se identificando com seu sofrimento.

Isso suscita uma questão correlata, se a pessoa precisa se concentrar na bondade amorosa para realçar os atos compassivos. Por exemplo, na Northeastern University, voluntários receberam treinamento nas meditações de mindfulness e bondade amorosa.[25] Após duas semanas de instrução, cada um deles foi colocado em uma sala de espera com uma mulher de muleta e dor aparente; duas outras pessoas sentadas a ignoravam, e havia apenas três cadeiras. Como no estudo do Bom Samaritano, cada meditador tinha a opção de ceder seu lugar para a mulher de muleta sentar.

Tanto os que haviam aprendido a mindfulness como os que praticaram bondade amorosa — comparados a um grupo que não fez uma coisa nem outra — na maior parte tomaram o caminho da bondade, cedendo sua cadeira (no grupo de controle não meditativo, 15% cederam a cadeira, enquanto entre os meditadores o número ficou perto de 50%). Mas só pelo estudo não sabemos se a mindfulness aumenta a empatia exatamente como a prática da bondade amorosa, ou se outras forças internas — como uma maior atenção às circunstâncias — obrigaram a esse ato de compaixão.

Os primeiros sinais sugerem que cada variedade de meditação tem seu próprio perfil neural. Pegue os resultados da pesquisa encabeçada por Geshe Lobsang Tenzin Negi, que tem a mesma formação em tradição filosófica e prática do Dalai Lama (o *geshe* tibetano é o equivalente do nosso doutorado), além de um doutorado da Universidade Emory, onde leciona. Geshe Negi valeu-se de sua experiência como acadêmico e monge para criar o Cognitively--Based Compassion Training (CBCT) — "treinamento em compaixão baseado na cognição" —, método para compreender como a atitude da pessoa ajuda ou obstrui a reação compassiva. Ele inclui uma variedade de meditação de bondade amorosa, aspirando a ajudar os outros a serem felizes e a ficarem livres de sofrimento, e a determinação de agir de acordo.[26]

Na pesquisa em Emory, um grupo realizou o CBCT, ao passo que o outro usou o método de Alan Wallace do *shamatha* (descrito no capítulo 5, "Uma mente imperturbável"). O principal resultado: a amígdala direita do grupo de compaixão tendia a aumentar sua atividade em resposta a fotos de sofrimento, e quanto mais horas de prática, maior a resposta. Eles estavam partilhando da aflição da pessoa que sofria.

Mas em um teste de pensamento depressivo o grupo de compaixão também relatou estar mais feliz de modo geral. Partilhar dos sentimentos de aflição da outra pessoa não precisa ser algo que puxa você para baixo. Como disse o dr. Aron Beck, que projetou o teste de depressão, quando a pessoa se concentra no sofrimento alheio, esquece os próprios problemas.

Depois há a diferença de gênero. Os pesquisadores da Emory, por exemplo, descobriram que as mulheres mostram níveis mais elevados de reatividade da amígdala direita do que os homens em resposta a imagens emotivas, felizes ou tristes, incluindo as de sofrimento. Essa descoberta não é exatamente uma novidade em psicologia; estudos do cérebro já revelaram há muito tempo que as mulheres são mais sintonizadas com as emoções alheias do que os homens.[27] Esse pode ser mais um caso da ciência comprovando o óbvio: as mulheres, em média, parecem ser mais reativas às emoções alheias do que os homens.[28]

Paradoxalmente, as mulheres não parecem mostrar mais propensão que os homens a efetivamente agir quando confrontadas com uma oportunidade de ajudar, talvez porque às vezes se sintam mais vulneráveis.[29] Há mais fatores em jogo na ação compassiva do que uma simples assinatura cerebral, algo que os pesquisadores nessa área continuam a debater. Fatores que variam desde sentir a pressão do tempo a identificar-se com a pessoa necessitada, passando por estar em grupo ou sozinho — cada um deles pode fazer diferença. Uma questão em aberto: será que cultivar uma perspectiva compassiva prepara suficientemente a pessoa para superar essas outras forças em face da necessidade de alguém?

AMPLIANDO NOSSO CÍRCULO DE AFETO

Um renomado mestre de meditação tibetano examinado no laboratório de Richie disse que uma hora praticando a bondade amorosa com uma pessoa difícil equivale a cem horas da mesma meditação com uma pessoa amiga ou um ente querido.

A meditação da bondade amorosa de forma geral nos transporta por um círculo cada vez mais amplo dos tipos de pessoa a quem tentamos dirigir sentimentos ternos. O maior salto ocorre quando estendemos o amor para além das pessoas que conhecemos e amamos, para pessoas que não conhecemos, sem falar nas que achamos difíceis. E depois disso há a grande aspiração de amar todo mundo, em qualquer parte.

Como podemos estender a todos a compaixão que sentimos por nossos entes queridos imediatos, inclusive chegando a pessoas de quem não gostamos? Esse grande salto em bondade amorosa — caso queiramos que seja mais do que um mero desejo — poderia chegar a ponto de curar muitas divisões no mundo que causam sofrimento e conflito.

O Dalai Lama enxerga uma estratégia: reconhecer a "unidade" da espécie humana, até grupos que desprezamos, e desse modo perceber que "todos eles, como nós, não querem o sofrimento; querem a felicidade".[30]

Esse sentimento de unidade ajuda? Ainda não sabemos, do ponto de vista da pesquisa. Fácil de dizer, mas difícil de fazer. Um teste estrito dessa mudança rumo ao amor universal pode medir o viés inconsciente — quando a pessoa age de modo preconceituoso em relação a algum grupo, a despeito de acreditar que não alimenta sem sua consciência tal animosidade.

Esses vieses ocultos podem ser detectados mediante testes hábeis. Por exemplo, a pessoa talvez afirme não ter preconceito racial, mas, quando apresentada a um teste de reação de tempo em que palavras com conotações agradáveis ou desagradáveis são associadas às palavras *preto* ou *branco*, as palavras com significado agradável são mais rapidamente associadas à palavra *branco*, por comparação à palavra *preto*, e vice-versa.[31]

Pesquisadores da Universidade Yale usaram tal medida de viés implícito antes e depois de uma aula de seis semanas em meditação da bondade amorosa.[32] Essa pesquisa usou um forte grupo de controle — ensinando aos participantes sobre o valor da meditação da bondade amorosa sem de fato ensinar-lhes a prática. Um pouco como aqueles seminaristas refletindo sobre o Bom Samaritano, esse grupo não praticante revelou benefício zero sobre o teste de viés implícito. A queda do preconceito inconsciente veio da bondade amorosa.

O Dalai Lama conta sobre seu meio século de empenho cultivando a compaixão. No início, diz ele, tinha enorme admiração por aqueles que haviam desenvolvido genuína compaixão por todos os seres — mas não estava confiante de que pudesse fazer o mesmo.

Ele sabia, intelectualmente, que esse amor incondicional era possível, mas exigia um certo tipo de trabalho interior. Com o passar do tempo, descobriu que quanto mais praticava e se familiarizava com os sentimentos compassivos, mais crescia sua confiança de que também ele poderia desenvolver isso nos níveis mais elevados.

Com essa penúltima variedade de compaixão, acrescenta, somos imparciais em nossa preocupação, estendendo-a para todo mundo, por toda parte — mesmo quando aqueles a quem nos dirigimos alimentam animosidade em relação a nós. Além do mais, em termos ideais, esse sentimento não surge apenas esporadicamente, de tempos em tempos, mas torna-se uma força poderosa e estável, um princípio organizador central de nossas vidas.

E atinjamos ou não esses auges do amor, há outros benefícios ao longo do caminho, por exemplo a energização que ocorre nos circuitos cerebrais para a felicidade, junto com a compaixão. Como o Dalai Lama costuma dizer, "A primeira pessoa a se beneficiar da compaixão é a pessoa que a sente".

O Dalai Lama recorda um encontro em Montserrat, mosteiro nos arredores de Barcelona, com o padre Basili, um monge cristão que se isolara por cinco anos no eremitério de uma montanha próxima. O que ele ficara fazendo?

Meditando sobre o amor.

"Notei um brilho em seus olhos", disse o Dalai Lama, acrescentando que isso indicava a profundidade de sua paz de espírito e a beleza de se tornar uma pessoa maravilhosa. O Dalai Lama comentou sobre ter conhecido pessoas que tinham tudo que queriam, e contudo sentiam-se infelizes. A suprema fonte de paz, disse, está na mente — que, muito mais do que nossas circunstâncias, determina nossa felicidade.[33]

EM RESUMO

Simplesmente aprender sobre compaixão não é certeza de aumentar o comportamento compassivo. Nessa gradação que vai de sentir empatia por uma pessoa sofrendo a efetivamente agir para ajudar, a meditação da bondade amorosa/compaixão aumenta as chances de ajudar. Há três formas de empatia — cognitiva, emocional e preocupação empática. Muitas vezes a pessoa sente empatia emocional por alguém que sofre, mas então ignora isso para acalmar sua própria sensação de desconforto. A meditação compassiva amplia essa preocupação empática, ativa circuitos para bons sentimentos e amor, bem como circuitos que registram o sofrimento de outros, e prepara a pessoa para agir quando se depara com o sofrimento. A compaixão e a bondade amorosa aumentam a ativação da amígdala para o sofrimento, ao passo que a atenção focada em algo neutro como a respiração diminui a atividade amigdalar. A bondade amorosa atua rapidamente, em apenas oito horas de prática; reduções no viés inconsciente, normalmente intratável, emergem após apenas dezesseis horas. E quanto maior o tempo de prática, mais fortes se tornam essas tendências do cérebro e do comportamento em direção à compaixão. A força desses efeitos desde os primeiros dias de meditação pode sinalizar nossa prontidão biológica para a bondade.

7. Atenção!

Um dia um aluno pediu a seu mestre zen para produzir uma caligrafia *shodo* para ele, "algo de grande sabedoria".

O mestre, sem hesitar, pegou seu pincel e escreveu: *Atenção*.

O aluno, um pouco desapontado, perguntou: "Só isso?".

Sem uma palavra, o mestre tornou a pegar o pincel e escreveu: *Atenção. Atenção*.

O aluno, achando que isso não era muito profundo, ficou um pouco irritado, queixando-se com o mestre de que não havia sabedoria alguma nisso. Mais uma vez o mestre respondeu com o silêncio, escrevendo: *Atenção. Atenção. Atenção*.

Frustrado, o aluno quis saber o que ele queria dizer com essa palavra, *atenção*. Ao que o mestre respondeu: "Atenção significa atenção".[1]

William James explicitou o que o mestre zen talvez estivesse sugerindo: "A faculdade de trazer repetidamente de volta uma atenção divagante é a própria raiz do juízo, caráter e vontade", declarou em seu livro *Princípios da psicologia*, publicado em 1890. James em seguida disse que "uma educação que enfatizasse essa faculdade seria *a* educação por excelência".

Após essa ousada afirmação, ele recuou um pouco, acrescentando: "mas é mais fácil definir esse ideal do que fornecer orientações práticas para fazer com que aconteça".

Richie lera essa passagem antes de ir para a Índia, e, após sua experiência transformativa no retiro de Goenka, as palavras voltaram a se acender em sua mente como uma descarga elétrica.

Esse foi um momento seminal, um ponto intelectual decisivo para Richie. Ele ficou com a profunda sensação de que encontrara aquela educação excelente buscada por James: a meditação. Seja qual for a forma específica assumida, praticamente todo tipo de meditação exige um retreinamento da atenção.

Mas o mundo da pesquisa sabia pouco sobre atenção em nossos tempos de pós-graduação, na década de 1970. O único estudo que ligava meditação a uma melhoria na atenção vinha de pesquisadores japoneses.[2] Eles levaram um aparelho de EEG a um *zendo* e mediram a atividade cerebral dos monges durante a meditação conforme escutavam uma série monótona de sons. Embora a maioria dos monges não revelasse nada notável, três dos monges mais "avançados", sim: seus cérebros reagiram tão fortemente ao vigésimo som quanto ao primeiro. Isso era uma grande novidade: normalmente o cérebro iria se desligar, sem manifestar reação alguma ao décimo "plim", muito menos ao vigésimo.

O desligamento de um som repetido reflete o processo neural conhecido como habituação. Essa diminuição da atenção a qualquer coisa monótona pode ser a ruína dos operadores de radar, que precisam permanecer vigilantes conforme varrem o céu praticamente vazio à procura de sinais. A fadiga de atenção em operadores de radar foi o motivo prático para esse aspecto da atenção ter sido intensamente pesquisado durante a Primeira Guerra Mundial, quando psicólogos foram consultados para descobrir como manter os operadores alertas. Só então a atenção passou a integrar estudos científicos.

Em geral prestamos atenção em algo incomum apenas tempo o suficiente para ter certeza de que não oferece ameaça, ou simplesmente para categorizá-lo. Então a habituação poupa a energia cerebral desligando a atenção dessa coisa assim que percebemos que é segura ou familiar. Uma desvantagem dessa dinâmica cerebral: nos habituamos a *qualquer coisa* familiar — fotos nas paredes, o mesmo prato noite após noite, até mesmo, talvez, nossos entes queridos. A habituação torna a vida administrável, mas um pouco tediosa.

O cérebro se habitua usando circuitos que compartilhamos até com répteis: o sistema de ativação reticular (RAS, em inglês) do tronco cerebral, um dos poucos circuitos ligados à atenção de que se tinha conhecimento na época. Na habituação, circuitos corticais inibem o RAS, mantendo essa região calma quando vemos a mesma coisa repetidas vezes.

Por outro lado, na sensibilização, quando encontramos algo novo ou surpreendente, os circuitos corticais ativam o RAS, que então requisita outros circuitos cerebrais para processar a novidade — um novo objeto de arte no lugar de um com o qual estávamos familiarizados, por exemplo.

Elena Antonova, uma neurocientista britânica presente ao SRI, descobriu que meditadores que haviam feito um retiro de três anos na tradição tibetana exibiam menos costume de piscar o olho quando escutavam ruídos altos e repentinos.[3] Em outras palavras, o ritmo de piscar permanecia regular. Isso reproduz (ao menos conceitualmente) aquele estudo do Japão no qual meditadores zen avançados não se habituavam a sons repetidos.

O estudo zen original foi seminal para nós. Parecia que os cérebros zen podiam sustentar a atenção em situações em que outros cérebros se desligavam. Isso evocou nossa própria experiência em retiros de mindfulness, onde passamos horas forçando nossa atenção a notar cada pequeno detalhe da experiência, em vez de se desligar.

Ao focar detalhes de visões, sons, sabores e sensações a que de outro modo estaríamos habituados, nossa mindfulness transformou o familiar e o habitual em coisas novas e intrigantes. Esse treinamento da atenção, percebemos, podia enriquecer nossas vidas, dando-nos a escolha de reverter a habituação ao nos concentrarmos em um aqui-agora profundamente texturizado, tornando "o velho em novo outra vez".

Nossa antiga opinião sobre a habituação enxergava a mindfulness como uma mudança voluntária do desligamento reflexivo. Mas não fomos além disso em nosso modo de pensar — e desde então isso já desafiava os limites do pensamento científico aceito. Na década de 1970, a ciência via a atenção mais como governada por estímulos, automática, inconsciente e se manifestando "de baixo para cima" — uma função do tronco cerebral, estrutura primitiva que fica logo acima da medula espinhal —, e não de uma região cortical, "de cima para baixo". Esse ponto de vista considera a atenção involuntária. Alguma coisa acontece a nossa volta — um telefone toca — e nossa atenção automaticamente é atraída pela fonte do som. Se o som continuar ao ponto da monotonia, nós nos habituamos a ele.

Não havia conceito científico para o controle deliberado da atenção — a despeito do fato de que os próprios psicólogos estavam usando sua atenção deliberada para escrever sobre como esse tipo de capacidade era inexistente!

Acompanhando os padrões científicos da época, a realidade da própria experiência era simplesmente ignorada em prol do que podia ser objetivamente observado.

Essa visão truncada da atenção fornecia apenas parte da história. A habituação descreve uma variedade de atenção sobre a qual não temos controle consciente, mas num ponto mais elevado de nossos circuitos neurais, acima desses mecanismos do fundo do cérebro, dinâmicas diferentes se aplicam.

Tomemos os centros emocionais no sistema límbico do mesencéfalo, onde grande parte da ação se origina quando as emoções impelem nossa atenção. Quando escreveu *Inteligência emocional*, Dan se baseou em grande parte na pesquisa de Richie e de outros neurocientistas sobre a então nova descoberta da dança da amígdala, o radar cerebral da ameaça (nos circuitos emocionais do mesencéfalo), com os circuitos pré-frontais (atrás da testa), o centro executivo do cérebro, que é capaz de aprendizado, reflexão, decisão e busca de metas a longo prazo.

Quando a raiva ou a ansiedade é disparada, a amígdala impulsiona os circuitos pré-frontais; à medida que essas emoções perturbadoras atingem seu pico, um sequestro amigdalar paralisa a função executiva. Mas, quando assumimos o controle ativo de nossa atenção — como quando meditamos —, mobilizamos esses circuitos pré-frontais e a amígdala se acalma. Richie e sua equipe encontraram essa amígdala silenciosa tanto em meditadores vipassana experientes como, com sugestões do mesmo padrão — embora menos forte —, em pessoas após o treinamento em MBSR.[4]

A carreira científica de Richie rastreou o local da atenção à medida que se movia gradualmente cérebro acima. Na década de 1980, ele ajudou a fundar a neurociência afetiva, campo que estuda os circuitos emocionais no mesencéfalo e como as emoções impelem e atraem a atenção. Na década de 1990, à medida que a neurociência contemplativa nascia e pesquisadores começavam a olhar para o cérebro durante a meditação, eles descobriram como os circuitos no córtex pré-frontal gerenciam nossa atenção voluntária. Essa área atualmente tornou-se o *hotspot* cerebral para a pesquisa de meditação; qualquer aspecto da atenção envolve o córtex pré-frontal de algum modo.

Em humanos, o córtex pré-frontal assume uma proporção maior na camada superior do cérebro, o neocórtex, do que em outras espécies, e foi o local das principais mudanças evolucionárias que nos tornaram humanos. Essa zona neural, como vemos, guarda o germe do despertar para um bem-estar duradouro, mas também está interligada com o sofrimento emocional. Podemos vislumbrar possibilidades maravilhosas e também podemos ser perturbados por pensamentos inquietantes — ambos sinais do córtex pré-frontal em funcionamento.

Embora William James tenha escrito sobre a atenção como se fosse uma entidade isolada, a ciência nos informa que o conceito se refere não apenas a uma capacidade, mas a muitas. Entre elas:

- *Atenção seletiva*, a capacidade de focar um elemento e ignorar os demais.
- *Vigilância*, manter um nível constante de atenção no decorrer do tempo.
- *Alocar* atenção de modo a notar mudanças pequenas ou rápidas no que vivenciamos.
- *Foco na meta*, ou "controle cognitivo", mantendo uma meta ou tarefa específica em mente a despeito das distrações.
- *Metaconsciência*, ser capaz de acompanhar a qualidade da própria consciência — por exemplo, notar quando a mente divaga ou cometemos um erro.

ATENÇÃO SELETIVA

Desde criança, Amishi Jha consegue se lembrar de seus pais meditando toda manhã com o uso de contas para recitar um mantra, como aprenderam em sua Índia natal. Mas Amishi não estava interessada na meditação; ela se tornaria uma neurocientista cognitiva com treinamento no estudo rigoroso da atenção.

Richie foi dar uma palestra na Universidade da Pensilvânia na época em que Amishi lecionava lá. Em sua exposição, em nenhum momento ele mencionou a meditação, mas mostrou imagens fMRI de dois cérebros — um mergulhado em depressão, o outro, feliz. Amishi lhe perguntou: "Como fazemos para passar o cérebro de um estado a outro?".

"Meditação", respondeu Richie.

Isso interessou Amishi, tanto pessoal como profissionalmente. Ela começou a meditar, e a pesquisar sobre como o método podia impactar a atenção. Mas foi desencorajada por seus colegas, que a advertiram de que era arriscado demais e podia não ser de interesse científico amplo dentro do campo da psicologia. No ano seguinte, ela compareceu ao segundo encontro do Mind and Life Summer Research Institute, que se revelou uma experiência transformadora. Os professores e alunos de pós-graduação e pós-doutorado que conheceu por lá eram uma comunidade solidária, que a apoiou.

Richie recorda vividamente um depoimento emocionado de Amishi nesse encontro sobre como a meditação era parte de sua cultura. Embora tivesse se sentido coibida na busca dessa pesquisa dentro do meio acadêmico, ela sentia que finalmente estava em casa com pesquisadores de mentalidade parecida fazendo pesquisa nessa área. Amishi tornou-se líder de uma nova geração de cientistas empenhados na neurociência contemplativa e seus benefícios para a sociedade.

Ela e seus colegas conduziram um dos primeiros estudos rigorosos sobre como a meditação causa impacto em nossa atenção.[5] Seu laboratório, hoje sediado na Universidade de Miami, descobriu que novatos treinados em MBSR melhoraram significativamente a orientação atencional, componente da atenção seletiva que direciona a mente a selecionar um dentre a quantidade infinita de inputs sensoriais.

Vamos dizer que você esteja numa festa escutando a música e desligado de uma conversa que ocorre bem ao seu lado. Se alguém lhe perguntasse o que as pessoas haviam acabado de dizer, você não faria ideia. Mas caso alguém mencionasse seu nome, você se concentraria nesse doce som como se estivesse escutando o tempo todo.

Conhecida na ciência cognitiva como "efeito coquetel", essa consciência súbita ilustra parte do projeto de nossos sistemas de atenção cerebral: absorvemos uma parte maior do fluxo de informação disponível do que nossa consciência se dá conta. Isso nos permite desligar os sons irrelevantes, mas sem deixar de examinar sua relevância em algum lugar da mente. E nosso próprio nome sempre é relevante.

A atenção, então, tem vários canais — os que selecionamos conscientemente e os que desligamos. A pesquisa de doutorado de Richie examinou como a meditação podia fortalecer nossa capacidade de concentração deliberada pedindo a voluntários para prestar atenção no que viam (uma luz piscando) e ignorar o que sentiam (uma vibração no pulso) ou vice-versa, enquanto se valia de leituras de EEG do córtex visual ou tátil para medir a força de seu foco. (O uso do EEG para essa análise em humanos, a propósito, abriu novas portas — isso só fora feito até então com ratos e gatos.)

Os voluntários que eram meditadores revelaram um aumento modesto no que ele chamou de "especificidade cortical" — mais atividade na parte apropriada das áreas sensórias do córtex. Assim, por exemplo, quando estavam prestando atenção ao que viam, o córtex visual ficava mais ativo do que o tátil. Quando a pessoa decide se concentrar em sensações visuais e ignorar o tato, as luzes são "sinal" e o tato, "ruído". Quando se distrai, o ruído sufoca o sinal; concentração significa muito mais sinal do que ruído. Richie não percebeu um aumento no sinal, mas houve alguma redução no ruído — alterando a proporção. Menos ruído significa mais sinal.

A tese de Richie, como a de Dan, era ligeiramente sugestiva do efeito que ele estava buscando descobrir. Avancemos várias décadas para medições muito mais sofisticadas da consciência sensória bem definida que Richie tentara demonstrar. Um grupo no MIT implementou a MEG — uma medição de EEG magnético com uma definição mais precisa de áreas cerebrais do que permitira o antigo EEG de Richie — com voluntários que haviam sido aleatoriamente indicados para receber um programa de oito semanas na MBSR ou aguardavam para receber o treinamento até que o experimento já tivesse sido feito.[6]

A MBSR, lembremos, inclui mindfulness da respiração, praticando um escaneamento sistemático das sensações por todo seu corpo, ioga atentiva e consciência momento a momento dos pensamentos e sentimentos — com o convite para praticar esses métodos de treinamento de atenção diariamente. Após oito semanas, os que haviam passado pelo programa de MBSR mostraram uma capacidade muito melhor de se concentrar nas sensações — nesse caso batidas cuidadosamente calibradas em suas mãos ou pés — do que haviam mostrado antes, assim como melhor do que a daqueles que continuavam esperando pela MBSR.

Conclusão: a mindfulness (pelo menos nessa forma) fortalece a capacidade cerebral de se concentrar em uma coisa e ignorar as distrações. Os circuitos neurais para atenção seletiva, concluiu o estudo, podem ser treinados — contrariamente à noção comum em que a atenção era considerada inata e, assim, fora de alcance para qualquer tentativa de treinamento.

Um fortalecimento similar da atenção seletiva foi encontrado entre meditadores vipassana no Insight Meditation Society que foram testados antes e depois de um retiro de três meses.[7] O retiro oferece o que se pode chamar de encorajamento explícito para ficar plenamente atento, não apenas nas oito horas diárias de exercício formal, mas também ao longo do dia todo.

Antes do retiro, quando prestavam atenção nos seletivos sons agudos e graves, cada um em um tom diferente, a precisão deles em identificar os tons objetivados não era melhor do que a média. Mas após três meses a atenção seletiva dos praticantes ficou notadamente mais precisa, mostrando um ganho superior a 20%.

MANTENDO A ATENÇÃO

O estudioso zen D. T. Suzuki participava de um simpósio ao ar livre. Sentado à mesa com os demais debatedores, ele estava imóvel, os olhos fixos num ponto a sua frente, aparentemente desligado e num mundo só seu. Mas quando uma rajada de vento súbita soprou alguns papéis sobre a mesa, Suzuki foi o único participante a reagir rápido para segurá-los. Não estava desligado — estava fortemente atento, à maneira zen.

A capacidade dos meditadores zen de manter a atenção sem se habituar, lembremo-nos, foi uma das raras descobertas científicas sobre meditação feitas na época em que começamos essa pesquisa. Aquele estudo do zen, embora com certas limitações, nos motivou a prosseguir.

A atenção flui por um gargalo apertado na mente, e alocamos essa estreita largura de banda parcimoniosamente. A maior parte vai para o que decidimos focar no momento. Mas quando mantemos nossa atenção em determinada coisa, nosso foco inevitavelmente enfraquece, nossa mente vagando para outros pensamentos e assim por diante. A meditação desafia essa inércia mental.

Um objetivo universal na meditação de todo tipo resume-se a sustentar a atenção de uma maneira específica ou em um dado alvo, como a respiração. Inúmeros relatos, tanto anedóticos como científicos, apoiam a ideia de que a meditação leva a uma atenção sustentada melhor, ou, para usar o termo técnico, vigilância.

Mas um cético talvez pergunte: é a prática da meditação que intensifica a atenção ou algum outro fator? É por esse motivo, sem dúvida, que grupos de controle se fazem necessários. E demonstrar de forma ainda mais convincente que a ligação entre a meditação e a atenção sustentada não é mera associação, mas antes causal, exige um estudo longitudinal.

Esse parâmetro mais elevado foi atingido pelo estudo de Clifford Saron e Alan Wallace, em que os voluntários participaram de um retiro para meditação de três meses, com Wallace como professor.[8] Eles praticavam o foco na respiração cinco horas por dia e Saron os submetia a um teste no início do retiro, um mês após começado, depois de terminado e, por fim, cinco meses mais tarde.

Os meditadores melhoraram em vigilância, com os maiores ganhos no primeiro mês de retiro. Cinco meses após o término do retiro, cada meditador fez um teste de acompanhamento para a vigilância e, notavelmente, as melhorias conquistadas durante o retiro continuavam fortes.

Sem dúvida o ganho devia ser conservado graças às horas de prática diária que esses meditadores relatavam. Mesmo assim, esse experimento está entre os melhores testes diretos de um traço alterado induzido por meditação de que dispomos. Claro que a evidência seria ainda mais convincente se esses meditadores continuassem a mostrar o mesmo ganho cinco meses depois!

QUANDO A ATENÇÃO PISCA

Observe uma criança de quatro anos esquadrinhar intensamente uma ilustração de *Onde está Wally?* e veja o momento de alegria quando ela finalmente identifica Wally em seu característico suéter listrado de vermelho e branco no meio da multidão caótica. Essa empolgação em avistar Wally assinala um momento crucial nos mecanismos da atenção; o cérebro nos premia por qualquer triunfo desse tipo com uma dose prazerosa de neuroquímicos.

Por esses poucos momentos, informa-nos a pesquisa, o sistema nervoso desliga nosso foco e relaxa, no equivalente a uma breve festa neural. Se um novo Wally aparecesse durante a festa, nossa atenção estaria ocupada em outro lugar. Esse segundo Wally passaria incógnito. Esse momento de cegueira temporária é como uma piscada da atenção, uma breve pausa na capacidade da nossa mente de esquadrinhar os arredores (tecnicamente, um "período refratário"). Durante essa piscada, a capacidade mental de notar fica cega e a atenção perde a sensibilidade. Uma ligeira mudança que de outro modo poderia captar nosso olhar passa sem ser notada. A medição da piscada reflete a "eficiência cerebral", no sentido de que não ficar absorvido demais numa coisa deixa nossos finitos recursos de atenção disponíveis para a seguinte.

Falando em termos práticos, a ausência de piscada reflete uma maior capacidade de notar pequenas mudanças — por exemplo, sinais emocionais não verbais de uma pessoa mudando de humor evidenciados por alterações fugazes nos pequenos músculos em torno dos olhos. A insensibilidade a esses sinais menores pode significar a perda de mensagens mais importantes.

Em um teste de piscada, vemos uma longa fileira de letras entremeadas a números ocasionais. Cada letra ou número individual é apresentado muito brevemente — por cinquenta milissegundos, que correspondem a 1/20 de segundo —, num ritmo vertiginoso de dez por segundo. A pessoa é advertida de que cada fileira de letras conterá um ou dois números, a intervalos aleatórios.

Após cada fileira de quinze ou algo assim, os pesquisadores perguntam se você viu algum número e quais eram eles. Se dois números foram apresentados em uma sequência muito rápida, a maioria tende a deixar passar o segundo número. Isso é a piscada da atenção.

Cientistas que estudam a atenção acreditaram durante um bom tempo que esse lapso atentivo imediatamente após encontrar um alvo objetivado por muito tempo era inato, um aspecto do sistema nervoso central inevitável e imutável. Mas então algo surpreendente aconteceu.

Considere os meditadores no retiro vipassana anual de três meses na Insight Meditation Society, os mesmos praticantes que se saíram tão bem no teste de atenção seletiva. A meditação vipassana pode diminuir a piscada, uma vez que cultiva uma consciência não reativa contínua de tudo que surgir na experiência, um "monitoramento aberto" (uma consciência ampla do que quer que se apresente à mente) receptivo a tudo que ocorre na mente. Um curso vipassana intensivo cria algo semelhante a uma mindfulness anabolizada: um estado de hiperprontidão não reativo a tudo que surge na mente da pessoa.

O grupo de Richie mediu a piscada da atenção entre meditadores vipassana antes e após o retiro de três meses. Após o retiro, houve uma redução drástica, de 20%, na piscada da atenção.[9] A mudança neural crucial foi uma queda na reação ao vislumbre inicial de um número (estavam apenas notando sua presença), permitindo que a mente permanecesse calma o bastante para notar também o segundo número, mesmo surgindo logo após o primeiro.

Esse resultado foi uma imensa surpresa para os cientistas cognitivos, que haviam acreditado que a piscada da atenção era inata e desse modo não podia ser atenuada por nenhum tipo de treinamento. Assim que a notícia correu pelos círculos científicos, um grupo de pesquisadores na Alemanha perguntou se o treinamento em meditação podia compensar o declínio-padrão pela idade da piscada da atenção, que se torna mais frequente e cria lapsos de consciência mais prolongados à medida que as pessoas envelhecem.[10] Sim: meditadores que praticam regularmente alguma forma de "monitoramento aberto" reverteram o crescimento usual de piscadas da atenção ocorrido com a idade, saindo-se melhores até do que outro grupo composto inteiramente de uma população mais jovem.

Talvez, especulam os pesquisadores alemães, a consciência aberta não reativa — simplesmente notar e permitir que o que quer que se apresente à mente "apenas seja", em vez de seguir uma cadeia de pensamentos a respeito — torne-se uma habilidade cognitiva que é transferida para registrar um alvo como as letras e os números no teste de piscada sem ser presa dele. Isso deixa a atenção pronta para o alvo seguinte na sequência — um modo mais eficiente de testemunhar o mundo passando.

Cientistas holandeses se perguntaram: uma vez que a piscada da atenção se revelou reversível, qual é a mínima dose de treinamento capaz de diminuí-la? Eles ensinaram pessoas que nunca haviam meditado antes a monitorar a mente usando uma versão da mindfulness.[11] As sessões de treinamento duraram apenas dezessete minutos, após os quais os voluntários foram testados na piscada da atenção. Eles "piscaram" menos do que um grupo de comparação, que havia sido instruído numa meditação concentrada que não mostrou efeito algum nessa habilidade mental.

O MITO DA MULTITAREFA

Todos nós sofremos da versão na era digital da "catástrofe total": uma pilha de e-mails para ler, textos urgentes, mensagens de telefone e mais, chegando tudo ao mesmo tempo — para não mencionar postagens no Facebook, Instagram e todas as notícias prementes em nosso universo pessoal de mídia social. Dada a ubiquidade dos smartphones e outros dispositivos, as pessoas hoje absorvem muito mais informação do que o faziam antes da era digital.

Décadas antes de começarmos a nos afogar num mar de distrações, o cientista cognitivo Herbert Simon fez um comentário presciente: "O que a informação consome é a atenção. Riqueza de informação significa pobreza de atenção". Além disso, também, há os modos como nossas relações sociais sofrem. Você alguma vez já sentiu o impulso de dizer a um jovem para largar o celular e olhar para a pessoa com quem está conversando? A necessidade de um conselho desses está se tornando cada vez mais comum à medida que as distrações digitais fazem novos tipos de vítimas: habilidades humanas básicas como empatia e presença social.

O significado simbólico do contato olho no olho, de deixar de lado o que estamos fazendo para estabelecer um vínculo, reside no respeito, consideração e até amor que o gesto indica. Desatenção com as pessoas que nos cercam passa uma mensagem de indiferença. Essas normas sociais de atenção para com as pessoas perto de nós mudaram silenciosa e inexoravelmente.

E no entanto somos em grande parte impermeáveis a esses efeitos. Muitos cidadãos do mundo digital, por exemplo, orgulham-se de ser capazes de operar em modo multitarefa, prosseguindo com seu trabalho essencial mesmo enquanto ficam ligados em todas as novidades que lhes chegam. Mas uma pesquisa conclusiva na Universidade Stanford mostrou que essa ideia é um mito — o cérebro não "opera em multitarefa, mas, antes, passa rapidamente de uma tarefa (*meu trabalho*) para outras (*todos aqueles vídeos divertidos, conversas com amigos, textos de interesse etc.*)".[12]

Tarefas da atenção na verdade não funcionam em paralelo, como a expressão "multitarefa" dá a entender; em vez disso exigem rápida mudança de uma coisa para outra. E ao acompanhar cada mudança dessas, quando nossa atenção volta à tarefa original, sua força vai diminuindo consideravelmente. Pode levar vários minutos para a atenção voltar a crescer até a plena concentração.

O dano se estende ao resto da vida. Para começar, a incapacidade de separar o ruído (todas aquelas distrações) do sinal (no que você queria focar) gera uma confusão sobre o que é importante e desse modo uma queda em nossa capacidade de reter o que faz diferença. Os viciados em multitarefa, descobriu o grupo de Stanford, de modo geral se distraem com mais facilidade. E quando essas pessoas tentam se concentrar justamente naquilo que precisam terminar, seus cérebros ativam muito mais áreas do que apenas as relevantes para a presente tarefa — um indicador neural de distração.

Mesmo a capacidade de ser eficientemente multitarefa sofre. Como o falecido Clifford Nass, um dos pesquisadores nesse campo, afirmou, pessoas multitarefa são "esponjas de irrelevância", o que atrapalha não apenas a concentração, como também a compreensão analítica e a empatia.[13]

CONTROLE COGNITIVO

O controle cognitivo, por outro lado, permite-nos focar um objetivo (ou tarefa) específico e ficar com ele em mente enquanto resistimos às distrações, justamente as habilidades que são prejudicadas pela multitarefa. Esse foco determinado é essencial em trabalhos como controle de tráfego aéreo — em que as telas podem ficar cheias de distrações do foco principal do controlador, como um avião chegando — ou apenas para resolvermos nossos assuntos no dia a dia.

A boa notícia para os multitarefas: o controle cognitivo pode ser fortalecido. Alunos de graduação se voluntariaram para tentar sessões de dez minutos concentrando-se na contagem da respiração ou numa tarefa de comparação adequada: olhar o *Huffington Post*, o Snapchat ou o BuzzFeed.[14]

Apenas três sessões de dez minutos de contagem da respiração foram suficientes para aumentar consideravelmente suas habilidades atentivas numa bateria de testes. E os maiores ganhos foram entre os multitarefas pesados, que inicialmente se saíram pior naqueles testes.

Se a multitarefa resulta no enfraquecimento da atenção, um exercício de concentração como contar respirações oferece uma maneira de fortalecê-la, pelo menos a curto prazo. Mas não havia indicativo de que o incremento da atenção duraria — a melhora veio imediatamente após o "exercício" e desse modo aparece em nosso radar como um efeito de estado, não um traço duradouro. Os circuitos de atenção do cérebro precisam de mais esforços sustentados para criar um traço estável, como veremos.

Mesmo assim, até iniciantes em meditação podem aprimorar suas habilidades de atenção, com benefícios surpreendentes. Por exemplo, pesquisadores na Universidade da Califórnia em Santa Barbara deram aos voluntários uma instrução de oito minutos sobre mindfulness da respiração e descobriram que essa breve sessão de foco (comparada a ler um jornal ou apenas relaxar) reduzia em seguida o tempo de divagação de sua mente.[15]

Embora esse resultado seja interessante, a continuação do estudo foi ainda mais. Os mesmos pesquisadores deram aos voluntários um curso de duas semanas em mindfulness da respiração, bem como de atividades cotidianas (comer, por exemplo), por um total de seis horas, além de sessões incrementais de dez minutos diários em casa.[16] O grupo de controle ativo estudou nutrição pela mesma quantidade de tempo. Mais uma vez, a mindfulness melhorou a concentração e diminuiu as divagações da mente. Uma surpresa: a mindfulness também melhorou a memória de trabalho — a conservação da informação na mente de modo que possa se transferir para a memória de longo prazo. A atenção é crucial para a memória de trabalho; se não estamos prestando atenção, esses dígitos nem são registrados, para começo de conversa.

Esse treinamento em mindfulness ocorreu enquanto os alunos no estudo ainda frequentavam a faculdade. O incremento em sua atenção e memória de trabalho talvez ajude a explicar uma surpresa ainda maior: a mindfulness elevou suas notas em mais de 30% no GRE, o exame de admissão na pós-graduação.

O controle cognitivo nos ajuda também no gerenciamento de nossos impulsos, tecnicamente conhecido como "controle inibitório". Como vimos no capítulo 5, "Uma mente imperturbável", no estudo de Cliff Saron o treinamento elevou a capacidade do meditador de inibir o impulso no decorrer dos três meses e, de forma impressionante, continuava forte cinco meses depois, quando foi realizada uma sessão de acompanhamento do estudo.[17] E uma melhor inibição do impulso se fez acompanhar de um incremento autorrelatado no bem-estar emocional.

METACONSCIÊNCIA

Quando fazíamos nossos primeiros cursos vipassana na Índia, mergulhamos hora após hora na observação das idas e vindas de nossa própria mente, cultivando estabilidade ao simplesmente observar, em vez de ir aonde esses pensamentos, impulsos, desejos ou sentimentos queriam nos levar. Essa atenção intensiva aos movimentos da própria mente corresponde, em suma, à pura metaconsciência.

Na metaconsciência, não importa no que focamos nossa atenção, mas, antes, que reconheçamos a própria consciência. Em geral o que percebemos é uma imagem, com a consciência no segundo plano. A metaconsciência muda a relação imagem/fundo em nossa percepção, de modo que a própria consciência passe ao primeiro plano.

Essa consciência da consciência por sua vez permite que monitoremos nossa mente sem nos deixar arrastar pelos pensamentos e sensações que estamos observando. "Aquele que está consciente da tristeza não é triste", observa o filósofo Sam Harris. "Aquele que está consciente do temor não é temeroso. No momento em que me perco em pensamentos, porém, fico tão confuso quanto qualquer outro."[18]

Os cientistas se referem à atividade cerebral refletindo nossa mente consciente e suas ações mentais como acontecendo "de cima para baixo". "De baixo para cima" refere-se ao que se passa na mente em grande medida fora da consciência, no que tecnicamente é chamado de "inconsciente cognitivo". Uma quantidade surpreendente do que pensamos acontecer de cima para baixo acontece na verdade de baixo para cima. Ao que tudo indica impomos um lustro de-cima-para-baixo em nossa consciência, onde a fina fatia do inconsciente cognitivo que chega à nossa atenção cria a ilusão de ser a mente em sua integridade.[19]

Permanecemos ignorantes ao maquinário mental muito mais vasto de processos de-baixo-para-cima — ao menos na consciência convencional de nossa vida cotidiana. A metaconsciência nos permite enxergar uma ampla área de operações de baixo para cima, rastrear a própria atenção — notando, por exemplo, quando nossa mente vagou para longe de algo que queremos focar. Essa capacidade de monitorar a mente sem se deixar arrastar introduz um ponto de escolha crucial quando descobrimos que nossa mente divagou: podemos trazer nosso foco de volta para a tarefa apresentada. Essa simples habilidade mental subjaz a um amplo leque do que nos torna efetivos no mundo — tudo, desde o aprendizado até a percepção de que tivemos um insight criativo para levar determinado projeto ao seu final.

Há duas variedades de experiência: a "consciência simples" de uma coisa, que nossa consciência ordinária nos dá, versus saber que você está atento a essa coisa — reconhecendo a própria consciência, sem emitir juízo ou ter outras reações emocionais. Por exemplo, normalmente assistimos a um filme envolvente nos deixando arrastar de tal forma pela trama que perdemos a consciência de estar em um cinema e cercados de outras pessoas e coisas. Mas também podemos assistir a um filme atentamente enquanto mantemos em segundo plano a consciência de estar em um cinema assistindo a um filme. Essa consciência em segundo plano não diminui nossa apreciação e envolvimento no filme — é simplesmente um modo diferente de consciência.

No cinema, a pessoa do lado com um saco de pipoca poderia estar fazendo barulhos de mastigação dos quais você se desliga, mas que não obstante são registrados por seu cérebro. Durante esse processamento mental inconsciente, a atividade é reduzida numa área cortical importante, o córtex pré-frontal dorsolateral. Conforme você fica mais atento a sua atenção, o córtex pré-frontal dorsolateral se torna mais ativo.

Considere o viés inconsciente, os preconceitos que temos mas achamos não ter (como mencionado no capítulo 6, "Preparado para amar"). A meditação pode tanto intensificar a função do córtex pré-frontal dorsolateral como diminuir o viés inconsciente.[20]

Os psicólogos cognitivos testam a metaconsciência dando às pessoas tarefas mentais tão desafiadoras que os erros são inevitáveis e depois rastreando a quantidade desses erros — e ainda se a pessoa notou que pode ter havido um erro (esse é o modo de pensar da metaconsciência). A malícia dessas tarefas é proposital; elas são projetadas e calibradas para assegurar que quem quer que as realize cometa uma determinada porcentagem de erros e, além do mais, que sua confiança nas próprias respostas varie.

Imagine, por exemplo, 160 palavras passando em rápida sucessão a 1,5 segundo cada. Então você vê outro grupo de 320 palavras, metade das quais viu antes naquela apresentação acelerada. Você tem de apertar um ou dois botões para dizer se acha que a palavra que vê na segunda leva era da lista anterior ou não. Depois classifica sua confiança na própria precisão para cada palavra, uma medição de metaconsciência para mostrar até que ponto você é confiante e também quanto acha que a resposta é correta. Psicólogos da Universidade da Califórnia em Santa Barbara usaram um desafio mental como esse com pessoas aprendendo mindfulness pela primeira vez, bem como um grupo que fazia um curso de nutrição.[21] A metaconsciência melhorou no grupo de meditação, mas nem um pouco entre os estudantes de nutrição.

VAI DURAR?

O laboratório de Amishi Jha testou o efeito de um retiro mindfulness intensivo em que as pessoas meditavam por mais de oito horas diárias durante um mês contínuo.[22] O retiro ampliou o estado de alerta dos participantes, um estado vigilante de prontidão a reagir ao que quer que se encontre. Mas, embora em um estudo prévio tenha sido descoberta uma melhoria na orientação atencional com iniciantes num breve curso de mindfulness, surpreendentemente os participantes desse retiro não mostraram tal evolução.

Esse não resultado representa um dado importante se queremos obter uma imagem completa de como a meditação importa e não importa. Ajuda-nos a obter um retrato de como vários aspectos da atenção mudam — ou não mudam — com diferentes tipos de meditação, e em níveis diferentes.

Algumas mudanças podem ocorrer imediatamente, enquanto outras levam mais tempo: embora a orientação atencional possa mover-se inicialmente e depois estacar, o estado de alerta parece melhorar conforme a prática. E, suspeitamos, a meditação mantida ao longo do tempo pode ser necessária para conservar tais alterações na atenção, que do contrário somem.

Na época em que Richie fazia sua pesquisa em Harvard sobre alterações sinal-ruído entre os meditadores, cientistas cognitivos como Anne Treisman e Michael Posner observaram que "atenção" representa um conceito grosseiro demais. Em vez disso, argumentaram, deveríamos olhar para vários subtipos de atenção, e os circuitos neurais envolvidos em cada um. A meditação, hoje mostram as descobertas, parece intensificar muitos desses subtipos, embora ainda não tenhamos um retrato completo. Os resultados de Amishi nos dizem que o retrato será matizado.

Uma advertência: embora alguns aspectos da atenção melhorem depois de apenas algumas horas (ou, assim parece, minutos!) de prática, isso de modo algum indica que esses progressos vão durar. Somos céticos de que intervenções rápidas, isoladas, façam grande diferença após eventuais melhorias temporárias terem sumido. Não há evidência, por exemplo, de que a eliminação da piscada da atenção induzida por dezessete minutos de mindfulness fará uma diferença visível poucas horas depois, quando esse estado enfraquece. O mesmo é verdadeiro para aquelas sessões de mindfulness de dez minutos que revertiam a diminuição do foco devido à multitarefa. Suspeitamos que, a menos que você continue a praticar todo dia, a multitarefa ainda vai enfraquecer seu foco.

Nosso palpite seria de que impulsionar um sistema neural como a atenção de maneira duradoura exige não só esses treinamentos curtos e a prática diária contínua, mas também sessões incrementais intensivas, como foi o caso com aqueles praticantes no retiro *shamatha* testados cinco meses depois no estudo de Cliff Saron. De outro modo, a configuração neural do cérebro regredirá a seu status precedente: uma vida de distração pontuada por períodos de concentração.

Mesmo assim, é encorajador que doses tão curtas de meditação melhorem a atenção. O fato de que essas melhorias venham com tanta rapidez confirma a conjectura de William James de que a atenção mais acentuada pode ser cultivada. Hoje há centros de meditação em Cambridge a não mais do que quinze minutos de caminhada de onde William James um dia morou. Tivessem existido em sua época, e tivesse William James praticado em algum, ele sem dúvida teria encontrado a educação por excelência que procurava.

EM RESUMO

A meditação, em sua raiz, retreina a atenção, e os diferentes tipos impulsionam aspectos variados da atenção. A MBSR fortalece a atenção seletiva, enquanto a prática vipassana a longo prazo acentua 'isso ainda mais. Mesmo cinco meses após o retiro *shamatha* de três meses, os meditadores haviam acentuado sua vigilância, a capacidade de manter a atenção. E a piscada da atenção diminuiu muito após os três meses no retiro vipassana — mas o início dessa diminuição também se revelou após somente dezessete minutos de mindfulness em iniciantes, sem dúvida um estado transitório para os recém-chegados, e um traço mais duradouro para aqueles presentes ao retiro. Essa mesma máxima de que a prática leva à perfeição provavelmente se aplica a diversas outras meditações rápidas: apenas dez minutos de mindfulness superaram o dano à concentração provocado pela multitarefa — ao menos no curto prazo; apenas oito minutos de mindfulness reduziram a divagação mental por algum tempo. Cerca de dez horas de mindfulness durante um período de duas semanas fortaleceram a atenção e a memória de trabalho — e levaram a notas substancialmente melhores no exame de admissão da pós--graduação. Embora a meditação impulsione muitos aspectos da atenção, esses são ganhos de curto prazo; benefícios mais duradouros sem dúvida exigem uma prática constante.

8. Leveza de ser

Voltemos ao retiro de Richie em Dalhousie com S. N. Goenka. Uma revelação ocorreu a ele no sétimo dia, durante a Hora da Imobilidade, que começa com a promessa de não fazer um único movimento voluntário, por mais excruciante que seja seu desconforto. Quase desde o início dessa hora interminável, a costumeira dor no joelho direito de Richie, agora intensificada pela promessa de não se mover, passou de pontadas latejantes à tortura. Mas então, no momento em que atingia seu ponto mais insuportável, alguma coisa mudou: sua consciência.

De repente, o que fora dor desapareceu numa mistura de sensações — formigamento, queimadura, pressão —, mas seu joelho não doía mais. A "dor" se dissolvera em ondas de vibrações sem um vestígio de reatividade emocional. Focar apenas nas sensações correspondeu a empreender uma reavaliação completa sobre a natureza da lesão: em vez de se concentrar na dor, a própria ideia de dor foi desconstruída em sensações cruas. O que sumiu foi igualmente crítico: a resistência psicológica, e os sentimentos negativos, perante essas sensações.

A dor não havia sumido, mas Richie mudara sua *relação* com ela. Era apenas sensação crua — não *minha* dor, acompanhada da habitual torrente de pensamentos angustiados. Embora enquanto estamos sentados normalmente fiquemos inconscientes de nossas sutis mudanças de postura e coisas do tipo, esses pequenos movimentos aliviam o estresse que se acumula em nosso corpo. Quando você deixa de mover determinado músculo, o estresse pode se transformar numa dor excruciante. E se, como Richie, você está esquadrinhando essas sensações, uma mudança perceptível em sua relação com sua própria experiência pode ocorrer, onde a sensação de "dor" se funde a uma miscelânea de sensações físicas.

Nessa hora, Richie, com sua formação científica, percebeu em sua realidade mais pessoal que o que rotulamos como "dor" é a conjunção de uma miríade de sensações somáticas integrantes, das quais o rótulo surge. Com sua percepção recém-alterada, a "dor" passou a ser apenas uma ideia, um rótulo mental que aplica um verniz conceitual ao que se origina de uma heterogênea coincidência de sensações, percepções e pensamentos recalcitrantes.

Isso foi uma vívida amostra para Richie de quanta atividade se passa em nossa mente "sob o capô", sem que tenhamos consciência dela. Ele compreendeu que nossa experiência não está baseada na apercepção direta do que acontece, mas depende em larga medida de nossas expectativas e projeções, os pensamentos e reações habituais que aprendemos a produzir em resposta, bem como de um mar impenetrável de processos neurais. Vivemos num mundo construído pela mente, em vez de perceber de fato os infinitos detalhes do que está acontecendo. Isso levou Richie ao seguinte insight científico: de que a consciência opera como um elemento integrador, colando uma vasta quantidade de processos mentais elementares, a maioria dos quais ignoramos. Conhecemos seu produto final — *minha dor* —, mas tipicamente não temos ciência dos incontáveis elementos que se combinam nessa percepção.

Embora essa compreensão tenha se tornado um dado na ciência cognitiva atual, na época do retiro de Dalhousie a visão que se tinha não era essa. Richie não dispunha de muitas informações à parte sua própria transformação com a consciência. Durante os primeiros dias do retiro, Richie se ajeitava de vez em quando para aliviar o desconforto nos joelhos ou nas costas. Mas após esse grande avanço perceptivo do não movimento, pôde ficar imóvel como uma rocha durante as sessões de maratona acima de três horas ou mais. Com essa mudança interior radical, Richie ficou com a sensação de que podia aguentar qualquer coisa.

Ele percebeu que se prestássemos atenção de fato, e do modo correto, na natureza de nossa experiência, ela mudaria dramaticamente. A Hora da Imobilidade mostra que em cada momento desperto de nossa vida construímos nossa experiência em torno de uma narrativa em que somos a estrela principal — e que com a aplicação certa da consciência podemos desconstruir essa história cujo centro ocupamos.

COMO NOSSO CÉREBRO CONSTRÓI O EU

Marcus Raichle ficou surpreso — e preocupado. Neurocientista na Universidade de Washington em St. Louis, ele havia realizado estudos pioneiros do cérebro para identificar quais áreas neurais eram ativadas durante várias operações mentais. Para fazer esse tipo de pesquisa em 2001, Raichle usou uma estratégia comum na época: comparar a tarefa ativa com uma linha-base em que o participante não estivesse fazendo "nada". O que o preocupou: durante tarefas cognitivas muito exigentes — como fazer a contagem regressiva a partir de 1475 subtraindo de 13 em 13 —, havia uma série de regiões cerebrais que ficavam *desativadas*.

O pressuposto-padrão era de que uma tarefa mental exaustiva sempre aumentaria a ativação cerebral. Mas a *desativação* encontrada por Raichle era um padrão sistemático, que acompanha a passagem da linha basal em repouso sem fazer "nada" para a execução de uma tarefa mental de algum tipo. Em outras palavras, quando estamos absolutamente inertes, há regiões cerebrais que ficam altamente ativas, ainda mais do que as requisitadas durante uma tarefa cognitiva difícil. Quando trabalhamos em um desafio mental, como uma subtração complicada, essas regiões cerebrais ficam em silêncio.

Sua observação confirmou um fato misterioso que já pairava sobre o mundo da ciência cerebral por algum tempo: embora constitua apenas 2% da massa corporal, o cérebro consome cerca de 20% da energia metabólica do corpo, segundo a medição de seu uso de oxigênio, e essa taxa de consumo permanece mais ou menos constante independentemente do que estejamos fazendo — inclusive nada. O cérebro, assim parece, permanece igualmente ocupado quando estamos relaxados e quando fazemos um esforço mental.

Assim, onde estão todos esses neurônios tagarelando entre si enquanto não fazemos nada em particular? Raichle identificou um punhado de áreas, sobretudo a linha média do córtex pré-frontal e o córtex cingulado posterior, um nódulo que se conecta ao sistema límbico. Ele apelidou esses circuitos de "rede de modo default" do cérebro.[1]

Quando o cérebro se empenha numa tarefa ativa, seja matemática ou meditação, as áreas default se acalmam, conforme as que são essenciais para a tarefa se aceleram e se preparam para entrar em ação, e só voltam a aumentar sua atividade quando a tarefa mental termina. Isso resolveu o problema de como o cérebro podia manter seu nível de atividade enquanto "nada" acontecia.

Quando os cientistas perguntavam às pessoas durante esses períodos de "fazer nada" o que se passava em suas mentes, não é de surpreender que fosse tudo menos nada! Elas em geral relatavam que suas mentes estavam divagando; com mais frequência, essa divagação da mente estava concentrada no eu — Como *eu* estou me saindo neste experimento? *Eu* me pergunto o que estarão aprendendo sobre *mim*? *Eu* preciso responder à mensagem de Joe — tudo refletindo a atividade mental focada no "eu" e no "mim".[2]

Em suma, nossa mente divaga principalmente para algo que diga respeito a nós mesmos — *meus pensamentos, minhas emoções, meus relacionamentos, quem curtiu meu último post no Facebook* —, todas as minúcias de nossa narrativa de vida. Ao expressar cada evento em termos de como ele nos impacta, o modo default torna cada um de nós o centro do universo tal como o conhecemos. Esses devaneios costuram numa coisa só nosso senso de "eu" a partir de lembranças fragmentárias, esperanças, sonhos e planos centrados no eu, no mim e no meu. Nosso modo default reescreve continuamente o roteiro de um filme em que cada um de nós é a estrela, reprisando cenas particularmente preferidas ou perturbadoras repetidas vezes.

O modo default é ligado enquanto relaxamos, sem fazer nada que exija foco e esforço; ele floresce durante o tempo de inatividade da mente. De maneira oposta, quando nos concentramos em algum desafio, como tentar descobrir por que o sinal do wi-fi sumiu, o modo default se aquieta.

Sem muita coisa mais para captar nossa atenção, a mente divaga, muitas vezes para o que está nos preocupando — uma causa essencial da angústia cotidiana. Por esse motivo, quando os pesquisadores de Harvard pediram a milhares de pessoas para relatar seu foco mental e humor em momentos aleatórios do dia, a conclusão foi de que "uma mente que divaga é uma mente infeliz".

Esse autossistema pondera sobre nossa vida — sobretudo os problemas que enfrentamos, as dificuldades em nossos relacionamentos, nossas preocupações e ansiedades. Como o eu rumina sobre o que está nos incomodando, ficamos aliviados quando podemos desligá-lo. Um dos grandes apelos dos esportes de alto risco, como escalar rochedos, parece ser exatamente esse — o perigo do esporte exige um foco total no ponto onde você vai apoiar a mão ou o pé. Preocupações mais mundanas ficam aguardando nos bastidores da mente.

O mesmo se aplica ao "fluxo", o estado em que uma pessoa obtém seu melhor desempenho. Prestar atenção total ao que acontece no presente, diz a pesquisa do fluxo, conta muitos pontos na lista do que nos deixa — e mantém — em um estado de alegria. O eu, em sua forma de mente divagante, torna-se uma distração, por ora suprimida.

Controlar a atenção, como vimos no capítulo anterior, é um elemento essencial de toda variedade de meditação. Quando ficamos perdidos em pensamentos enquanto meditamos, recaímos no modo default e sua mente divagadora.

Uma instrução básica em quase todas as formas de meditação pede que observemos quando nossa mente divagou para então trazer o foco de volta ao alvo escolhido, como um mantra ou nossa respiração. Esse momento tem uma familiaridade universal nos caminhos contemplativos.

Essa ação mental simples tem um correlato neural: ativar a conexão entre o córtex pré-frontal dorsolateral e o modo default — uma conexão mais forte em meditadores de longa data do que em iniciantes, como se descobriu.[3] Quanto mais forte essa conexão, maior a probabilidade de circuitos regulatórios no córtex pré-frontal inibirem as áreas default, aplacando a mente de macaco — a tagarelice íntima incessante que tantas vezes enche nossa mente quando nada mais é urgente.

Um poema sufi alude a essa mudança, falando da troca de "mil pensamentos" por apenas um: "Não existe deus senão Deus".[4]

DESCONSTRUINDO O EU

Como observou Vasubandhu, um sábio indiano do século v: "Enquanto a pessoa se agarrar ao eu, permanecerá presa ao mundo do sofrimento". Embora a maioria dos modos de nos aliviar do fardo do eu seja temporária, os caminhos meditativos visam tornar esse alívio um fato contínuo da vida — um traço permanente. Linhas meditativas tradicionais contrastam nossos estados mentais cotidianos — essa torrente de pensamentos, muitos deles carregados de angústia, ou listas de afazeres que nunca terminam — com um estado de ser livre desses pesos. E cada caminho, em seus termos particulares, vê o alívio de nossa percepção do eu como crucial para essa liberdade interior.

Quando a dor no joelho de Richie mudou de excruciante para suportável, de repente houve uma mudança paralela no modo como ele se identificava com ela. Não era mais "sua" dor; a sensação de "minha" evaporara.

A hora de Richie na completa imobilidade oferece um vislumbre de como nosso "eu" ordinário pode ser reduzido a uma ilusão de ótica da mente. À medida que essa observação penetrante ganha força, em algum ponto nossa própria sensação de um eu sólido se desmancha. Essa alteração no modo como vivenciamos nós mesmos — nossa dor e tudo que vinculamos a ela — aponta para um dos principais objetivos de toda prática espiritual: aliviar o sistema que constrói nossas sensações de eu, mim e meu.

O Buda, falando a respeito precisamente desse insight, comparou o eu a uma carruagem, conceito que vem à tona quando as rodas, a carroça, os varais e assim por diante são reunidos — mas que não existe a não ser enquanto partes combinadas. Para atualizar a metáfora, não existe "carro" nos pneus, nem no painel, tampouco na carroceria metálica — mas junte tudo isso com a multiplicidade de outras partes e o que consideramos ser um carro se manifesta.

Da mesma forma, diz a ciência cognitiva, nosso senso de eu emerge como uma propriedade dos muitos subsistemas neurais que entremeiam, entre outras torrentes, nossas lembranças, percepções, emoções e pensamentos. Qualquer um desses sozinho seria insuficiente para um pleno senso de eu, mas, na combinação correta, podemos experimentar a sensação aconchegante de nosso ser único.

Tradições meditativas de todos os tipos partilham de um objetivo: libertar--nos do sentimento de posse constante — o caráter "pegajoso" de nossos pensamentos, emoções e impulsos — que dita nossa conduta diária ao longo da vida. Tecnicamente chamado "de-reificação", esse insight fundamental faz o meditador se dar conta de que pensamentos, sentimentos e impulsos são eventos mentais insubstanciais e passageiros. Com esse insight não precisamos acreditar nos pensamentos; em lugar de os seguirmos por alguma trilha, podemos permitir que se vão.

Como Dogen, fundador da escola Soto do zen-budismo, instruiu: "Se um pensamento emerge, observe-o e depois descarte. Quando você esquece de maneira imperturbável todas as ligações, naturalmente se torna o próprio zazen". Muitas outras tradições veem o alívio do eu como o caminho para a liberdade interior. Frequentemente escutamos o Dalai Lama falar sobre "vazio", com o que ele quer dizer a percepção em que nosso "eu" — e todos os objetos aparentes em nosso mundo — na verdade emerge da combinação de seus componentes.

Alguns teólogos cristãos usam o termo *kenosis* para o esvaziamento do eu, em que nossas vontades e necessidades diminuem enquanto nossa abertura para a necessidade dos outros se transforma em compaixão. Nas palavras de um mestre sufi: "Quando ocupado com o eu, você está separado de Deus. O caminho até Deus tem apenas um passo; o passo para fora de si mesmo".[5]

Esse passo para fora do eu, tecnicamente falando, sugere a ativação atenuante dos circuitos default que unem o mosaico de lembranças, pensamentos, impulsos e outros processos mentais semi-independentes na sensação coesiva do "eu" e do "meu".

A matéria da nossa vida se torna menos "pegajosa" à medida que mudamos para uma relação menos apegada a tudo isso. Nos níveis superiores da prática, o treinamento mental diminui a atividade de nosso "eu". O "eu" e o "meu" perdem seu poder de auto-hipnose; nossas preocupações se tornam menos opressivas. Embora a conta ainda precise ser paga, quanto maior o aliviamento desse "eu", menos angústia com a conta e mais livres nos sentimos. Ainda achamos um modo de pagá-la, mas sem a carga extra de bagagem emocional.

Embora quase todo caminho contemplativo defina a leveza do ser como um objetivo primordial, paradoxalmente são poucas as pesquisas científicas que mencionam essa meta. Nossa leitura dos escassos estudos feitos até o momento sugere que pode haver três estágios em como a meditação leva a um maior desprendimento do eu. Cada estágio usa uma estratégia neural diferente para aquietar o modo default do cérebro e dessa maneira nos libertar um pouco das garras do eu.

OS DADOS

David Creswell, agora na Universidade Carnegie Mellon, era outro jovem cientista cujos interesses em meditação foram cultivados com visitas frequentes ao Mind and Life Summer Research Institute. Para avaliar o estágio inicial, encontrado entre meditadores novatos, o grupo de Creswell media a atividade cerebral em pessoas que se voluntariavam para um curso intensivo de três dias em mindfulness.[6] Os voluntários nunca haviam meditado antes, mas nesse curso de mindfulness aprenderam que, se você está perdido em algum drama pessoal (um tema favorito do modo default), pode largá-lo voluntariamente — pode nomeá-lo, ou deslocar sua atenção para a observação da respiração ou a consciência básica do momento presente. Tudo isso são intervenções ativas, esforços para acalmar a mente de macaco.

Esses esforços aumentam a atividade na área pré-frontal dorsolateral, um circuito crucial para administrar o modo default. Como vemos, essa área entra rapidamente em ação toda vez que tentamos intencionalmente aquietar a mente agitada — por exemplo, quando tentamos pensar em algo mais prazeroso do que algum encontro desagradável que insiste em passar repetidas vezes por nossa mente.

Três dias praticando esses métodos de mindfulness levaram a um aumento de conexões entre esses circuitos de controle e o córtex cingulado posterior da zona default, uma região primordial para o pensamento autofocado. Isso sugere que novatos em meditação previnem a divagação mental ativando uma configuração neural capaz de aplacar a área default.

Mas com praticantes mais experientes, a fase seguinte de redução do eu agrega uma atividade limitada a seções-chave do modo default — um afrouxamento da mecânica do eu —, ao passo que as conexões intensificadas com áreas de controle continuam. Um caso em questão: pesquisadores liderados por Judson Brewer, então na Universidade Yale (e que foi professor no SRI), exploraram correlatos cerebrais da prática de mindfulness, comparando meditadores muito experientes (média de 10 500 horas ao longo da vida) com iniciantes.[7]

Durante a prática da meditação, todos os testados foram encorajados a distinguir entre simplesmente observar a identidade de uma experiência (*uma coceira acontecendo*, digamos) e se identificar com ela (*eu sinto coceira*) — e depois deixar que se fosse. Essa distinção parece um passo crucial no afrouxamento do eu, ao ativar a metaconsciência — um "eu mínimo" que pode simplesmente observar a coceira, em vez de trazê-la para sua linha narrativa, *minha coceira.*

Como mencionado, quando estamos assistindo a um filme e ficamos perdidos na história, mas depois notamos que estamos em um cinema assistindo a um filme, damos um passo para fora do mundo do filme e integramos uma estrutura ampla que inclui o filme, mas vai além dele. Ter uma metaconsciência como essa nos permite monitorar nossos pensamentos, sentimentos e ações; gerenciá-los como queremos; e investigar sua dinâmica.

Nossa percepção do eu se entremeia a uma história pessoal contínua que costura partes separadas de nossa vida numa linha narrativa coerente. Esse narrador reside sobretudo no modo default, mas reúne inputs de uma ampla gama de áreas cerebrais que em si não têm nada a ver com a percepção do eu. Os meditadores experientes no estudo de Brewer tinham a mesma forte conexão entre o circuito de controle e o modo default visto entre os iniciantes, mas além disso tinham menos ativação nas áreas do modo default. Isso foi particularmente verdadeiro quando praticaram a meditação da bondade amorosa — uma corroboração da máxima de que quanto mais pensamos no bem-estar alheio, menos focamos nós mesmos.[8]

De maneira intrigante, os meditadores de longa data pareciam exibir durante a mindfulness, *grosso modo*, a mesma conectividade diminuída nos circuitos do modo default de quando apenas repousavam antes do teste. Isso é um provável efeito de traço e um bom sinal: esses meditadores treinam deliberadamente para permanecer tão atentos em sua vida diária quanto durante as sessões de meditação. A mesma conectividade diminuída comparada a não meditadores foi encontrada por pesquisadores em Israel que estudaram meditadores de mindfulness de longa data, com cerca de 9 mil horas de prática na bagagem, em média.[9]

Evidência indireta adicional dessa mudança em meditadores de longa data vem de um estudo na Universidade Emory feito com meditadores zen experientes (mais de três anos de prática, mas sem contabilidade das horas ao longo da vida), que, comparados ao grupo de controle, pareciam mostrar menos atividade em partes da área default quando se concentravam na própria respiração durante a neuroimagem. Quanto maior esse efeito, melhor se saíam em um teste de atenção sustentada fora do scanner, sugerindo uma queda duradoura da divagação mental.[10] Finalmente, um estudo modesto mas sugestivo com meditadores zen na Universidade de Montreal revelou uma conectividade da área default diminuída entre os meditadores zen (com média de 1700 horas de prática) em estado de repouso, em comparação com um grupo de voluntários treinados em zazen por apenas uma semana.[11]

Há uma teoria segundo a qual as coisas que prendem nossa atenção significam apego, e quanto mais apegados ficamos, maior a frequência com que aquilo vai nos atrair. Em um experimento para testar essa premissa, um grupo de voluntários e um meditador experiente (4200 horas) foram informados de que receberiam dinheiro sempre que reconhecessem certas formas geométricas dentro de um arranjo.[12] Isso era, em certo sentido, a criação de um miniapego. Então, numa fase posterior, quando foram instruídos a simplesmente se concentrar na respiração e ignorar aquelas formas, os meditadores ficaram menos distraídos com elas do que o grupo de controle.

Nessa mesma linha, o grupo de Richie descobriu que meditadores que tinham em média 7500 horas de prática na vida, comparados a pessoas de sua própria idade, mostravam uma redução de massa cinzenta em uma região-chave do cérebro: o núcleo accumbens.[13] Essa era a única região onde havia uma diferença significativa em relação ao grupo de controle. Um núcleo accumbens menor diminui a conectividade entre essas regiões autorrelacionadas e os demais módulos neurais que normalmente se combinam para criar nossa percepção de eu.

Isso é um pouco surpreendente: o núcleo accumbens desempenha papel importante nos circuitos de "recompensa" do cérebro, uma fonte de sensações prazerosas na vida. Mas essa é também uma área fundamental para a "pegajosidade", nossos apegos emocionais e vícios — em suma, as coisas que nos aprisionam. Essa diminuição no volume de massa cinzenta do núcleo accumbens talvez reflita uma diminuição do apego entre os meditadores, particularmente ao eu narrativo.

Assim, será que essa mudança torna os meditadores frios e indiferentes? O Dalai Lama e outros praticantes muito experientes vêm à mente — como aqueles que foram ao laboratório de Richie, a maioria dos quais tende para a alegria e a cordialidade.

Os textos de meditação descrevem praticantes de longa data atingindo a compaixão e felicidade contínuas, mas com "vazio", no sentido de nenhum apego. Por exemplo, os caminhos contemplativos hindus descrevem o *vairagya*, um estágio posterior de prática em que os apegos são descartados — a renúncia, nesse sentido, acontece espontaneamente, mais do que pela força de vontade. E com essa mudança emerge uma fonte alternativa de deleite na pura existência.[14]

Isso poderia indicar um circuito neural ocasionador de um prazer tranquilo, mesmo com o desaparecimento de nossos apegos baseados no núcleo accumbens? Veremos exatamente essa possibilidade no capítulo 12, "Tesouro escondido", sobre estudos cerebrais de iogues avançados.

Arthur Zajonc, segundo presidente do Mind and Life Institute, e ainda físico quântico e filósofo, disse certa vez que, se abrirmos mão da possessividade, "ficaremos mais abertos à nossa própria experiência, bem como à dos outros. Essa abertura — uma forma de amor — permite que nos acerquemos mais facilmente do sofrimento alheio".

"Grandes almas", acrescentou ele, "parecem encarnar a capacidade de cuidar do sofrimento e lidar com ele sem desabar. Abrir mão da possessividade é libertador, criando um eixo moral para a ação e a compaixão."[15]

UM LADRÃO NUMA CASA VAZIA

Antigos manuais de meditação afirmam que se libertar da possessividade é, no início, como uma serpente se desenrolando; exige algum esforço. Mais tarde, porém, quaisquer pensamentos que venham à mente são como um ladrão entrando numa casa vazia: não há nada a fazer, então ele simplesmente vai embora.

Essa transição de um esforço inicial para a subsequente leveza parece ser um tema universal, embora pouco conhecido, nos caminhos meditativos. O bom senso nos diz que o aprendizado de qualquer nova habilidade exige trabalho duro no começo e se torna progressivamente mais fácil com a prática. A neurociência cognitiva nos diz que essa mudança para a leveza marca uma transição neural no controle do hábito: as áreas pré-frontais deixam de se esforçar para realizar o trabalho, conforme os gânglios da base no fundo do cérebro assumem o controle — um modo neural que caracteriza a ausência de esforço.

A prática com esforço nos estágios iniciais da meditação ativa os circuitos regulatórios pré-frontais. Entretanto, a mudança posterior para a prática sem esforço pode ocorrer junto com uma dinâmica diferente: conectividade reduzida entre os vários nódulos dos circuitos default e atividade reduzida no córtex cingulado posterior à medida que o controle com esforço não mais se faz necessário — a mente nesse estágio está efetivamente começando a se acalmar e a autonarrativa fica bem menos "pegajosa".

Isso foi revelado em outro estudo feito por Judson Brewer, em que meditadores experientes relataram sua experiência no momento, permitindo aos cientistas ver qual atividade cerebral guardava uma correlação com isso. Quando mostraram uma atividade diminuída no córtex cingulado posterior, os praticantes relataram sensações como "consciência não distraída" e "ação sem esforço".[16]

No estudo científico de qualquer habilidade que as pessoas exerçam, de dentistas a enxadristas, quando se trata de separar os ruins dos bons, a quantidade de horas de prática ao longo da vida é fundamental. Numa tarefa, um padrão de esforço elevado no início, passando então a menos esforço, junto com maior proficiência, se manifesta em especialistas tão distintos quanto nadadores e violinistas. E, como vimos, o cérebro dos que têm mais horas de meditação revelou pouco esforço em manter o foco no objeto, a despeito das irresistíveis distrações, enquanto aqueles com menos horas de prática na vida necessitaram de mais esforço. E, bem no começo, os novatos mostraram um aumento nos marcadores biológicos do esforço mental.[17]

A regra informal: o cérebro de um iniciante trabalha pesado ao passo que o de um especialista gasta pouca energia. À medida que dominamos uma atividade, o cérebro conserva seu combustível pondo essa ação no "automático", deslocando essas mudanças de atividade dos circuitos superiores do cérebro para os gânglios da base bem abaixo do neocórtex. Todos realizamos uma transição de dificuldade para facilidade quando aprendemos a andar — e à medida que depois dominamos qualquer outro hábito. O que no começo exige atenção e esforço torna-se automático e fácil.

Conjecturamos que, no terceiro e último estágios de se libertar da autor-referência, o papel dos circuitos de controle perde força, conforme a ação principal muda para uma conectividade mais relaxada no modo default, a morada do eu. O grupo de Brewer encontrou um decrescimento assim.

Com uma mudança espontânea para a ausência de esforço vem uma alteração na relação com o eu: ele já não é mais tão "pegajoso". Os mesmos tipos de pensamentos podem surgir em sua mente, mas eles são mais leves: não tão irresistíveis, com menos atrativo emocional, e desse modo vão embora mais facilmente. Isso, em todo caso, reflete o que ficamos sabendo dos iogues avançados examinados no laboratório de Davidson, bem como em manuais de meditação clássicos.

Mas não dispomos de dados sobre esse ponto, que permanece uma ótima questão para pesquisa. E o que essa pesquisa futura pode descobrir talvez seja surpreendente — por exemplo, com essa mudança na relação com o eu, pode ser que não vejamos grande mudança nos "autossistemas" neurais atualmente conhecidos, mas, antes, em outros circuitos ainda por serem descobertos.

A redução do domínio do eu, sempre um objetivo primordial entre os praticantes de meditação, tem sido estranhamente ignorada pelos pesquisadores do assunto, que, talvez de forma compreensiva, se concentram em vez disso em temas mais populares, como relaxamento e bem-estar. Assim, um objetivo supremo da meditação — a abnegação — conta apenas com dados escassos, enquanto outros benefícios, como melhoria da saúde, são muito pesquisados — como veremos no capítulo seguinte.

A AUSÊNCIA DE PEGAJOSIDADE

Richie certa vez viu lágrimas escorrendo pelo rosto do Dalai Lama enquanto ele era informado sobre uma situação trágica no Tibete — a mais recente autoimolação entre tibetanos em protesto contra a ocupação da China comunista.

E então, alguns momentos depois, o líder tibetano notou alguém perto fazendo algo engraçado e começou a rir. Não houve desrespeito pela tragédia que o levara às lágrimas, mas sim uma transição leve e suave de um estado emocional para outro.

Paul Ekman, especialista mundial em emoções e sua expressão, afirma que essa extraordinária flexibilidade afetiva no Dalai Lama pareceu-lhe excepcional desde a primeira vez que se encontraram. O Dalai Lama reflete em seu próprio comportamento as emoções que sente com uma pessoa, e depois imediatamente abre mão desse sentimento quando o momento seguinte lhe traz outra realidade emocional.[18]

A vida emocional do Dalai Lama parece incluir uma gama notavelmente dinâmica de emoções fortes e ricas, da tristeza intensa à alegria poderosa. Suas transições rápidas, suaves, de uma para outra são particularmente únicas — essa alteração célere revela uma ausência de pegajosidade.

A pegajosidade parece refletir a dinâmica dos circuitos emocionais do cérebro, incluindo a amígdala e o núcleo accumbens. Essas regiões muito provavelmente estão na raiz do que os textos tradicionais veem como causas essenciais do sofrimento — apego e aversão —, em que a mente se fixa em querer algo que parece gratificante ou em se livrar de algo desagradável.

O espectro da pegajosidade vai de ficarmos completamente presos, incapazes de nos livrar de emoções perturbadoras ou desejos viciantes, ao libertamento instantâneo de qualquer emoção, como vimos o Dalai Lama fazer. Um traço que emerge de viver sem ficar preso parece ser uma positividade contínua, um júbilo, até.

Quando perguntaram ao Dalai Lama qual fora o momento mais feliz de sua vida, ele respondeu: "Acho que agora".

EM RESUMO

O modo default do cérebro é ativado quando não estamos fazendo nada que exija esforço mental, apenas deixando a mente vagar; falamos sobre pensamentos e sentimentos (muitas vezes desagradáveis) que estão focados em nós mesmos, construindo a narrativa que vivenciamos como nosso "eu". Os circuitos do modo default se aquietam durante a mindfulness e a meditação da bondade amorosa. Nos primeiros estágios da meditação, esse apaziguamento do autossistema requer circuitos cerebrais que inibam as zonas default; na prática posterior as conexões e a atividade dentro dessas áreas enfraquecem.

Esse apaziguamento dos autocircuitos começa como um efeito de estado, percebido durante ou imediatamente após a meditação, mas entre praticantes de longa data torna-se um traço duradouro, junto com a atividade diminuída no próprio modo default. A consequente diminuição da pegajosidade significa que pensamentos e sentimentos focados no eu têm muito menos "alcance" e uma capacidade declinante de sequestrar a atenção.

9. Mente, corpo e genoma

Quando Jon Kabat-Zinn desenvolveu a MBSR no Centro Médico da Universidade de Massachusetts em Worcester, começou devagar, conversando com cada médico. Ele os convidava para encaminhar seus pacientes que sofressem de alguma enfermidade crônica, como dor intratável — considerados "fracassos" médicos, porque nem os narcóticos ajudavam —, ou que tivessem de conviver com problemas incuráveis, como diabetes ou doenças do coração. Jon nunca alegou que podia curar esses males. Sua missão era melhorar a qualidade de vida dos pacientes.

Surpreendentemente, talvez, Jon não se deparou com quase nenhuma resistência entre os médicos. Desde o início, diretores clínicos de setores-chave mostraram-se dispostos a enviar esses pacientes para o que Jon chamou na época de Programa de Redução do Estresse e Relaxamento, que teve sua sede montada em um porão alugado junto ao departamento de fisioterapia.

Jon realizava as sessões ali apenas alguns dias por semana. Mas à medida que se espalhou a notícia de pacientes elogiando seu método, afirmando que ele tornava a vida mais suportável para quem sofria de doenças incuráveis, o programa deslanchou e, em 1995, se expandiu no Center for Mindfulness in Medicine, Health Care, and Society. Hoje, hospitais e clínicas do mundo todo oferecem a MBSR, uma das práticas de meditação que mais crescem no mundo, e atualmente a abordagem com a mais forte evidência empírica de seus benefícios. Indo além do cuidado com a saúde, a MBSR se tornou ubíqua, encabeçando o popular movimento de mindfulness na psicoterapia, na educação e até nos negócios.

Atualmente ensinada na maioria dos centros médicos acadêmicos na América do Norte e em muitas partes da Europa, a MBSR oferece um programa-padrão que a torna atraente para o estudo científico. No momento há mais de seiscentos estudos publicados sobre o método, revelando uma ampla variedade de benefícios — e algumas ressalvas instrutivas.

Por exemplo, a medicina às vezes hesita no tratamento da dor crônica. Aspirina e outros medicamentos sem receita podem ter demasiados efeitos colaterais para serem usados diariamente por anos; esteroides oferecem alívio temporário, mas também com efeitos colaterais possivelmente danosos; e opioides já se revelaram viciantes demais para serem prescritos indiscriminadamente. A MBSR, porém, consegue ajudar sem essas desvantagens, uma vez que normalmente não há efeitos colaterais negativos na prática da mindfulness, que, se praticada logo após o programa MBSR de oito semanas, pode continuar a ajudar as pessoas a viverem bem com uma doença crônica e com transtornos ligados ao estresse que não necessariamente melhoram sozinhos ou com tratamento médico convencional. Um elemento fundamental para o benefício de longo prazo é a continuidade da prática, e, a despeito da longa história da MBSR, ainda não dispomos de praticamente nenhuma informação sólida sobre em que medida os que fizeram um curso de MBSR continuam empenhados na prática formal nos anos subsequentes a seu treinamento inicial.

Vejamos a dor debilitante em idosos. Um dos impactos mais temidos da velhice é perder a independência devido a problemas de mobilidade em razão da dor provocada pela artrite em quadris, joelhos ou coluna. Numa pesquisa bem projetada com pacientes idosos, a MBSR se revelou altamente eficaz em reduzir tanto a dor sentida como a gravidade da invalidez decorrente.[1] Os níveis de dor reduzidos perduraram pelos seis meses de acompanhamento posterior.

Como em todos os programas de MBSR, os participantes eram encorajados a continuar a prática diária em casa. Ter um método que pudessem usar por conta própria para aliviar a dor proporcionou a esses pacientes uma sensação de autonomia eficaz, um sentimento de que podiam controlar o próprio destino, até certo ponto. Só isso já ajuda os pacientes a conviver melhor com a dor crônica.

Ao analisar dezenas de estudos sobre mindfulness como tratamento para a dor, pesquisadores holandeses concluíram que essa abordagem era uma boa alternativa ao tratamento puramente médico.[2] Mesmo assim, nenhuma pesquisa até o momento mostrou que a meditação produz melhorias clínicas na dor crônica removendo sua causa biológica — o alívio advém de como a pessoa se relaciona com a dor.

A fibromialgia oferece um exemplo instrutivo. Essa doença representa um mistério médico: não há explicação biológica conhecida para a dor crônica, fadiga, rigidez e insônia que caracterizam essa enfermidade debilitante. A única exceção parece ser uma diminuição da capacidade de regular a função cardíaca (embora isso também seja discutível). Um estudo de referência que utilizou a MBSR com mulheres sofrendo de fibromialgia não conseguiu encontrar impacto algum na atividade cardíaca.[3]

Mesmo assim, outro estudo bem projetado descobriu que a MBSR trouxe significativas melhorias nos sintomas psicológicos, como a quantidade de estresse sentida pelos pacientes, e reduziu muitos de seus sintomas subjetivos.[4] Quanto maior a frequência com que se valiam da MBSR por conta própria, melhores os resultados. Contudo, não houve mudança nas funções fisiológicas dos pacientes nem em um hormônio importante do estresse, o cortisol, que permaneceu em altos níveis. A relação dos pacientes com a dor mudou para melhor com a MBSR — mas não a causa biológica subjacente da dor em si.

Uma pessoa que sofra de um problema como dor crônica ou fibromialgia deve experimentar a MBSR ou alguma meditação de outro tipo? Depende de para quem fazemos a pergunta. Pesquisadores médicos, numa busca sem fim por resultados conclusivos, possuem um conjunto de critérios; os pacientes, outro. Enquanto os médicos talvez queiram ver dados concretos mostrando melhoras médicas, os pacientes apenas querem se sentir melhor, sobretudo se há pouco a ser feito para aliviar sua condição clínica. Logo, do ponto de vista do paciente, a mindfulness oferece um caminho para o alívio — mesmo com a pesquisa médica dizendo aos profissionais que a evidência não é clara quando se trata de reverter a causa biológica da dor.

Embora os pacientes possam encontrar alívio da dor após terem passado pelo curso de oito semanas de MBSR, muitos largam a prática depois de um tempo. Talvez seja por isso que diversos estudos tenham encontrado bons resultados para os pacientes imediatamente após o início da MBSR, mas não muitos nos seis meses de acompanhamento posterior. Assim — como Jon pode afirmar —, a chave para uma vida relativamente livre da experiência da dor, tanto física como emocional, é continuar com a prática diária da mindfulness nos meses, anos e décadas subsequentes.

O QUE A PELE REVELA

A pele oferece uma vitrine surpreendente para como o estresse impacta nossa saúde. Constituindo uma barreira em contato direto com agentes estranhos do mundo que nos cerca (assim como o aparelho gastrintestinal e os pulmões), esse tecido é parte da primeira linha defensiva contra os micróbios invasores. A inflamação sinaliza uma manobra defensiva biológica que protege o tecido saudável da infecção, de modo que não se espalhe. Uma mancha vermelha e inflamada indica que a pele está atacando um patógeno.

O grau de inflamação no cérebro e no corpo desempenha um papel importante na gravidade futura de uma doença como Alzheimer, asma ou diabetes. O estresse, embora muitas vezes psicológico, agrava a inflamação, aparentemente parte de uma antiga reação biológica a advertências de perigo que arregimentam os recursos do corpo para a recuperação. (Outro sinal dessa reação: o fato de que a única coisa que você quer fazer quando está gripado é repousar.) Embora as ameaças que disparavam essa reação nos tempos pré-históricos fossem físicas, como um predador, hoje em dia os gatilhos são psicológicos — uma briga conjugal, um tuíte desagradável etc. No entanto, as reações do corpo permanecem as mesmas, incluindo o transtorno emocional.

A pele humana possui quantidade atipicamente grande de terminações nervosas (cerca de quinhentas por seis centímetros quadrados), cada uma delas uma via direta para o cérebro enviar sinais da assim chamada inflamação "neurogênica", ou causada pelo cérebro. Os especialistas da pele já observaram há tempos que o estresse cotidiano pode causar explosões neurogênicas de distúrbios inflamatórios como psoríase e eczema. Isso faz da pele um laboratório atraente para estudar como as preocupações impactam nossa saúde.

Acontece que as vias nervosas que permitem ao cérebro sinalizar à pele para inflamar são sensíveis à capsaicina, o composto químico responsável pela sensação de "queimação" da pimenta-malagueta. O laboratório de Richie usou essa descoberta recente para criar áreas de inflamação cuidadosamente controladas e ver como o estresse aumentaria, ou a meditação amorteceria, essa reação. Entrementes, Melissa Rosenkranz, cientista do laboratório, inventou uma maneira hábil de testar os compostos químicos indutores de inflamação, criando bolhas artificiais (e indolores) na região inflamada que se encheriam de líquido.

Essas bolhas eram produzidas num aparelho construído por Melissa que utiliza um sistema a vácuo para erguer a camada superficial da pele em pequenas áreas circulares no decorrer de 45 minutos. Quando feita vagarosamente, a operação é bastante indolor, sendo mal notada pelos participantes. Puncionar o líquido permitiu medir os níveis de citocinas pró-inflamatórias, as proteínas que causam diretamente as manchas vermelhas.

O laboratório de Richie comparou um grupo que aprendia MBSR com outro que passou pelo HEP (o tratamento de controle ativo) conforme eram submetidos ao teste de Trier — uma entrevista desencorajadora seguida das difíceis operações matemáticas —, um modo seguro de disparar o pandemônio da reação de estresse.[5] Mais especificamente, o radar de ameaças do cérebro, a amígdala, sinaliza para o eixo HPA (hipotálamo-pituitária-adrenal) liberar adrenalina, um importante composto químico cerebral da reação de lutar-fugir-paralisar, junto com o cortisol, o hormônio do estresse, que por sua vez eleva o gasto de energia do corpo para reagir ao estressor.

Além disso, a fim de que o corpo rechace as bactérias numa ferida, as citocinas pró-inflamatórias aumentam o fluxo sanguíneo na área para suprir produtos imunes que devoram substâncias estranhas. A inflamação resultante por sua vez sinaliza para o cérebro de maneiras que ativam diversos circuitos neurais, incluindo a ínsula e suas conexões extensas por todo o cérebro. Uma das áreas estimulada por mensagens da ínsula é o córtex cingulado anterior, que modula a inflamação e também conecta nossos pensamentos e sentimentos e controla a atividade autônoma, inclusive o batimento cardíaco. O grupo de Richie descobriu que quando o córtex cingulado anterior é ativado como reação a um alérgeno pessoas com asma terão novos ataques 24 horas depois.[6]

De volta ao estudo da inflamação. Não houve diferenças nos relatos subjetivos de dor dos dois grupos, nem nos níveis das citocinas que disparam a inflamação, tampouco no cortisol, esse precursor hormonal de doenças agravadas pelo estresse crônico, como diabetes, arteriosclerose e asma.

Mas o grupo da MBSR saiu-se melhor em um teste à prova de falseamento: os participantes tiveram uma área de inflamação significativamente menor após o teste do estresse, e sua pele foi mais resiliente, sarando mais rápido. Essa diferença se manteve até quatro meses depois.

Embora os benefícios subjetivos da MBSR, e alguns dos biológicos, não pareçam únicos, esse impacto na inflamação certamente parece ser. Os empenhados na prática de MBSR por 35 minutos ou mais em casa, diariamente, comparados aos do HEP, revelaram uma diminuição maior de citocinas pró-inflamatórias, as proteínas que provocam a mancha vermelha. Isso, de forma intrigante, apoia um antigo resultado de Jon Kabat-Zinn e alguns especialistas em pele, de que a MBSR pode ajudar numa cura rápida da psoríase, doença agravada pelas citocinas inflamatórias (cerca de trinta anos depois, porém, esse estudo ainda não foi reproduzido pelos pesquisadores de dermatologia).[7]

Para ter uma ideia melhor de como a prática da meditação pode curar tais enfermidades inflamatórias, o laboratório de Richie repetiu o estudo de estresse usando meditadores vipassana altamente experientes (cerca de 9 mil horas de prática ao longo da vida).[8] Resultado: os meditadores não só acharam o temido teste de Trier menos estressante do que um grupo comparável de novatos (como vimos no capítulo 5), mas também apresentaram manchas de inflamação menores em seguida. Mais significativo, seus níveis de cortisol, o hormônio do estresse, foram 13% mais baixos do que o do grupo de controle, uma diferença substancial que é provavelmente significativa em termos clínicos. E os meditadores relataram estar em melhor saúde mental do que os voluntários equiparados por idade e gênero que não meditaram.

Importante: esses praticantes calejados não estavam meditando quando essas aferições foram realizadas — isso foi um efeito de traço. A prática da mindfulness, parece, diminui a inflamação dia a dia, não apenas durante a própria meditação. Os benefícios parecem surgir mesmo com apenas quatro semanas de prática (cerca de trinta horas no total), bem como com a meditação da bondade amorosa.[9] Enquanto os iniciantes na MBSR apresentaram uma leve tendência a baixar o cortisol, a prática contínua parece levar em algum momento a uma grande queda nessa substância quando sob estresse. Uma possível confirmação biológica do que os meditadores dizem: vai ficando mais fácil lidar com as preocupações da vida.

O estresse e a preocupação constantes cobram um preço de nossas células, envelhecendo-as. Assim como distrações incessantes e uma mente errante, devido aos efeitos tóxicos da ruminação, em que nossa mente gravita em torno dos problemas em nossos relacionamentos sem nunca resolvê-los.

David Creswell (cuja pesquisa conhecemos no capítulo 7) recrutou um grupo de desempregados — pessoas com alto nível de estresse — e lhes ofereceu um programa intensivo de três dias em treinamento de mindfulness ou um programa de relaxamento comparável.[10] Amostras de sangue tiradas antes e depois revelaram que os meditadores, mas não os do relaxamento, apresentavam diminuição de uma citocina pró-inflamatória muito importante.

E imagens de fMRI mostraram que quanto maior a conectividade entre a região pré-frontal e as áreas default que geram nossa torrente interior de conversa, maior a redução de citocina. Presumivelmente, frear a conversa interior que enche nossa cabeça de pensamentos desesperados e deprimidos — situação compreensível entre desempregados — também baixa os níveis de citocina. A maneira como nos relacionamos com nossa conversa interior pessimista tem um impacto direto em nossa saúde.

HIPERTENSÃO? RELAXE

Quando acordou hoje de manhã, você inspirou ou expirou?

Essa pergunta difícil de responder foi feita a um praticante em retiro pelo falecido monge e mestre de meditação birmanês Sayadaw U Pandita. Ela evidencia a versão extremamente escrupulosa e precisa de mindfulness que ele era renomado por ensinar.

O *sayadaw* pertencia à linhagem direta do grande professor birmanês Mahasi Sayadaw, e também foi guia espiritual de Aung San Suu Kyi durante sua prisão domiciliar de um ano antes de se tornar chefe do governo birmanês. Em suas ocasionais viagens ao Ocidente, Mahasi Sayadaw instruíra muitos dos mais renomados professores no mundo da vipassana.

Dan viajara fora de temporada para um acampamento de verão infantil alugado no deserto do Arizona, a fim de passar algumas semanas sob orientação de Pandita. Como escreveu mais tarde para a *New York Times Magazine*: "A tarefa que me absorvia completamente durante o dia era desenvolver uma atenção precisa em minha respiração, observando todas as nuances de cada inalação e exalação: velocidade, leveza, aspereza, calor".[11] O objetivo para Dan: limpar a mente e, assim, acalmar o corpo.

Embora esse retiro fosse um de uma série que Dan tentou encaixar em sua agenda anual nas décadas subsequentes à sua pesquisa acadêmica na Ásia, não era apenas progredir na meditação que ele esperava. Nos cerca de quinze anos desde sua última longa estadia na Índia, sua pressão arterial se elevara demais e Dan esperava que o retiro ajudasse a baixá-la, pelo menos um pouco. Seu médico ficara preocupado com as leituras acima de 140/90, o limite mínimo da hipertensão. E quando Dan voltou do retiro, ficou feliz em constatar valores bem abaixo desses.

A ideia de que as pessoas podiam baixar a pressão arterial por meio da meditação originava-se em grande parte com o dr. Herbert Benson, cardiologista da Faculdade de Medicina de Harvard. Quando estávamos em Harvard, o dr. Benson acabara de publicar um dos primeiros estudos sobre o assunto mostrando que a meditação ajudava a baixar a pressão arterial.

Herb, como é conhecido, participou da comissão examinadora de tese de Dan, e era um dos poucos membros do corpo docente de Harvard a nutrir alguma simpatia pelos estudos de meditação. Como a pesquisa posterior sobre meditação e pressão sanguínea mostrou, ele estava no caminho certo.

Peguemos, por exemplo, um estudo bem projetado com afro-americanos do sexo masculino, que apresentam um risco particularmente alto de hipertensão e doenças cardíacas e renais. Apenas catorze minutos de prática da mindfulness em um grupo que já sofria de doença do rim baixou os padrões metabólicos que, se sustentados ano após ano, levavam a essas doenças.[12]

O passo seguinte, claro, seria tentar a mindfulness (ou alguma outra variedade de meditação) com um grupo similar, mas que ainda não tivesse desenvolvido uma doença plenamente amadurecida, compará-lo com um grupo de controle que tivesse feito algo como o HEP e acompanhá-lo por vários anos para ver se a meditação previne a doença (esperamos que sim — mas vamos tentar esse estudo para saber com certeza).

Por outro lado, quando olhamos para uma série de estudos mais ampla, os resultados são mistos. Em uma meta-análise de onze estudos clínicos em que pacientes com enfermidades como insuficiência cardíaca e doença arterial coronariana foram aleatoriamente designados ao treinamento em meditação ou a um grupo de comparação, os resultados foram, nas palavras dos pesquisadores, "encorajadores", mas não conclusivos.[13] Como sempre, a meta-análise pedia por estudos mais amplos e rigorosos.

Há um crescente corpo de pesquisa aqui, mas a produção é escassa, quando procuramos estudos bem projetados. A maioria conta com grupos de controle em lista de espera, o que é bom, mas normalmente carece de um grupo de controle ativo, o que seria ainda melhor. Apenas com um grupo de controle ativo sabemos que os benefícios se devem à própria meditação, mais do que ao impacto "inespecífico" de ter um instrutor que encoraja e um grupo que apoia.

GENÔMICA

Não passa de "ingenuidade", um examinador de pedidos de bolsa afirmou para Richie, pensar que alguém verá mudanças no modo como os genes são expressos durante apenas um dia de meditação. Richie acabara de receber a mesma opinião negativa dos Institutos Nacionais de Saúde, rejeitando sua proposta para esse mesmo estudo.

Um pouco de história. Depois que os cientistas genéticos mapearam todo o genoma humano, eles perceberam que não bastava apenas saber se tínhamos determinado gene ou não. As verdadeiras questões: Esse gene é expresso? Ele está fabricando a proteína para a qual é designado? E em que quantidade? Onde fica o "controle de volume" do conjunto de genes? Isso significa que havia mais um passo importante: encontrar o que liga e desliga nossos genes. Se herdamos um gene que nos deixa suscetíveis a uma doença como diabetes, pode ser que nunca venhamos a desenvolver a doença caso, por exemplo, mantenhamos o hábito durante a vida toda de praticar exercício regularmente e não comer açúcar.

O açúcar aciona os genes da diabetes; o exercício os desliga. Açúcar e exercício são influências "epigenéticas", entre os inúmeros fatores que controlam o fato de um gene se expressar ou não. A epigenética se tornou uma fronteira dos estudos genômicos. E Richie pensou que a meditação podia ter impactos epigenéticos, realizando uma "regulação decrescente" dos genes responsáveis pela reação inflamatória. Como vimos, a meditação parece fazer isso — mas o mecanismo genético para esse efeito era um completo mistério.

Sem se abater com os céticos, seu laboratório seguiu em frente, testando mudanças na expressão de genes-chave antes e depois de um dia de meditação em um grupo de praticantes vipassana de longa data (média de cerca de 6 mil horas ao longo da vida).[14] Eles seguiram um cronograma fixo de oito horas de sessões durante o dia e escutavam fitas com depoimentos inspiradores e práticas orientadas de Joseph Goldstein.

Ao final do dia de prática os meditadores tiveram uma acentuada "regulação decrescente" nos genes inflamatórios — algo que nunca fora visto antes como reação a uma prática puramente mental. Uma queda como essa, se mantida ao longo da vida, poderia ajudar a combater doenças com início marcado por inflamação crônica de baixo grau. Como afirmamos, entre elas estavam alguns dos maiores problemas de saúde do mundo, indo de doenças cardiovasculares, artrite e diabetes a câncer.

E esse impacto epigenético, lembre-se, foi uma ideia "ingênua" que ia na contramão do conhecimento predominante na ciência genética. A despeito das suposições em contrário, o grupo de Richie mostrara que um exercício mental, a meditação, podia ser um motor de benefícios no nível dos genes. A ciência genética teria de mudar seus pressupostos sobre como a mente pode ajudar a gerenciar o corpo.

Um punhado de outros estudos aponta que a meditação parece ter efeitos epigenéticos salutares. Solidão, por exemplo, estimula níveis mais elevados de genes pró-inflamatórios; a MBSR pode reduzir não só esses níveis como também a sensação de solidão.[15] Embora esses tenham sido estudos-piloto, um incremento epigenético foi encontrado na pesquisa com dois outros métodos de meditação. Um é a "resposta de relaxamento", de Herb Benson, que faz a pessoa repetir em silêncio uma dada palavra como *paz*, como se fosse um mantra.[16] O outro é a "meditação iogue", em que o meditador recita um mantra em sânscrito, de início em voz alta e depois sussurrando, e então finalmente em silêncio, encerrando com uma breve técnica de relaxamento, respirando fundo.[17]

Há outras sugestões promissoras para a meditação como força capaz de melhorar nossa epigenética. Os telômeros são um arremate nas sequências terminais de DNA que refletem quanto tempo uma célula viverá. Quanto mais longo o telômero, maior a vida da célula. A enzima que retarda o encurtamento ligado à idade dos telômeros é a telomerase; quanto mais presente, melhor para a saúde e a longevidade. Uma meta-análise de quatro estudos controlados randomizados envolvendo um total de 190 meditadores revelou que a prática da mindfulness estava associada ao aumento de atividade da telomerase.[18]

O projeto de Cliff Saron revelou o mesmo efeito após três meses de prática intensiva da mindfulness e da meditação compassiva.[19] Quanto mais presente em sua experiência imediata, e quanto menos divagação mental durante as sessões de concentração, maior o benefício da telomerase. E um estudo-piloto promissor revelou telômeros mais longos em mulheres com uma média de quatro anos de prática regular de meditação da bondade amorosa.[20]

Depois há o *panchakarma*, sânscrito para "cinco tratamentos", que mistura medicina herbal, massagem, mudança de dieta e ioga com meditação. Essa abordagem está enraizada na medicina ayurvédica, um antigo sistema de cura indiano, e passou a integrar alguns spas luxuosos nos Estados Unidos (e muitos spas bem mais em conta na Índia, se você estiver interessado). Um grupo que passou por tratamento *panchakarma* de seis dias, comparado a outro que estava apenas de férias no mesmo spa, mostrou melhorias intrigantes em uma gama de medições metabólicas sofisticadas que refletiam tanto as mudanças epigenéticas como a real expressão da proteína.[21] Isso significa que os genes estão sendo orientados de maneiras benéficas.

Mas eis nosso problema: embora possa haver alguns impactos positivos para a saúde com o *panchakarma*, a mistura de tratamentos torna impossível dizer em que medida qualquer um deles, como a meditação, foi atuante. O estudo utilizou ao mesmo tempo cinco tipos diferentes de intervenções. Tal mixórdia (tecnicamente um confundimento, ou variável de confusão) torna impossível dizer se foi a meditação a força ativa, ou talvez um ingrediente herbal, ou uma dieta vegetariana, ou se algum outro fator nessa mistura explica as melhorias. Benefícios foram conquistados — só não sabemos por quê.

Também existe o abismo entre mostrar melhorias no nível genético e provar que a meditação tem efeitos biológicos que fazem diferença em termos médicos. Nenhum desses estudos realiza essa conexão adicional.

Além do mais, há a dúvida de que tipos de meditação ocasionam quais impactos fisiológicos. O grupo de Tania Singer comparou a concentração na respiração com a bondade amorosa e também com a mindfulness, verificando como cada uma influenciou o batimento cardíaco e quanto empenho o método exigiu, segundo relatado pelos meditadores.[22] A meditação respiratória foi a mais relaxante, com tanto a bondade amorosa como a mindfulness aumentando um pouco o batimento cardíaco, sinal de que exigem mais esforço. O laboratório de Richie teve um aumento similar no batimento cardíaco com meditadores muito experientes (mais de 30 mil horas na vida) realizando a meditação compassiva.[23]

Embora um batimento cardíaco mais acelerado pareça um efeito colateral dessas meditações compassivas — um efeito de estado —, quando se trata da respiração o resultado do traço vai na outra direção. A ciência sabe há muito tempo que pessoas com problemas como transtornos de ansiedade e dor crônica respiram mais rápido e menos regularmente do que a maioria. E se você já está respirando acelerado, tem maior probabilidade de disparar uma reação de lutar-fugir-paralisar quando confronta algo estressante.

Mas considere o que o laboratório de Richie descobriu quando olhou para meditadores experientes (9 mil horas em média de prática durante a vida).[24] Comparando cada um deles a um não meditador de mesma idade e gênero, os meditadores respiravam a uma média de 1,6 respiração mais vagarosamente. E isso quando apenas sentavam imóveis, à espera do início de um teste cognitivo. No decorrer de um único dia, essa diferença no ritmo da respiração se traduz em mais de 2 mil respirações extras para os não meditadores — e mais de 800 mil respirações extras ao longo de um ano. Essas respirações extras são uma sobrecarga fisiológica e podem cobrar seu preço para a saúde, no decorrer do tempo.

À medida que a prática continua e a respiração se torna progressivamente mais lenta, o corpo ajusta de acordo o ponto de referência fisiológico para sua taxa respiratória. Isso é bom. Enquanto respiração rápida crônica significa ansiedade contínua, um ritmo de respiração mais lento indica atividade autônoma reduzida, humor e saúde melhorados.

O CÉREBRO DO MEDITADOR

Você já deve ter ouvido dizer que a meditação deixa partes essenciais do cérebro mais espessas. O primeiro relato científico desse benefício neural veio em 2005 com Sara Lazar, uma ex-aluna do Mind and Life Summer Research Institute que se tornou pesquisadora na Faculdade de Medicina de Harvard.[25]

Comparados a não meditadores, relatou seu grupo, os meditadores tinham maior espessura cortical em áreas importantes para a percepção do interior do próprio corpo e para a atenção, especificamente a ínsula anterior e zonas do córtex pré-frontal. O relato de Sara foi seguido de uma série de outros, muitos (mas não todos) registrando tamanho aumentado em partes-chave dos cérebros dos meditadores. Menos de uma década mais tarde (um período muito curto, considerando o tempo que esse tipo de pesquisa leva para ser preparada, executada, analisada e registrada), houve suficientes estudos de neuroimagem de meditadores para justificar uma meta-análise, em que 21 estudos foram combinados para verificar o que se sustentava ou não.[26]

Os resultados: certas áreas do cérebro pareceram aumentar nos meditadores, entre elas:

- A ínsula, que nos sintoniza com nosso estado interno e potencializa a autoconsciência emocional, ao intensificar a atenção para esses sinais internos.
- Áreas somatomotoras, os principais centros corticais para sentir o tato e a dor, talvez mais um benefício da consciência corporal aumentada.
- Partes do córtex pré-frontal que operam a atenção e a metaconsciência, capacidades cultivadas em quase todas as formas de meditação.
- Regiões do córtex cingulado essenciais na autorregulação, outra habilidade praticada na meditação.
- O córtex orbitofrontal, também parte dos circuitos de autorregulação.

E a grande notícia sobre a meditação para pessoas idosas vem de um estudo na UCLA que mostra que a prática retarda o encolhimento normal de nosso cérebro à medida que envelhecemos: com a idade de cinquenta anos, o cérebro de praticantes de longa data é "mais jovem" em 7,5 anos, comparado ao de não meditadores da mesma faixa etária.[27] Bônus: para cada ano além dos cinquenta, o cérebro dos praticantes era mais jovem do que os outros em um mês e 22 dias. A meditação, concluíram os pesquisadores, ajuda a preservar o cérebro ao retardar a atrofia. Embora duvidemos que a atrofia cerebral possa de fato ser revertida, temos motivos para admitir que pode ser desacelerada.

Mas eis o problema com a evidência até o momento. Esse resultado sobre meditação e envelhecimento do cérebro foi uma nova análise de um estudo anterior feito na UCLA que recrutou cinquenta meditadores e cinquenta pessoas equiparadas por idade e gênero que nunca haviam meditado. A equipe de pesquisa fez cuidadosas imagens dos cérebros dos participantes e descobriu que os meditadores mostravam maior girificação cortical (as dobras no alto do neocórtex) e assim apresentavam maior crescimento do cérebro.[28] Quanto mais o meditador praticara, mais dobras havia.

Mas, como os próprios pesquisadores notaram, as descobertas levantavam muitas questões. As variedades específicas de meditação praticada entre os cinquenta indivíduos iam de vipassana e zen às iogas kriya e kundalini. Essas práticas podem variar enormemente na habilidade mental particular que é mobilizada por um meditador, por exemplo a *open presence* ("presença aberta"), em que qualquer coisa pode vir à mente, ao contrário do foco firme numa coisa só, ou métodos que controlam a respiração versus os que a deixam fluir naturalmente. Milhares de horas de prática de cada um desses métodos poderiam muito bem provocar impactos bastante únicos, inclusive na neuroplasticidade. Não sabemos, com base nesse estudo, qual método resulta em qual mudança — todo tipo de meditação levou aos aumentos que causam maior girificação ou apenas algumas explicam a maior parte do fenômeno?

Essa combinação de diferentes tipos de meditação, como se fossem todas a mesma coisa (e assim com impactos cerebrais similares), diz respeito também a essa meta-análise. Uma vez que os estudos incluídos eram também uma mistura de tipos de meditação, fica o dilema de que todos os resultados de neuroimagem, com poucas exceções, representam um "estudo transversal" — uma imagem do cérebro a um dado momento.

As diferenças poderiam se dever a fatores como educação ou exercício, cada uma das quais com seu próprio efeito amortecedor no cérebro. Depois há a autosseleção: talvez as pessoas com as mudanças cerebrais relatadas nesses estudos tenham decidido continuar com a meditação, ao contrário de outras — talvez ter uma ínsula maior, antes de mais nada, faça a pessoa gostar mais de meditação. Cada uma dessas causas potenciais alternativas não tem nada a ver com meditação. Para ser justo, os próprios pesquisadores apontam essas desvantagens em seu estudo. Mas nós os destacamos aqui para enfatizar os modos como um resultado científico complicado, não muito bem compreendido e hesitante, pode se difundir entre o público geral como uma mensagem supersimplificada de que a "meditação melhora o cérebro". O diabo, como diz a expressão, está nos detalhes.

Então vamos agora considerar alguns resultados promissores de três estudos que examinaram como apenas um pouco da prática de meditação pareceu aumentar o volume em partes do cérebro, com base em diferenças encontradas antes e depois do exercício da prática.[29] Resultados semelhantes de aumentos na espessura e afins em áreas cerebrais relevantes derivam de outros tipos de treinamento mental, como memorização — e a neuroplasticidade significa que isso é bem possível com a meditação.

Mas eis o grande problema com todos esses estudos: o número de indivíduos testados é muito pequeno, insuficiente para chegar a conclusões definitivas. Precisamos de mais participantes também devido a outro problema: as medições cerebrais usadas são relativamente vagas, baseadas nas análises estatísticas de cerca de 300 mil voxels (o voxel é uma unidade de volume, em essencial um pixel tridimensional, um naco com um milímetro cúbico de geografia neural).

As chances são de que uma pequena porção dessas 300 mil análises se revele como estatisticamente "significante", quando é na verdade aleatória, problema que diminui à medida que o número de cérebros sendo mapeados aumenta. Por ora, não há como saber nesses estudos se os resultados sobre crescimento cerebral são verdadeiros ou produto dos métodos utilizados. Outro problema: os pesquisadores tendem a publicar seus resultados positivos e ignorar os nulos — aqueles em que não encontraram *nenhum* efeito.[30]

Finalmente, as mensurações cerebrais tornaram-se mais precisas e sofisticadas, com a quantidade de estudos feitos. Não sabemos se as medições usando o critério mais novo e rigoroso produziria os mesmos resultados. Nosso palpite é de que estudos melhores da meditação revelarão mudanças positivas na estrutura cerebral, mas é cedo demais para dizer. Vamos aguardar para ver.

Uma correção de rumo sobre a meditação e o cérebro: o laboratório de Richie tentou repetir os resultados de Sara Lazar sobre o espessamento cortical observando meditadores de longa data, ocidentais com seus próprios empregos diários e um mínimo de cinco anos praticando — grupo com média de 9 mil horas de meditação ao longo da vida.[31] Mas o espessamento que Sara relatara não apareceu, assim como diversas outras alterações estruturais que haviam sido informadas para a MBSR.

Há muito mais perguntas do que respostas a essa altura. Algumas respostas podem vir de dados sendo analisados conforme escrevemos este livro, do laboratório de Tania Singer no Instituto Max Planck de Cognição Humana e Neurociências. Ali estão sendo cuidadosa e sistematicamente examinadas as alterações na espessura cortical associadas a três diferentes tipos de prática da meditação (revistas no capítulo 6, "Preparado para amar") — em um grande estudo usando um projeto rigoroso com grande número de indivíduos praticando durante nove meses.

Um dos primeiros resultados a emergir desse trabalho: diferentes tipos de treinamento estão associados a diferentes efeitos anatômicos no cérebro. Por exemplo, descobriu-se que um método que enfatiza a empatia cognitiva e a compreensão de como uma pessoa enxerga os eventos da vida acentua a espessura cortical numa região específica do córtex perto do fundo do cérebro, entre os lobos temporal e parietal, conhecida como junção temporoparietal. Em uma pesquisa prévia feita pela equipe de Tania, a junção temporoparietal revelou-se particularmente ativa quando assumimos a perspectiva de outra pessoa.[32]

Essa alteração cerebral foi revelada apenas com esse método, e não com os outros. Tais resultados sublinham a importância para os pesquisadores de distinguir entre diferentes tipos de prática, particularmente quando se trata de identificar com precisão as mudanças associadas no cérebro.

NEUROMITOLOGIA

Enquanto lançamos luz sobre parte da neuromitologia e da meditação envolvida, olhemos um pouco para os frutos da pesquisa de Richie.[33] No momento em que este livro é escrito, o estudo mais conhecido do laboratório de Richie tem 2813 citações, reputação surpreendente para um artigo acadêmico. Dan esteve entre os primeiros a relatar essa pesquisa, em seu livro sobre o encontro em 2000 com o Dalai Lama para tratar das emoções destrutivas, em que Richie apresentou seu trabalho em andamento.[34]

A pesquisa viralizou para fora do meio acadêmico, reverberando tanto na grande mídia como nas mídias sociais. E os que levam a mindfulness às empresas invariavelmente a mencionam como uma "prova" de que o método vai ajudar as pessoas ali. No entanto, esse estudo suscita grandes interrogações aos olhos dos cientistas, em especial o próprio Richie. Estamos falando da época em que ele fez Jon Kabat-Zinn ensinar a MBSR para voluntários numa startup de biotecnologia com altos níveis de estresse, na qual as pessoas trabalhavam praticamente dia e noite, sete dias por semana.

Primeiro, vamos voltar um pouco. Por vários anos, Richie buscou dados sobre a proporção de atividade no córtex pré-frontal direito versus o esquerdo com a pessoa em repouso. Atividade maior no lado direito estava correlacionada a humores negativos como depressão e ansiedade; atividade relativamente maior do lado esquerdo estava associada a humores leves como energia e entusiasmo. Essa proporção parecia predizer a gama de humores cotidiana da pessoa. Para a população em geral, ela parecia se ajustar a uma curva normal, com a maioria no meio — temos dias bons e dias ruins. Pouquíssimas pessoas estão nos extremos da curva; se para a esquerda, recuperando-se de um período infeliz; se para a direita, podem estar clinicamente ansiosas ou deprimidas.

O estudo na startup de biotecnologia pareceu mostrar uma notável alteração na função cerebral após o treinamento em meditação — desde pender à direita até a inclinação à esquerda, e relatando a mudança para um estado mais relaxado. Não houve tais alterações em um grupo de comparação de trabalhadores designados a uma lista de espera, que foram informados de que receberiam o treinamento em meditação mais tarde.

Mas eis um grande empecilho. Essa pesquisa nunca foi reproduzida e foi projetada apenas como piloto. Não sabemos, por exemplo, se um controle ativo como o HEP resultaria em benefícios similares. Embora esse estudo nunca tenha sido reproduzido, outros parecem apoiar os resultados sobre a proporção cerebral e sua mudança. Um estudo alemão com pacientes sofrendo de episódios recorrentes de depressão severa revelou que sua proporção pendia fortemente para a direita — o que pode ser um marcador neural do transtorno.[35] E os mesmos pesquisadores alemães descobriram que essa inclinação para a direita voltou a mudar para a esquerda — mas só enquanto praticavam a mindfulness, não em repouso normal.[36]

O problema: o laboratório de Richie foi incapaz de mostrar que essa inclinação para a ativação do lado esquerdo continua a crescer com força quanto mais o indivíduo medita. Richie encontrou um obstáculo quando começou a levar ao laboratório meditadores "olímpicos", os iogues tibetanos (mais sobre eles no capítulo 12, "Tesouro escondido"). Esses especialistas, que acumulam uma quantidade extraordinária de horas de meditação, não mostraram uma enorme tendência para a esquerda, como esperado — a despeito de estarem entre as pessoas mais felizes e otimistas que Richie conheceu.

Isso solapou a confiança de Richie na medição, que foi então interrompida. Richie não tem nenhuma ideia segura do motivo para a medição esquerda/direita ter deixado de funcionar como esperado com os iogues. Uma possibilidade: uma inclinação para a esquerda pode ocorrer no início da prática de meditação, mas, à parte uma pequena gama de mudança, a proporção esquerda/direita não se altera muito. Ela talvez reflita pressões temporárias ou temperamento básico, mas não parece associada a qualidades duradouras de bem-estar, tampouco mudanças mais complexas no cérebro encontradas entre pessoas com muita experiência em meditação.

Nosso modo de pensar atual sustenta que em estágios posteriores da meditação outros mecanismos passam a agir, de modo que o que muda é sua *relação* com quaisquer emoções, mais do que a proporção entre emoções positivas ou negativas. Com a prática da meditação em alto nível, as emoções parecem perder seu poder de nos arrastar para seu melodrama.

Outra possibilidade: diferentes tipos de meditação têm efeitos diversos, então pode não haver uma linha nítida de desenvolvimento que seja contínua, por exemplo, da meditação mindfulness em iniciantes a meditadores vipassana experientes e iogues tibetanos avaliados no laboratório de Richie.

E depois há a questão de quem ensina mindfulness. Como Jon nos contou, há uma enorme variação entre os instrutores de MBSR quanto ao grau de perícia, o tempo total de retiro para meditação e suas próprias qualidades de ser. A empresa de biotecnologia contou com a vantagem de ter o próprio Jon como professor — além da instrução nas técnicas de MBSR, ele tem um talento único para transmitir uma visão da realidade capaz de mudar a experiência dos alunos de maneiras que, possivelmente, venham a explicar uma alteração na assimetria do cérebro. Não sabemos quais seriam os impactos se algum outro professor de MBSR, selecionado aleatoriamente, houvesse passado por lá.

RESULTADO FINAL

De volta a Dan e ao retiro de meditação que ele frequentou na expectativa de baixar sua pressão sanguínea. Embora de fato ele tenha conseguido uma grande queda em suas leituras de pressão imediatamente depois, é impossível saber se isso foi devido à meditação ou a um "efeito de férias" mais geral, o alívio que todos sentimos quando deixamos de lado as preocupações do dia a dia e ficamos longe de casa por um tempo.[37]

Em algumas semanas sua pressão arterial voltou a subir — e continuou desse jeito até um astuto médico conjecturar que ele talvez sofresse de uma das poucas causas conhecidas de hipertensão, um raro transtorno da glândula suprarrenal. A medicação que corrige esse desequilíbrio fez sua pressão arterial voltar a baixar e ficar estabilizada — algo que a meditação não conseguiu.

Nossas perguntas são simples quando se trata de determinar se a meditação leva a uma melhora da saúde: o que é verdade, o que não é e o que não se sabe? Quando mergulhamos em nosso levantamento das centenas de estudos ligando meditação a efeitos na saúde, aplicamos padrões rígidos. Como é verdadeiro para grande parte da pesquisa em meditação, os métodos utilizados em muitos estudos sobre os impactos na saúde falham em atingir o nível mais elevado. Isso nos deixou surpresos com o pouco que podemos afirmar com certeza, haja vista a grande empolgação (e, convenhamos, muito oba-oba) sobre a meditação como maneira de incrementar a saúde.

Os estudos mais sólidos, descobrimos, estão focados em diminuir nosso sofrimento psicológico, mais do que em curar síndromes ou procurar por mecanismos biológicos subjacentes. Assim, quando o assunto é uma melhor qualidade de vida para os que sofrem de doenças crônicas, a meditação está aprovada. Esse tipo de cuidado paliativo é com frequência ignorado na medicina, mas faz muita diferença para os pacientes.

Mesmo assim, a meditação é capaz de oferecer alívio biológico? Considere o Dalai Lama, hoje com mais de oitenta anos, que vai dormir às sete e tem uma boa noite de sono antes de se levantar às 3h30 para quatro horas de prática espiritual, incluindo meditação. Acrescente mais uma hora de prática antes de ir para a cama e isso o deixa com cinco horas diárias de tempo para contemplação. Mas uma artrite dolorosa em seus joelhos torna a tarefa de subir e descer escadas uma provação — nada incomum para alguém na nona década de vida. Quando lhe perguntaram se a meditação ajuda nas enfermidades, ele replicou: "Se a meditação fosse boa para problemas de saúde, eu não sentiria dor nos joelhos".

Quando se trata de saber se a meditação faz mais do que oferecer ajuda paliativa, ainda não temos certeza — e se ela ajuda, em quais situações médicas? Alguns anos depois de ter tido seu projeto de medir mudanças genéticas com um dia de meditação duramente rejeitado, Richie foi convidado a dar uma palestra na prestigiosa conferência anual dos Institutos Nacionais de Saúde em homenagem a Stephen E. Straus, fundador do Centro Nacional de Saúde Complementar e Integrada.[38]

O tema de Richie, "Mude seu cérebro treinando sua mente", era controverso, para dizer o mínimo, entre os muitos céticos no campus dos Institutos Nacionais de Saúde. Mas, quando chegou seu dia de falar, o augusto auditório no Centro Clínico ficou lotado, com muitos cientistas ainda assistindo à transmissão ao vivo em seus locais de trabalho — talvez um prenúncio da mudança de status da meditação como tema de pesquisa séria.

A palestra de Richie se concentrou nas descobertas nessa área, sobretudo as que foram feitas em seu laboratório, a maioria das quais está descrita neste livro. Richie esclareceu as mudanças neurais, biológicas e comportamentais trazidas pela meditação, e como podiam ajudar a conservar a saúde — por exemplo, melhorando a regulação das emoções e aguçando a atenção. E, como tentamos fazer aqui, Richie caminhou por uma linha muito cuidadosa entre o rigor crítico e a convicção genuína de que de fato "tem alguma coisa aí": de que a meditação traz impactos benéficos dignos de uma séria investigação científica.

No fim de sua palestra, a despeito do sisudo tom acadêmico, Richie foi aplaudido de pé.

EM RESUMO

Nenhuma das inúmeras formas de meditação estudadas aqui foi originalmente projetada para tratar enfermidades, pelo menos tal como as entendemos no Ocidente. Contudo, hoje, a literatura científica está repleta de estudos averiguando se essas antigas práticas poderiam ser úteis para tratar justamente essas enfermidades. A MBSR e métodos similares podem reduzir o componente emocional do sofrimento com a doença, mas não curar suas causas. Porém o treinamento em mindfulness — mesmo que por apenas três dias — produz um declínio a curto prazo nas citocinas pró-inflamatórias, as moléculas responsáveis pela inflamação. E quanto mais a pessoa pratica, menor o nível dessas citocinas pró-inflamatórias. Isso parece se tornar um efeito de traço com a prática continuada, em que as neuroimagens constataram nos meditadores em repouso níveis mais baixos de citocinas pró-inflamatórias, junto com uma conectividade aumentada entre os circuitos regulatórios e setores do autos-sistema do cérebro, particularmente o córtex cingulado posterior.

Entre os praticantes de meditação experientes, um dia inteiro de mindfulness intensiva realiza uma "regulação decrescente" nos genes envolvidos na inflamação. A enzima telomerase, que retarda o envelhecimento celular, aumenta após três meses de prática intensiva da mindfulness e da bondade amorosa. Finalmente, a meditação de longo prazo pode levar a mudanças estruturais benéficas no cérebro, embora a evidência atual seja inconclusiva quanto a se tais efeitos emergem com a prática relativamente de curto prazo, como a MBSR, ou se apenas se manifestam com a prática mais prolongada. Meditadores experientes, surpreendentemente, mostram uma diminuição de volume cerebral na área associada a "querer" ou "apego". Tudo considerado, as sugestões de reconfiguração neural que fundamentam os traços alterados parecem cientificamente críveis, embora aguardemos mais estudos para os detalhes exatos.

10. A meditação como psicoterapia

O dr. Aaron Beck, fundador da terapia cognitiva, tinha uma pergunta: "O que é mindfulness?".

Estávamos em meados da década de 1980 e o dr. Beck fazia a pergunta para Tara Bennett-Goleman, esposa de Dan. Ela fora a sua casa em Ardmore, Pensilvânia, a pedido do dr. Beck, porque a juíza Judith Beck, sua esposa, estava prestes a se submeter a uma cirurgia eletiva. O dr. Beck tinha um palpite de que a meditação podia ajudar a prepará-la melhor mentalmente, e talvez até fisicamente.

Tara instruiu o casal ali mesmo. Seguindo sua orientação, os Beck sentaram em silêncio e observaram as sensações de sua respiração entrando e saindo, depois experimentaram uma meditação caminhando em sua sala de estar. Foi uma sugestão do que desde então se tornou um forte movimento na Terapia Cognitiva Baseada em Mindfulness (ou MBCT, da sigla em inglês). O livro de Tara, *Emotional Alchemy: How the Mind Can Heal the Heart* [Alquimia emocional: como a mente pode curar o coração], foi o primeiro a integrar a mindfulness com a terapia cognitiva.[1]

Tara fora por anos uma estudiosa da meditação vipassana e recém-completara um retiro intensivo de um mês com o mestre birmanês U Pandita. Esse mergulho profundo na mente lhe rendera muitos insights, um deles sobre a leveza de pensamentos quando vistos pelas lentes da mindfulness. Esse insight espelha um princípio conhecido em terapia cognitiva como "descentramento", isto é, observar pensamentos e sentimentos sem se identificar excessivamente com eles. Podemos *reavaliar* nosso sofrimento.

O dr. Beck ouvira falar sobre Tara em uma conversa com um de seus alunos mais chegados, o dr. Jeffrey Young, que na época estava criando o primeiro centro de terapia cognitiva em Nova York. Tara, que concluíra recentemente um mestrado em orientação psicológica, estava trabalhando com o dr. Young em seu centro. Os dois tratavam juntos de uma jovem que sofria de ataques de pânico.

O dr. Young usou uma abordagem da terapia cognitiva, ajudando-a a se distanciar de seus pensamentos catastróficos — *Não consigo respirar, vou morrer* — e a desafiá-los. Tara trouxe a mindfulness às sessões, complementando a abordagem terapêutica do dr. Young com essa lente única sobre a mente. Aprender a observar a respiração pela mindfulness — calma e claramente, sem pânico — ajudou a paciente a superar os ataques.

Trabalhando de forma independente, o psicólogo John Teasdale, da Universidade de Oxford, com Zindel Segal e Mark Williams, estava escrevendo *Mindfulness-Based Cognitive Therapy for Depression* [Terapia cognitiva para depressão baseada em mindfulness], outra integração como essa.[2] Sua pesquisa revelara que para pessoas com depressão tão severa que medicamentos ou até tratamentos de eletrochoque não ajudavam a MBCT cortava a taxa de reincidência pela metade — mais do que qualquer medicação.

Esses resultados notáveis desencadearam o que se tornou uma onda de pesquisa em MBCT. Como aconteceu com a maioria dos estudos de meditação e psicoterapia, porém, muitos desses estudos (incluindo o original de Teasdale) não atingiram o padrão de excelência para a pesquisa de efeito clínico: grupos de controle randomizados e um tratamento de comparação equivalente feito por praticantes que acreditam que o deles trará resultados.

Alguns anos depois um grupo da Universidade Johns Hopkins examinou o que somavam na época 47 estudos de meditação isolados (ou seja, sem incluir terapia cognitiva) com pacientes sofrendo de problemas que iam de depressão e dor a insônia e perda da qualidade geral de vida — bem como enfermidades indo de diabetes e doença arterial a tinido (zumbido no ouvido) e síndrome do intestino irritável.

Essa revisão, a propósito, foi exemplar em calcular as horas de prática da meditação sendo estudada: a MBSR exigia de vinte a 27 horas de treinamento ao longo de oito semanas; outros programas de mindfulness, cerca de metade disso. Experimentações de meditação transcendental davam de dezesseis a 39 horas ao longo de três a doze meses, e outras meditações com mantra, cerca de metade dessa quantidade.

Em um artigo proeminente numa edição do *JAMA* (a publicação oficial da Associação Médica Americana), os pesquisadores concluíram que a mindfulness (mas não a meditação baseada em mantra como a MT, sobre a qual havia muito poucos estudos bem projetados para se tirar alguma conclusão) podia reduzir a ansiedade e a depressão, bem como a dor. O grau de melhora foi mais ou menos semelhante ao dos medicamentos, mas sem os preocupantes efeitos colaterais — tornando as terapias baseadas em mindfulness um tratamento alternativo viável para essas enfermidades.

Mas esses mesmos benefícios não foram encontrados para outros indicadores de saúde como hábitos alimentares, sono, uso de substâncias ou problemas de peso. Quando a questão eram outros problemas psicológicos, como alterações de humor, vícios e dificuldade de atenção, a meta-análise descobriu pouca ou nenhuma evidência de que algum tipo de meditação pudesse ajudar — ao menos nas intervenções de curto prazo usadas na pesquisa. A prática da meditação a longo prazo, observaram, podia muito bem oferecer mais benefícios, embora houvesse demasiada escassez de dados sobre isso para que extraíssem alguma conclusão.

O problema principal: o que parecera promissor para o alívio de problemas de estudos anteriores de meditação desaparecia em uma bruma, quando comparado a benefícios de um grupo de controle ativo como exercício. Resultado final para uma ampla gama de problemas originados de estresse: "evidência insuficiente de qualquer efeito", pelo menos por ora.[3]

De uma perspectiva médica, esses estudos foram o equivalente a um teste com medicação de "baixa dosagem, curto prazo". A recomendação aqui: que mais pesquisa seja feita, usando quantidade bem maior de pessoas e por um período bem mais longo. Isso condiz perfeitamente com estudos de tratamentos com remédios — o modelo de pesquisa dominante na medicina. Mas tais estudos são caríssimos, custando milhões de dólares — e são subsidiados pela indústria farmacêutica ou pelos Institutos Nacionais de Saúde. A meditação não tem essa sorte.

Outro ponto controverso, e aqui sendo um pouco nerd: a meta-análise começou coletando 18753 citações de artigos de todo tipo sobre meditação (uma quantidade imensa, haja vista que não pudemos encontrar mais que um escasso punhado na década de 1970, e apenas mais de 6 mil no momento — eles usaram um número maior de termos de pesquisa do que nós). Cerca de metade do que os autores encontraram, porém, não eram relatos de dados reais; dos relatos empíricos, cerca de 4800 não tinham grupo de controle ou não eram randomizados. Após peneirar de forma cuidadosa, apenas 3% (os 47 da análise) dos estudos se revelaram suficientemente bem projetados para serem incluídos na revisão. Como assinala o grupo de Hopkins, isso simplesmente enfatiza a necessidade de melhorar a pesquisa com meditação.

Esse tipo de revisão tem grande peso entre os médicos, numa era em que a medicina se esforça para ter cada vez mais base na evidência. O grupo de Hopkins fez essa meta-análise para a Agency for Healthcare Research and Quality [Agência para Pesquisa e Qualidade em Assistência Médica], cujas diretrizes os médicos procuram seguir.

Conclusão da revisão: a meditação (em particular, a mindfulness) pode ter um papel no tratamento da depressão, ansiedade e dor — quase tanto quanto os medicamentos, mas sem efeitos colaterais. A meditação também pode, em menor grau, reduzir o sofrimento do estresse psicológico. No geral, a meditação ainda não se provou melhor para o sofrimento psicológico do que os tratamentos médicos, embora a evidência para conclusões mais sólidas permaneça insuficiente.

Mas isso era a verdade em 2013 (o estudo foi publicado em janeiro de 2014). Com o ritmo acelerado da pesquisa de meditação, novos e mais bem projetados estudos podem reverter tais avaliações, pelo menos até certo ponto. A depressão representa um caso singular em questão.

AFASTANDO A MELANCOLIA – COM MINDFULNESS

O notável achado do grupo de John Teasdale em Oxford, de que a MBCT previne em cerca de 50% a reincidência na depressão severa, motivou uma quantidade impressionante de pesquisas complementares. Afinal, uma queda de 50% na reincidência ultrapassa de longe o que qualquer medicamento para depressão severa pode oferecer. Se esse impacto benéfico fosse verdadeiro para um remédio, alguma companhia farmacêutica estaria lucrando muito com ele.

A necessidade de estudos mais rigorosos ficou clara; o estudo-piloto original de Teasdale não tinha grupo de controle, muito menos uma atividade de comparação. Mark Williams, um dos parceiros de Teasdale em Oxford, liderou a pesquisa necessária. Sua equipe recrutou quase trezentas pessoas com depressão tão severa que as medicações eram incapazes de impedi-las de reincidir nesse estado psicológico — o mesmo tipo de pacientes difíceis de tratar do estudo original.

Mas dessa vez os pacientes foram randomicamente designados à MBCT ou a um dos dois grupos de controle ativos em que aprenderam o básico da terapia cognitiva ou apenas os tratamentos psiquiátricos usuais.[4] Os pacientes foram acompanhados durante seis meses para ver se havia reincidência. A MBCT se revelou mais eficaz em pacientes com histórico de trauma infantil (que pode agravar a depressão) e relativamente igual enquanto tratamento-padrão para depressão mediana.

Pouco depois, um grupo europeu descobriu que para um grupo similar com depressão tão severa que nenhuma medicação ajudava a MBCT ajudou.[5] Esse também foi um estudo randomizado com um grupo de controle ativo. E, em 2016, uma meta-análise de nove estudos como esses, com um total de 1258 pacientes, concluiu que, por um ano depois disso, a MBCT foi uma forma efetiva de baixar a taxa de reincidência na depressão grave. Quanto mais severos os sintomas da depressão, maiores os benefícios da MBCT.[6]

Zindel Segal, um dos colaboradores de John Teasdale, mergulhou mais fundo na investigação sobre a eficácia da MBCT.[7] Ele usou a fMRI para comparar pacientes que haviam se recuperado de um forte ataque de depressão, alguns dos quais fizeram a MBCT, enquanto outros passaram por terapia cognitiva padrão (ou seja, sem mindfulness). Os pacientes que, após os tratamentos, mostraram um aumento maior na atividade da ínsula tiveram 35% menos reincidências.

O motivo? Numa análise posterior, Segal descobriu que os melhores resultados foram entre aqueles pacientes mais capazes de se "descentrar", ou seja, distanciar-se o suficiente dos próprios pensamentos e sentimentos para vê-los apenas como algo que vem e vai, em lugar de se deixar arrastar por "*meus* pensamentos e sentimentos". Em outras palavras, esses pacientes eram mais atentos [*mindful*]. E quanto maior o tempo empregado na prática da mindfulness, menor a probabilidade de reincidir em depressão. Enfim, uma massa crítica de pesquisa demonstrava a contento, para o cético mundo médico, que um método baseado em mindfulness podia ser eficaz para tratar depressão.

Há diversas variantes de aplicações promissoras da MBCT para depressão. Por exemplo, mulheres grávidas com um histórico prévio de episódios depressivos naturalmente querem ter a segurança de não ficar deprimidas enquanto estão com o bebê na barriga ou após o parto, e ficam compreensivelmente desconfiadas de tomar antidepressivos durante a gravidez. A boa notícia: uma equipe liderada por Sona Dimidjian, outra aluna do Summer Research Institute, descobriu que a MBCT podia reduzir o risco de depressão nessas mulheres e assim ofereceu uma alternativa acessível aos medicamentos.[8]

Quando pesquisadores da Maharishi International University ensinaram MT para prisioneiros com programas prisionais padrão como comparação, descobriram que quatro meses mais tarde os prisioneiros praticando a MT revelavam menos sintomas de trauma, ansiedade e depressão; também dormiam melhor e sentiam menos estresse no dia a dia.[9]

Outro caso: o angustiado período da adolescência pode significar o primeiro ataque de sintomas depressivos. Em 2015, 12,5% da população norte-americana entre doze e dezessete anos teve ao menos um episódio depressivo severo no ano anterior. Isso se traduz em cerca de 3 milhões de adolescentes. Embora parte dos sinais de depressão mais óbvios inclua pensamento negativo, autocrítica exacerbada etc., às vezes os sinais assumem formas sutis, como dificuldade para dormir ou pensar, ou falta de ar. Um programa de mindfulness projetado para adolescentes reduziu a depressão evidente e esses sinais mais sutis, mesmo seis meses após seu encerramento.[10]

Todos esses estudos, por mais empolgantes que sejam, precisam não só ser reproduzidos como também receber melhorias de projeto, se pretendem se tornar aceitáveis para os rígidos padrões da revisão médica. Mesmo assim, para aqueles que sofrem de acessos de depressão — ou ansiedade ou dor —, a MBCT (e talvez a MT) oferece uma possibilidade de alívio.

Depois há a questão de saber se a MBCT ou a meditação em suas formas alternativas pode aliviar os sintomas de outras enfermidades psiquiátricas. E, caso possam, quais são os mecanismos que explicam isso?

Vamos revisitar aquela pesquisa sobre MBSR para pessoas com ansiedade social feita por Philippe Goldin e James Gross na Universidade Stanford (ela foi vista no capítulo 5). A ansiedade social, que pode se manifestar de muitas maneiras, como medo de palco ou timidez em reuniões, revelou-se um problema emocional surpreendentemente comum, afetando mais de 6% da população norte-americana, ou cerca de 15 milhões de pessoas.[11]

Após o curso de MBSR de oito semanas, os pacientes relataram sentir menos ansiedade, um bom sinal. Mas podemos recordar o passo seguinte, que torna o estudo mais intrigante: os pacientes também passaram pela neuroimagem enquanto faziam uma meditação de consciência respiratória para controlar suas emoções escutando frases inquietantes como "as pessoas sempre me julgam", um medo comum na conversa mental interior daqueles que sofrem de ansiedade social. Os pacientes relataram sentir menos ansiedade do que o normal ao escutar esses gatilhos emocionais — e ao mesmo tempo a atividade cerebral diminuiu na amígdala e aumentou nos circuitos de atenção.

Esse pico na atividade cerebral subjacente talvez aponte para o futuro da pesquisa sobre como a meditação pode aliviar os problemas mentais. Por vários anos — ao menos no momento em que escrevemos — o Instituto Nacional de Saúde Mental (ou NIMH), principal fonte de subsídios para estudos na área, negligenciou a pesquisa que se baseia nas antigas categorias de psiquiatria listadas no *Manual diagnóstico e estatístico de transtornos mentais* (*DSM*).

Embora transtornos mentais como "depressão" em suas inúmeras variedades figurem no *DSM*, o NIMH favorece a pesquisa que foca em aglomerados de sintomas e nos circuitos cerebrais a eles subjacentes — não apenas as categorias *DSM*. Nesse sentido, perguntamo-nos, por exemplo, se o resultado de Oxford, de que a MBCT funciona bem em pacientes deprimidos com histórico de trauma, sugere que uma amígdala excessivamente reativa pode estar mais envolvida nesse subgrupo resistente ao tratamento do que entre outros que ficam deprimidos de vez em quando.

Enquanto ponderamos sobre a pesquisa futura, eis mais algumas questões: Qual precisamente é o valor agregado da mindfulness comparada à terapia cognitiva? Que transtornos a meditação (incluindo seu uso na MBSR e na MBCT) alivia melhor do que os atuais tratamentos psiquiátricos padrão? Esses métodos devem ser utilizados junto com aquelas intervenções-padrão? E que tipos específicos de meditação funcionam melhor para aliviar quais problemas mentais — e, já que estamos falando nisso, quais são os circuitos neurais subjacentes?

Por ora, essas são perguntas sem resposta. Estamos à espera de descobrir.

MEDITAÇÃO DA BONDADE AMOROSA PARA TRAUMA

Voltemos ao dia 11 de setembro de 2001, quando um avião caiu no Pentágono perto de Steve Z e sua antiga sala de trabalho foi instantaneamente transformada num mar de destroços, sob uma nuvem recendendo a combustível queimado. Quando consertaram os estragos no prédio, ele voltou para a mesma mesa à qual se sentara naquele fatídico dia, mas num cenário muito mais solitário — a maioria de seus colegas morrera na bola de fogo.

Steve recorda seus sentimentos na época: "Ficamos ardendo de fúria. Aqueles filhos da puta — vamos pegá-los! Foi um momento sombrio, horrível". Seu TEPT severo era cumulativo; Steve servira previamente em combate durante a operação Tempestade no Deserto e no Iraque. A catástrofe do Onze de Setembro intensificou o trauma que já viera se agravando. Por anos depois disso, a raiva, a frustração e uma desconfiança hipervigilante o corroeram. Mas se alguém perguntasse como estava passando, a resposta de Steve era "tudo bem". Ele tentava se acalmar com bebida, corridas vigorosas, visitas à família, leitura — tudo para tentar recuperar o controle.

Steve estava perto do suicídio quando buscou ajuda no Walter Reed Hospital, passou por uma desintoxicação de álcool e pouco a pouco começou sua jornada rumo à cura. Aprendeu sobre seu problema e concordou em consultar um psicoterapeuta, o mesmo que vê atualmente, e que o apresentou à meditação mindfulness. Após dois ou três meses sóbrio, Steve tentou entrar para um grupo de mindfulness local, que se reunia uma vez por semana. Nas primeiras vezes, chegou com hesitação, deu uma olhada no ambiente, pensou "não é meu tipo de gente" e foi embora. Além do mais, sentia-se claustrofóbico em espaços fechados.

Quando finalmente se sentiu capaz de tentar um breve retiro de mindfulness, achou de grande auxílio. E o que realmente deu o estalo em particular foi a prática da bondade amorosa, um modo funcional de sentir compaixão por si mesmo, bem como pelas outras pessoas. Com a bondade amorosa, sentiu-se "em casa outra vez", uma lembrança profunda de como se sentia na infância, brincando com os amigos — a forte sensação de que as coisas ficariam bem. "A prática me ajudou a permanecer com esses sentimentos e perceber, 'Isso vai passar'. Se eu começava a sentir raiva, conseguia evocar alguma compaixão e bondade amorosa por mim mesmo e pelas outras pessoas."

Da última vez que tivemos notícia dele, Steve voltara à faculdade para estudar aconselhamento em saúde mental, obtivera sua licença de psicoterapeuta e estava completando um doutorado clínico. O tema de sua tese: "lesão moral e bem-estar espiritual". Depois entrou em contato com a Veterans Administration e com grupos de apoio para militares como ele, sofrendo de TEPT, e tem recebido indicações para seu pequeno consultório particular. Steve acredita estar unicamente equipado para ajudar.

Os primeiros resultados corroboram os instintos de Steve. No hospital da Veterans Administration em Seattle, 42 veteranos com TEPT fizeram um curso de doze semanas em meditação da bondade amorosa, do tipo que Steve achou útil para ele.[12] Três meses mais tarde, seus sintomas de TEPT haviam melhorado e a depressão — um sintoma colateral comum — diminuíra um pouco.

Esses primeiros resultados são promissores, mas não sabemos, por exemplo, se uma condição de controle ativa como o HEP seria igualmente eficaz. As ressalvas para a pesquisa sobre TEPT até o momento resumem em boa medida a situação atual para a validação científica da medicação como tratamento para a maioria dos transtornos psiquiátricos.

Mesmo assim, há muitos argumentos para a prática da compaixão como um antídoto ao TEPT, a começar por relatos anedóticos como o de Steve.[13] Muitos são práticos. Uma grande proporção de veteranos sofre de TEPT; a qualquer ano dado, entre 11% e 20% dos veteranos sofrem de TEPT, e ao longo da vida de um veterano esse número sobe para 30%. Se a prática da bondade amorosa funciona, ela oferece um tratamento de grupo de bom custo-benefício.

Outro motivo: entre os sintomas de TEPT estão insensibilidade emocional, alienação e uma sensação de "entorpecimento" nas relações — coisas que a bondade amorosa pode ajudar a reverter com o cultivo de sentimentos positivos em relação aos outros. Mais um: muitos veteranos não gostam dos efeitos colaterais das medicações que recebem para TEPT, assim não as tomam de jeito nenhum — e procuram tratamentos não tradicionais por conta própria. A bondade amorosa tem suas vantagens nesses dois aspectos.

NOITES NEGRAS

"Eu sentia uma onda de ódio contra mim mesmo tão chocante, tão intensa, que mudou a forma como me relaciono [...] com meu próprio caminho do dharma e o próprio significado da vida." Assim recorda Jay Michaelson o momento em um retiro vipassana longo e silencioso, quando mergulhou no que chama de "noite sombria" de estados mentais intensamente difíceis.[14]

O *Visuddhimagga* identifica essa crise como ocorrendo muito provavelmente no ponto em que o meditador experimenta a leveza transitória dos pensamentos. Bem na hora programada, Michaelson atingiu sua noite sombria após ter passado por um marco de êxtase silencioso nesse caminho, o estágio de "elevar-se e passar", em que os pensamentos parecem desaparecer assim que começam, em rápida sucessão. Pouco depois ele mergulhou em sua noite sombria, uma mistura espessa de dúvida mórbida, aversão a si próprio, raiva, culpa e ansiedade. A certa altura, a mistura tóxica foi tão poderosa que sua prática desmoronou; ele se desmanchou em lágrimas. Mas então passou lentamente a observar sua mente, em vez de se deixar sugar pelos pensamentos e sentimentos que rodopiavam através dela. Começou a ver esses sentimentos como estados mentais, iguais a quaisquer outros. O episódio estava terminado.

Outros relatos como esse de noites negras meditativas nem sempre têm um desfecho tão tranquilo; o sofrimento do meditador pode prosseguir muito após ter deixado o retiro. Como os diversos impactos positivos da meditação são bem mais conhecidos, a pessoa que passa por noites negras percebe que os outros não conseguem compreender ou sequer acreditar que estão sofrendo. Com muita frequência, os psicoterapeutas são de pouca ou nenhuma ajuda.

Percebendo a necessidade, Willoughby Britton, psicóloga na Universidade Brown (e aluna do SRI), lidera um "projeto noite sombria" que ajuda pessoas sofrendo de dificuldades psicológicas ligadas à meditação. Seu projeto Variedades da Experiência Contemplativa, como é formalmente chamado, acrescenta aos impactos benéficos conhecidos da meditação uma ressalva: quando ela pode causar mal?

No momento, não existem respostas claras. Britton vem coletando estudos de caso e ajudando os que sofrem de uma noite sombria a compreender pelo que estão passando, a perceber que não estão sozinhos e, assim ela espera, a se recuperar. Os indivíduos estudados têm sido na maior parte indicações de professores dos centros de meditação vipassana onde, ao longo dos anos, houve ocasionais ocorrências de noite sombria durante retiros intensivos — a despeito de esses centros tentarem excluir pessoas vulneráveis com formulários de inscrição que perguntam sobre históricos psiquiátricos. Mas claro que as noites negras podem não estar relacionadas a tais históricos.

Noites negras não são exclusivas da vipassana; praticamente toda tradição meditativa adverte a respeito delas. No judaísmo, por exemplo, textos cabalísticos alertam que os métodos contemplativos são mais adequados na meia-idade, caso contrário o ego ainda não formado pode desmoronar.

Nesse ponto ninguém sabe se a prática da meditação intensiva em si é um perigo para certas pessoas ou se os que sofrem de noites negras podem ter tido um colapso nervoso de algum tipo, independentemente das circunstâncias. Embora os estudos de caso de Britton sejam anedóticos, sua mera existência desperta interesse.

A proporção de noites negras entre todos que realizam retiros prolongados é, de acordo com os relatos, muito pequena — embora ninguém possa dizer com precisão em que medida. Do ponto de vista da pesquisa, um dos resultados necessários seria estabelecer taxas basais para tais dificuldades tanto entre os meditadores como na população em geral.

Quase um em cada cinco adultos nos Estados Unidos, cerca de 44 milhões de pessoas, foi identificado pelo Instituto Nacional de Saúde Mental como portador de uma enfermidade mental a qualquer ano dado. O primeiro ano de faculdade e campos de treinamento para recrutas — e até psicoterapia — são fatores conhecidos de precipitação de crises psicológicas em uma pequena porcentagem de pessoas. A questão para a pesquisa é: existe alguma coisa na meditação profunda que deixa as pessoas em risco acima dessa taxa basal?

Para os que vivenciaram uma noite sombria, o programa de Willoughby Britton oferece aconselhamento prático e conforto. E a despeito do risco (muito baixo) de noites negras, sobretudo durante retiros prolongados, a meditação virou moda entre psicoterapeutas.

MEDITAÇÃO COMO METATERAPIA

No primeiro artigo de Dan sobre meditação, ele propôs que ela podia ser usada na psicoterapia.[15] Esse artigo, "Meditação como metaterapia", foi publicado durante a estadia de Dan na Índia, em 1971, e nenhum psicoterapeuta mostrou grande interesse. E contudo, quando ele voltou, foi de algum modo convidado a fazer uma palestra sobre esse conceito em um encontro da Associação de Psicologia de Massachusetts.

Quando a palestra terminou, um jovem magro, de olhar brilhante, vestindo paletó esportivo mal-ajustado, aproximou-se dele, afirmando ser um aluno de psicologia com interesse parecido. Ele passara vários anos como monge na Tailândia estudando meditação, sobrevivendo por lá com a generosidade do povo tailandês, país onde qualquer família acha uma honra abrigar os monges. Na Nova Inglaterra a sorte era diferente. Esse estudante achava que, como psicólogo, podia adaptar ferramentas meditativas, sob o disfarce de psicoterapia, para aliviar o sofrimento das pessoas. Ele ficou feliz em descobrir que havia mais alguém fazendo a ligação entre meditação e aplicações terapêuticas.

Esse aluno de psicologia era Jack Kornfield, que tivera Richie como membro da comissão examinadora de sua tese. Jack veio a se tornar, inicialmente, um dos fundadores da Insight Meditation Society, em Barre, Massachusetts, e a seguir fundou o Spirit Rock, um centro de meditação na área da baía de San Francisco. Jack tem sido um pioneiro em traduzir teorias budistas da mente para uma linguagem sintonizada com a sensibilidade moderna.[16]

Junto com um grupo que incluía Joseph Goldstein, Jack projetou e dirigiu o programa de treinamento que formou os mesmos professores que ajudaram Steve Z a se recuperar de seu TEPT muitos anos mais tarde. A explicação de Jack para as teorias psicológicas budistas, *The Wise Heart* [O coração sábio], mostra como essa perspectiva sobre a mente e o trabalho com a meditação podem ser usados na psicoterapia — ou por conta própria. Essa síntese foi a primeira de seus hoje muitos livros integrando abordagens tradicionais orientais e modernas.

Outra voz importante no movimento tem sido Mark Epstein, um psiquiatra. Mark foi aluno de Dan em seu curso de psicologia da consciência e, como aluno de último ano em Harvard, pediu a Dan para ser seu orientador em uma tese avançada sobre a psicologia budista. Dan, na época o único membro do departamento de psicologia de Harvard com interesse e um pouco de conhecimento na área, concordou; Mark e Dan mais tarde escreveram um artigo juntos em um periódico de vida curta.[17]

Em uma série de livros integrando as perspectivas psicanalítica e budista sobre a mente, Mark continuou mostrando o caminho. Seu primeiro livro tinha o título intrigante de *Thoughts Without a Thinker* [Pensamentos sem pensador], uma frase do teórico da relação de objetos Donald Winnicott, que também expressa um ponto de vista contemplativo.[18] Os trabalhos de Tara, Mark e Jack são emblemáticos de um movimento mais amplo, com incontáveis terapeutas hoje misturando várias práticas ou perspectivas contemplativas com sua própria abordagem da psicologia.

Embora o establishment da pesquisa permaneça em certa medida cético quanto ao potencial da meditação como tratamento para transtornos em nível de *DSM*, o amplo grupo de psicoterapeutas entusiasmados em juntar meditação e psicoterapia continua a crescer. Enquanto os pesquisadores aguardam estudos randomizados com grupos de controle ativos, os psicoterapeutas já oferecem tratamentos enriquecidos com meditação para seus clientes. Por exemplo, no momento em que escrevemos, existem 1125 artigos na literatura científica sobre terapia cognitiva baseada em mindfulness. De forma reveladora, mais de 80% deles foram publicados nos últimos cinco anos.

Claro que a meditação tem seus limites. O interesse original de Dan na meditação durante seu tempo de faculdade devia-se ao fato de ele sentir ansiedade. A meditação parecia de algum modo acalmar esse tipo de sensação, mas elas continuavam indo e vindo.

Muita gente procura a psicoterapia por causa desses problemas. Dan, não. Mas anos mais tarde ele foi diagnosticado com aquele transtorno da glândula suprarrenal, a causa de sua insistente pressão arterial alta. Um dos sintomas: níveis elevados de cortisol, o hormônio do estresse que dispara sensações de ansiedade. Junto com seus anos de meditação, um remédio que ajusta o problema da suprarrenal pareceu também baixar o cortisol — e a ansiedade.

EM RESUMO

Embora a meditação não tenha sido originalmente pensada para tratar problemas psicológicos, em tempos modernos mostrou-se promissora no tratamento de alguns, particularmente depressão e transtornos de ansiedade. Em uma meta-análise de 47 estudos sobre a aplicação de métodos de meditação para tratar pacientes com problemas de saúde mental, os resultados mostram que a meditação pode levar à diminuição da depressão (particularmente depressão severa), ansiedade e dor — quase tanto quanto medicamentos, mas sem efeitos colaterais. A meditação também pode, em menor grau, reduzir o sofrimento do estresse psicológico. A meditação da bondade amorosa pode ser particularmente útil para pacientes sofrendo de trauma, sobretudo TEPT.

A fusão da mindfulness com a terapia cognitiva, a MBCT, tornou-se o tratamento psicológico baseado na meditação mais empiricamente validado. Essa integração continua a ter amplo impacto no mundo clínico, com a atual realização de testes empíricos para aplicações entre uma gama cada vez maior de transtornos psicológicos. Embora haja relatos ocasionais de efeitos negativos da meditação, os resultados até o momento enfatizam a potencial promessa das estratégias baseadas em meditação, e o enorme crescimento da pesquisa científica nessas áreas é um bom augúrio para o futuro.

11. O cérebro de um iogue

Nas colinas íngremes acima de McLeod Ganj, vilarejo que é o lar oficial do Dalai Lama e do governo tibetano no exílio, o viajante pode topar com uma pequena cabana ou caverna remota abrigando um iogue tibetano em retiro solitário prolongado. Na primavera de 1992, uma intrépida equipe de cientistas, entre os quais Richie e Cliff Saron, viajou até essas cabanas e cavernas para medir a atividade cerebral dos iogues que ali viviam.

Uma viagem de três dias os levara até essa vila no sopé dos Himalaias. Ali os cientistas se instalaram na pousada de um irmão do Dalai Lama, cuja residência fica nas proximidades. Vários quartos foram reservados para descarregarem a bagagem e prepararem o equipamento em mochilas para o transporte até os eremitérios na montanha.

Nessa época, esse tipo de medição cerebral exigia uma mistura de eletrodos de EEG e amplificadores, monitores de computador, equipamento de gravação de vídeo, baterias e geradores. Tal equipamento, muito maior do que hoje em dia, pesava centenas de quilos. Viajando com tudo isso nos estojos protetores, os pesquisadores pareciam uma banda de rock formada por nerds. Não havia estradas para seguir; os iogues em retiro escolhiam o lugar mais remoto que podiam encontrar. E assim, com muito esforço, e a ajuda de vários carregadores, os pesquisadores levaram seus instrumentos de medição até eles.

O próprio Dalai Lama identificara esses iogues como mestres em *lojong*, um sistemático método de treinamento da mente; na sua opinião, eram os indivíduos ideais para estudo. Ele escrevera uma carta instando-os a cooperar, e até enviou um emissário pessoal, um monge de seu escritório particular, para abalizar o importante pedido de que participassem.

Chegando ao primeiro eremitério, os cientistas apresentaram a carta e, por intermédio de um intérprete, pediram para monitorar a atividade do iogue enquanto ele meditava. Sua resposta foi a mesma de todos os iogues que viriam a seguir: não. Na verdade, todos foram excepcionalmente amigáveis e receptivos. Alguns se ofereceram para ensinar aos cientistas as mesmas práticas que estes queriam medir. Outros disseram que iriam pensar a respeito. Mas, ali, na hora, nenhum se dispôs a fazer aquilo.

Alguns talvez tivessem ouvido falar de outro iogue que certa vez fora persuadido por uma carta similar do Dalai Lama a deixar seu retiro e viajar até uma universidade no distante Estados Unidos, a fim de demonstrar sua capacidade de elevar a temperatura corporal por vontade própria. Esse iogue morrera logo após regressar, e corriam rumores na região de que o experimento tivera alguma influência nisso.

Para a maioria desses iogues, a ciência era completamente estranha; nenhum deles fazia muita ideia do seu papel na moderna cultura ocidental. Dos oito iogues que a equipe conheceu na expedição, apenas um vira um computador de verdade antes da chegada de Richie e sua equipe.

Alguns iogues argumentaram com perspicácia que não sabiam o que, exatamente, os esquisitos aparelhos mediam. Se as medições do que estavam fazendo fossem irrelevantes, ou se o cérebro deles deixasse de atender alguma expectativa científica, poderia parecer a alguns que seus métodos não funcionavam. Isso, disseram, poderia desencorajar outros que seguiam nesse mesmo caminho. Fossem quais fossem os motivos, o resultado da expedição científica foi um retumbante fracasso.

Embora não se tenha conseguido a cooperação desejada, muito menos os dados, e embora fútil a curto prazo, o exercício se revelou instrutivo, iniciando uma acentuada curva de aprendizado. Para começar, seria melhor levar os meditadores até os instrumentos, de preferência em um laboratório de neuroimagem bem fortificado — se é que eles iriam.

Além disso, a pesquisa com tais praticantes enfrenta desafios únicos, que não se limitam à raridade desses seres humanos, seu distanciamento intencional e desconhecimento ou desinteresse pela empreitada científica. Embora o domínio nessa perícia interior se assemelhe a um ranking em esportes de alto nível, nesse "esporte", quanto melhor a pessoa é, menos se importa com seu ranking — muito menos com status social, riqueza ou fama.

Essa lista de indiferenças inclui qualquer orgulho pessoal que porventura poderiam obter com o que as medições científicas viessem a revelar sobre suas realizações interiores. O que importava para eles era como os resultados podiam influenciar os outros para melhor ou para pior. As perspectivas de um estudo científico não eram boas.

UM CIENTISTA E UM MONGE

Nesse ponto entra Matthieu Ricard, cujo diploma em genética molecular pelo Instituto Pasteur francês fora obtido sob a orientação de François Jacob, mais tarde laureado com o Prêmio Nobel de medicina.[1] Como pós-doutorando, Matthieu abandonou sua promissora carreira em biologia para se tornar um monge; ao longo das décadas desde então, tem vivido em retiros, mosteiros e eremitérios.

Matthieu era um velho amigo nosso; participara muitas vezes (assim como nós) de simpósios (organizados pelo Mind and Life Institute) entre o Dalai Lama e vários grupos de cientistas, em que emitia o ponto de vista budista sobre qualquer tópico que se apresentasse.[2] O leitor deve se lembrar que durante o simpósio sobre "emoções destrutivas" o Dalai Lama estimulou Richie a testar a meditação rigorosamente e a extrair o que ela pudesse ter de valor para beneficiar o mundo como um todo.

A exortação do Dalai Lama mexeu com Matthieu tão poderosamente como fizera com Richie, despertando na mente do monge (para sua surpresa) um conhecimento por muito tempo não utilizado do método científico. O próprio Matthieu foi o primeiro monge a aparecer para estudar no laboratório de Richie, passando vários dias como cobaia e colaborador nos métodos para refinar o protocolo utilizado com uma sucessão de outros iogues. Matthieu Ricard foi ainda coautor do principal artigo científico que relata os resultados iniciais com iogues.[3]

Por grande parte do tempo que passara como monge no Nepal e Butão, Matthieu serviu como assistente pessoal de Dilgo Khyentse Rinpoche, um dos mestres de meditação tibetanos mais universalmente respeitados do século passado.[4] Inúmeros lamas notáveis entre os que viviam exilados do Tibete — incluindo o Dalai Lama — haviam procurado Dilgo Khyentse para instrução particular.

Isso deixou Matthieu no cerne de uma grande rede dentro do mundo meditativo tibetano. Ele sabia quem sugerir como potenciais indivíduos para estudo — e, talvez o mais importante, gozava da confiança desses mesmos especialistas em meditação. A participação de Matthieu fez toda a diferença no recrutamento desses esquivos praticantes.

Matthieu podia lhes assegurar que havia um bom motivo para viajar meio mundo até o campus da universidade em Madison, Wisconsin — lugar de que muitos lamas e iogues tibetanos nunca tinham ouvido falar, muito menos visto. Além do mais, eles teriam de aturar a comida e os hábitos esquisitos de uma cultura estrangeira.

Claro que alguns dos recrutados haviam dado aulas no Ocidente e estavam familiarizados com suas normas culturais. Mas, além da jornada para uma terra exótica, havia os esquisitos rituais dos cientistas — aos olhos dos iogues, uma empreitada absolutamente estranha. Para quem estava mais familiarizado com os eremitérios nos Himalaias que com o mundo moderno, nada disso fazia sentido.

As palavras de Matthieu, assegurando que seus esforços valeriam a pena, foram cruciais para sua cooperação. Para esses iogues, "valer a pena" não significava que sua participação traria algum benefício pessoal — aumento da fama ou do orgulho —, mas antes que estariam ajudando outras pessoas. Como Matthieu percebeu, a motivação deles era a compaixão, não o interesse próprio.

Matthieu enfatizou a motivação dos cientistas, que se dedicavam a isso pois acreditavam que, se a evidência científica apoiasse a eficácia daquelas práticas, isso ajudaria a promover a sua implementação na cultura ocidental. O apoio de Matthieu até o momento trouxera 21 desses meditadores mais avançados para o laboratório de Richie, onde ele faria suas imagens cerebrais. Esse número incluía sete ocidentais que haviam feito pelo menos um retiro de três anos no centro em Dordonha, França, onde Matthieu praticara, assim como catorze meditadores tibetanos que viajaram até Wisconsin vindos da Índia ou do Nepal.

PRIMEIRA, SEGUNDA E TERCEIRA PESSOAS

O treinamento de Matthieu em biologia molecular o deixava à vontade com o rigor e as regras dos métodos científicos. Ele participou das sessões de planejamento para ajudar a projetar os métodos que seriam usados no primeiro a ser testado no experimento — ele próprio. Sendo ao mesmo tempo colaborador e voluntário número um no projeto, submetia-se ao próprio protocolo científico que ajudara a criar.

Embora seja extremamente incomum nos anais da ciência, existem precedentes de pesquisadores bancarem as cobaias em seus próprios experimentos, em particular para se certificar da segurança de algum novo tratamento médico.[5] Os motivos aqui, porém, não eram o medo de expor pessoas a um risco desconhecido, mas, antes, uma consideração única quando se trata de estudar como podemos treinar a mente e moldar o cérebro.

O que está sendo estudado é intensamente particular, a experiência íntima da pessoa — ao passo que os instrumentos usados para medi-la são aparelhos que produzem medidas objetivas de uma realidade biológica, mas nada dessa realidade interior. Tecnicamente, a aferição interior exige um relato em "primeira pessoa", enquanto as medições são um relato em "terceira pessoa".

Diminuindo o abismo entre a primeira e a terceira pessoas havia a ideia de Francisco Varela, o brilhante biólogo e cofundador do Mind and Life Institute. Em seus trabalhos acadêmicos, Varela propunha um método para combinar as lentes em primeira e terceira pessoas com uma "segunda pessoa", um especialista no tema sendo estudado.[6] E, argumentava, a pessoa sendo estudada devia ter uma mente bem treinada e desse modo gerar dados melhores do que alguém não tão bem treinado.

Matthieu era tanto um especialista no assunto como dono de uma mente bem treinada. Assim, por exemplo, quando Richie começou o estudo dos vários tipos de meditação, ele não se dava conta de que a "visualização" exigia mais do que apenas gerar uma imagem mental. Matthieu explicou para Richie e sua equipe que o meditador também cultiva um estado emocional particular que acompanha determinada imagem — digamos, com uma imagem do bodisatva Tara, o estado de acompanhamento funde compaixão e bondade amorosa. Essa informação levou o grupo de Richie a abdicar de uma orientação de cima para baixo ditada pelas normas da neurociência em prol da colaboração com Matthieu nos detalhes para projetar o protocolo do experimento.[7]

Muito antes de Matthieu ter se tornado um colaborador, havíamos tomado essa direção mergulhando em nosso objeto de estudo — a meditação — a fim de gerar hipóteses para o teste empírico. Hoje em dia a ciência conhece essa abordagem geral como um exemplo da produção de "teoria fundamentada em dados" — ou seja, fundamentada em um sentido pessoal direto do que está acontecendo.

A abordagem de Varela significou um passo além, necessário quando o que está sendo estudado espreita na mente e no cérebro da pessoa, e contudo parece uma terra estranha para quem está fazendo a pesquisa. Ter especialistas como Matthieu nesse domínio privado permite uma precisão metodológica, em lugar de ceder apenas às conjecturas.

Admitimos nossos próprios equívocos aqui. Nos idos dos anos 1980, quando Richie era um jovem professor na Universidade Estadual de Nova York em Purchase e Dan um jornalista que trabalhava na cidade de Nova York, ambos nos juntamos para fazer uma pesquisa sobre um único praticante de meditação muito talentoso. Esse aluno de U Ba Khin (professor de Goenka) também se tornara professor, e alegava ser capaz de entrar a qualquer momento em estado de *nibbana* — o ponto final desse caminho meditativo birmanês. Queríamos encontrar correlatos sólidos para esse estado que ele dizia atingir.

O problema foi que a principal ferramenta de que dispúnhamos era um exame dos níveis de cortisol no sangue, um tópico candente na pesquisa da época. Usamos isso como nossa principal mensuração, pois estávamos trabalhando no laboratório emprestado de um dos principais pesquisadores de cortisol — não porque houvesse alguma forte hipótese ligando o *nibbana* ao cortisol. Mas medir os níveis de cortisol exigia que o meditador — instalado num quarto hospitalar do outro lado de um espelho falso — ficasse com o braço no tubo intravenoso, para que pudéssemos colher seu sangue de hora em hora; fazíamos um revezamento com dois outros cientistas, a fim de conseguir uma observação 24 horas, rotina que foi mantida durante vários dias.

O meditador sinalizou com uma cigarra várias vezes durante esses dias que havia entrado em *nibbana*. Mas os níveis de cortisol não baixaram — eles eram irrelevantes. Empregamos ainda uma medição cerebral, mas isso também não era muito adequado, e primitivo pelos padrões de hoje. A coisa avançou muito.

O que pode vir a seguir conforme a ciência contemplativa continua a evoluir? O Dalai Lama, com um brilho no olhar, certa vez disse a Dan que um dia "a pessoa sendo estudada e a pessoa fazendo a pesquisa serão a mesma". Talvez com isso em mente, ao menos em parte, o Dalai Lama tenha encorajado um grupo na Universidade Emory a introduzir um currículo de ciência em tibetano nos estudos dos monges nos mosteiros.[8] Um gesto radical: a primeira grande mudança em seiscentos anos!

ALEGRIA DE VIVER

Numa fresca manhã de setembro de 2002, um monge tibetano chegou ao aeroporto de Madison, Wisconsin. Sua viagem começara a 11 mil quilômetros dali, em um mosteiro no alto das montanhas nos arredores de Katmandu, no Nepal. A viagem levou dezoito horas de avião, durante três dias, atravessando dez fusos horários.

Richie tivera breve contato com o monge no encontro Mind and Life de 1995 sobre emoções destrutivas, em Dharamsala, mas esquecera como era sua aparência. Mesmo assim, foi fácil identificá-lo em meio à multidão. Era o único homem de cabeça raspada usando um manto dourado e escarlate no Dane County Regional Airport. Seu nome era Mingyur Rinpoche, e viajara de tão longe para ter sua mente analisada enquanto meditava.

Após uma noite de repouso, Richie levou Mingyur à sala de EEG do laboratório, onde as ondas cerebrais foram medidas com o que parecia ser uma obra de arte surrealista: uma touca de banho de onde se projetava um espaguete de fios elétricos. Essa touca especialmente projetada mantinha 256 delicados fios no lugar, cada um levando a um sensor preso a um ponto preciso no couro cabeludo. Uma conexão firme entre o sensor e o couro cabeludo faz toda diferença entre registrar dados utilizáveis sobre a atividade elétrica do cérebro e permitir que o eletrodo simplesmente seja uma antena captadora de ruído.

Como Mingyur foi informado quando um técnico de laboratório começou a colar os sensores em seu couro cabeludo, assegurar uma conexão precisa para cada um e colocá-los no ponto exato não levava mais do que quinze minutos. Mas quando Mingyur, com sua cabeça raspada, ofereceu o couro cabeludo, perceberam que a pele desse modo exposta era muito mais grossa e calejada do que se protegida por cabelos. Fazer a crucial conexão entre os eletrodos e o couro cabeludo de maneira suficientemente precisa para render leituras viáveis através da pele grossa terminou exigindo muito mais tempo do que o normal.

A maioria das pessoas que entram no laboratório fica impaciente, quando não irritada, com esses atrasos. Mas Mingyur permaneceu imperturbável, o que acalmou o nervoso técnico do laboratório — e todos que esperavam —, dando-lhe a sensação de que tudo que acontecesse estaria bem para o monge. Esse foi o primeiro indício da tranquilidade de Mingyur, uma sensação palpável de prontidão relaxada perante qualquer situação que a vida pudesse apresentar. A impressão duradoura transmitida por Mingyur era de paciência infinita e uma suave qualidade de bondade.

Após passar o que pareceu uma eternidade assegurando que os sensores tivessem bom contato com o couro cabeludo, o experimento finalmente estava pronto para começar. Mingyur era o primeiro iogue estudado após aquela sessão inicial com Matthieu. A equipe se juntou na sala de controle, ansiosa para ver se "havia alguma coisa ali".

Uma análise precisa de algo tão sentimental quanto, digamos, compaixão exige um protocolo rigoroso, capaz de detectar esse padrão de atividade cerebral específico do estado mental em meio à cacofonia da tempestade elétrica originada em tudo mais que está acontecendo. O protocolo pedia que Mingyur alternasse entre um minuto de meditação compassiva e trinta segundos de período de repouso neutro. Para passar confiança de que qualquer efeito detectado fosse confiável, e não um resultado aleatório, ele teria de fazer isso quatro vezes em rápida sucessão.

Desde o início Richie teve sérias dúvidas se podia funcionar. Aqueles na equipe do laboratório que meditavam, Richie entre eles, sabiam que leva tempo para ajustar a mente, muitas vezes bem mais do que uns poucos minutos. Era inconcebível, pensaram, que mesmo alguém como Mingyur fosse capaz de entrar instantaneamente nesses estados e não precisar de algum tempo para atingir uma tranquilidade interior.

A despeito de seu ceticismo, ao conceber o protocolo eles haviam escutado Matthieu, que conhecia a cultura tanto da ciência quanto do eremitério. E Matthieu assegurara que a ginástica mental não seria problema para alguém com o nível de perícia de Mingyur. Mas Mingyur era o primeiro desses praticantes a ser formalmente testado dessa forma e Richie e seus técnicos estavam inseguros, nervosos até.

Richie contou com a felicidade de ter John Dunne, um estudioso do budismo de Wisconsin — e que demonstra uma rara combinação de interesses científicos, conhecimento de humanidades e fluência em tibetano —, como voluntário para traduzir.[9] John passava instruções precisamente cronometradas para Mingyur, sinalizando que começasse uma meditação compassiva, e então, após sessenta segundos, dava outra deixa para meio minuto de seu estado de repouso mental, e assim por mais três ciclos.

Bem quando Mingyur começou a meditação, houve uma súbita emissão de atividade elétrica nos monitores que acompanhavam seus sinais cerebrais. Todo mundo presumiu que o significado disso fosse que ele se mexera; esses artefatos de movimento são um problema comum na pesquisa com EEG, ficando registrados como uma leitura de padrão de ondas de atividade elétrica no alto do cérebro. Qualquer movimento que puxe os sensores — mexer a perna, inclinar a cabeça — é ampliado nessas leituras como um imenso pico que se parece com uma onda cerebral e precisa ser filtrado para uma análise limpa.

Estranhamente, essa emissão pareceu durar todo o período da meditação compassiva, e, até onde qualquer um conseguia perceber, Mingyur não se movera um milímetro. Além do mais, os picos gigantes diminuíram, mas não desapareceram quando ele entrou no período de repouso mental, novamente sem movimentos corporais visíveis.

Os quatro experimentadores na sala de controle assistiram, hipnotizados, conforme o período seguinte de meditação era anunciado. Enquanto John Dunne traduzia para o tibetano a instrução seguinte de meditar, a equipe estudava os monitores em silêncio, olhando ora para o monitor de ondas cerebrais, ora para o vídeo mostrando Mingyur. Imediatamente a mesma dramática emissão de sinais elétricos ocorreu. Mais uma vez Mingyur ficou perfeitamente imóvel, sem mudança visível na posição de seu corpo ao passar do repouso para o período de meditação. E no entanto o monitor continuava a exibir o mesmo pico de onda cerebral. Conforme o padrão se repetia toda vez que ele era instruído a gerar compaixão, a equipe se entreolhava em silêncio perplexo, quase pulando da cadeira de tanta empolgação.

A equipe do laboratório percebeu nesse momento que estavam presenciando algo profundo, que nunca fora observado antes no laboratório. Nenhum deles podia prever aonde aquilo iria levar, mas todos pressentiram que era um ponto de inflexão crítico na história da neurociência.

A notícia dessa sessão gerou uma comoção científica. No momento em que escrevemos, o artigo relatando esses resultados foi citado mais de 1100 vezes na literatura científica mundial.[10] A ciência passou a prestar atenção.

UMA OPORTUNIDADE PERDIDA

Na época em que os extraordinários dados de Mingyur Rinpoche chegavam ao mundo científico, ele foi convidado para o laboratório de um famoso cientista cognitivo da Universidade Harvard. Ali Mingyur submeteu-se a dois protocolos: em um lhe pediram para gerar uma elaborada imagem visual; no outro, avaliaram-no para saber se levava jeito para a percepção extrassensorial. O cientista cognitivo tinha grande esperança de conseguir documentar as realizações de um indivíduo extraordinário.

O tradutor de Mingyur, entrementes, ficou furioso, pois o protocolo não só durava horas e era muito oneroso como também completamente irrelevante para a perícia meditativa de Mingyur — da perspectiva do tradutor, um ato de desrespeito segundo as normas tibetanas de tratamento para um mestre como Mingyur (que não obstante conservou o usual bom humor durante todo o processo). O resultado desse dia no laboratório foi que Mingyur fracassou em ambos os testes, não se saindo melhor do que os segundanistas da faculdade que costumavam servir de cobaias ali.

Acontece que Mingyur não executara prática alguma com visualização desde seus primórdios no treinamento da meditação. À medida que o tempo passou, suas práticas evoluíram. Seu método atual, *open presence* contínua (que se expressa como bondade na vida cotidiana), encoraja que se tenha quaisquer pensamentos, em vez de gerar alguma imagem visual específica. A prática de Mingyur na verdade vai na contramão da geração deliberada de uma imagem e das sensações que a acompanham — talvez revertendo qualquer habilidade que algum dia pudesse ter tido nisso. Seus circuitos de memória visual não haviam feito nenhum trabalho especial, a despeito dos milhares de horas passados em outros tipos de treinamento mental.

Quanto à "percepção extrassensorial", Mingyur nunca alegara ter esse tipo de poderes sobrenaturais. Na verdade, os textos em sua tradição deixavam claro que qualquer fascínio com esse tipo de capacidade era um desvio, um beco sem saída no caminho. Isso não era segredo. Mas ninguém lhe perguntara. Mingyur se defrontara com um paradoxo na pesquisa atual da consciência, da mente e do treinamento meditativo: os pesquisadores sobre meditação muito frequentemente estão no escuro quanto ao seu real objeto de estudo.

Normalmente, nas neurociências cognitivas, o sujeito de pesquisa (o termo em inglês para aquele que se voluntaria para o estudo, no linguajar distanciado e objetificador da linguagem científica) passa por um protocolo experimental projetado pelo pesquisador. O pesquisador elabora esse projeto sem consultar o indivíduo submetido ao experimento, em parte porque esses indivíduos não devem estar cientes do propósito do estudo (para evitar qualquer potencial viés), mas também porque os cientistas têm seus próprios pontos de referência — suas hipóteses, outros estudos feitos na área que esperam que tragam informações etc. Os cientistas não consideram seus indivíduos particularmente bem informados sobre nada disso.

Essa postura científica tradicional deixou passar completamente a oportunidade de avaliar os efetivos talentos meditativos de Mingyur, assim como nosso fracasso anterior em tirar a medida do *nibbana*. Em ambas as vezes esse estranhamento da primeira e terceira pessoas levou a julgar mal onde residiam os notáveis pontos fortes desses meditadores e como medi-los, algo parecido com testar a perícia de um golfista legendário como Jack Nicklaus pedindo-lhe que execute lances livres de basquete.

PERÍCIA NEURAL

De volta a Mingyur no laboratório de Richie. O choque seguinte veio quando Mingyur passou por outra bateria de testes, dessa vez com a fMRI, cujos resultados se traduzem em um vídeo em 3-D da atividade cerebral. A fMRI fornece para a ciência uma lente que complementa o EEG, o qual rastreia a atividade elétrica do cérebro. As leituras do EEG são mais precisas no tempo; a fMRI, mais acurada quanto às localizações neurais.

Um EEG não revela o que está acontecendo nas profundezas do cérebro, muito menos mostra *onde* no cérebro as mudanças ocorrem — essa precisão espacial deriva da fMRI, que mapeia as regiões onde a atividade cerebral ocorre em minuciosos detalhes. Por outro lado, a fMRI, embora acurada em termos espaciais, rastreia o momento das alterações ao longo de um ou dois segundos, muito mais devagar do que o EEG.

Enquanto seu cérebro era sondado pela fMRI, Mingyur seguiu a deixa para se empenhar na compaixão. Mais uma vez a mente de Richie e dos demais assistindo na sala de controle parecia ter parado. Motivo: os circuitos cerebrais de Mingyur para empatia (que tipicamente disparam um pouco durante esse exercício mental) subiram para um nível de atividade 700% a 800% maior do que no período de repouso pouco antes.

Um aumento tão extremo assim confunde a ciência; a intensidade com que esses estados eram ativados no cérebro de Mingyur excede qualquer coisa que tenhamos visto em estudos com pessoas "normais". A semelhança mais próxima é um ataque epiléptico, mas tais episódios duram breves segundos, não um minuto inteiro. E, além do mais, o cérebro é *atacado* pelos ataques, ao contrário da exibição de Mingyur de controle intencional de sua atividade cerebral.

Mingyur era um prodígio da meditação, como a equipe do laboratório percebeu quando calculava seu histórico de horas de prática ao longo da vida: àquela altura, 62 mil. Mingyur foi criado numa família de especialistas em meditação; seu irmão Tsoknyi Rinpoche e seus meios-irmãos Chokyi Nyima Rinpoche e Tsikey Chokling Rinpoche são considerados mestres contemplativos por mérito próprio.

O pai deles, Tulku Urgyen Rinpoche, era amplamente respeitado na comunidade tibetana como um dos poucos grandes mestres vivos nessa arte interior que treinara no antigo Tibete, mas depois (devido à invasão chinesa) viveu fora do país. Enquanto Mingyur, no momento em que escrevemos, esteve em retiro por um total de dez de seus 42 anos, dizia-se que Tulku Urgyen fizera mais de vinte anos de retiro durante a vida; conta-se que o avô de Mingyur — pai de Tulku Urgyen — passou mais de trinta anos em retiros.[11]

Quando menino, um dos passatempos favoritos de Mingyur era fingir ser um iogue meditando numa caverna. Ele ingressou num retiro de meditação de três anos quando tinha apenas treze, cerca de uma década mais cedo do que a maioria que empreende esse tipo de desafio. E no fim desse período revelou-se tão proficiente que foi feito mestre de meditação para o retiro de três anos seguinte, iniciado logo depois que o primeiro terminou.

A VOLTA DO VIAJANTE

Em junho de 2016, Mingyur Rinpoche voltou ao laboratório de Richie. Fazia oito anos desde que Mingyur fora estudado ali. Estávamos ansiosos para ver o que uma imagem por ressonância magnética de seu cérebro podia mostrar. Alguns anos antes, ele anunciara que estava para ingressar em mais um retiro de três anos — seu terceiro. Mas, para espanto geral, em vez de se dirigir a um eremitério remoto com um assistente para cozinhar e cuidar dele, como era a tradição, desapareceu certa noite de seu mosteiro em Bodh Gaya, na Índia, levando apenas seus mantos, algum dinheiro e um documento de identidade.

Durante sua odisseia, Mingyur viveu como mendigo errante, passando os invernos como *sadhu* nas planícies da Índia e durante os meses mais quentes habitando as cavernas nos Himalaias onde lendários mestres tibetanos haviam ficado. Esse tipo de retiro errante, nada incomum no velho Tibete, tornou-se raro, especialmente entre tibetanos como Mingyur, cuja diáspora os conduzira ao mundo moderno.

Durante esses anos errantes não houve notícia sua, a não ser uma vez, quando foi reconhecido por uma monja taiwanesa em uma caverna para onde se retirara. Ele lhe deu uma carta (instruindo-a a enviá-la após sua partida) afirmando que ninguém devia ficar preocupado, que ele estava bem — e exortando seus estudantes a praticar. Uma foto que veio a público quando um monge e amigo de longa data conseguiu se juntar a Mingyur mostra um rosto radiante com barba rala e cabelos compridos, e uma expressão de arrebatamento exaltado. Então, de repente, em novembro de 2015, após quase quatro anos e meio vagando sem mandar notícias, Mingyur reapareceu em seu mosteiro em Bodh Gaya. Ao saber disso, Richie providenciou um encontro durante uma visita à Índia em dezembro desse ano.

Meses mais tarde, Mingyur passou por Madison quando viajava para divulgar seus ensinamentos, e se hospedou na casa de Richie. Minutos depois de ter chegado, Mingyur concordava em voltar aos aparelhos de neuroimagem.

Apenas alguns meses após regressar de sua vida laboriosa, parecia perfeitamente à vontade naquele laboratório ultramoderno. Quando entrou na sala de ressonância magnética, Mingyur foi recebido com uma cordial acolhida pelo técnico de laboratório, que disse: "Eu era o técnico da última vez que você passou pelo aparelho". A reação de Mingyur foi abrir um sorriso radiante. Enquanto esperava que o aparelho fosse preparado, Mingyur gracejou com outro membro da equipe de Richie, um cientista indiano de Hyderabad.

Ao receber o sinal verde, Mingyur deixou suas sandálias ao pé dos degraus e subiu na mesa de ressonância magnética, deitando de modo que o técnico prendesse sua cabeça em um apoio apertado o bastante para não permitir mais que dois milímetros de movimento — ajudando a obter imagens ainda mais nítidas de seu cérebro. Suas panturrilhas, engrossadas por anos de caminhadas nas encostas íngremes dos Himalaias, projetavam-se de seu manto monástico, e então desapareceram quando a mesa deslizou para as entranhas do aparelho.

A tecnologia melhorara desde sua última visita; os monitores revelaram uma imagem mais cristalina das dobras de seu cérebro. Levaria meses para comparar esses dados com os coligidos anos antes e para rastrear as mudanças em seu cérebro durante esse período em relação às alterações normais vistas no cérebro de homens da sua idade.

Embora fosse bombardeado com pedidos, após regressar de seu mais recente retiro, para ter o cérebro escaneado em inúmeros laboratórios do mundo todo, Mingyur recusou a maioria, por receio de virar um perpétuo objeto de estudo. Ele consentira em passar pelo novo escaneamento com Richie e sua equipe porque sabia que já dispunham de dados longitudinais dos testes anteriores e podiam analisar os modos como seu cérebro talvez apresentasse mudanças atípicas.

O primeiro mapeamento cerebral de Mingyur feito pelo laboratório de Richie datava de 2002; havia outro em 2010 e agora o mais recente, em 2016. Esses três escaneamentos deram à equipe do laboratório uma oportunidade para examinar declínios relacionados à idade na densidade de massa cinzenta, sede do maquinário molecular do cérebro. Todos nós exibimos um decréscimo na densidade de matéria cinzenta à medida que envelhecemos, e, como vimos no capítulo 9, "Mente, corpo, genoma", um cérebro em particular pode ser comparado a um amplo banco de dados de cérebros de outras pessoas da mesma idade.

Com o desenvolvimento da ressonância magnética de alta resolução, os cientistas agora descobriram que podem usar pontos de referência anatômicos para estimar a idade do cérebro de uma pessoa. Cérebros de pessoas de uma determinada idade se agrupam numa distribuição normal, uma curva normal; o cérebro da maioria paira próximo a sua idade cronológica. Mas o cérebro de algumas pessoas envelhece mais rapidamente do que sua idade cronológica determinaria, criando um risco prematuro de problemas cerebrais ligados à idade, como demência. E o cérebro de outras envelhece mais devagar, quando comparado à sua idade cronológica.

No momento em que escrevemos isto, o conjunto mais recente de neuroimagens de Mingyur continua a ser processado, mas Richie e sua equipe já percebem alguns padrões nítidos, usando rigorosos pontos de referência anatômicos quantitativos. Comparando o cérebro de Mingyur aos padrões para sua idade, ele recai no 99° percentil — ou seja, se tivéssemos cem pessoas com a mesma idade cronológica de Mingyur (41 anos na época desse experimento), o cérebro de Mingyur seria o mais jovem em um grupo de cem pares equiparados por idade e gênero. Após seu último retiro como andarilho, quando o laboratório comparou as alterações no cérebro de Mingyur com as de um grupo de controle durante o mesmo período de tempo, o cérebro de Mingyur está claramente envelhecendo mais devagar. Embora sua idade cronológica fosse de 41 anos na época, seu cérebro se encaixava melhor nos padrões para uma idade cronológica de 33.

Esse fato um tanto notável enfatiza os alcances mais extremos da neuroplasticidade, a verdadeira base de um traço alterado: um modo duradouro de ser que reflete uma mudança subjacente na estrutura cerebral. O total de horas de prática que Mingyur empreendeu durante seu período como andarilho é difícil de calcular. Nesse nível de habilidade, a "meditação" se torna um aspecto contínuo da consciência — um traço —, não um gesto isolado. Num sentido muito real, ele pratica continuamente, dia e noite. Com efeito, em sua linhagem a distinção feita não é a convencional equação de meditação com tempo gasto em uma sessão sentado sobre uma almofada versus vida normal, mas, antes, entre estar em um estado meditativo ou não, independentemente de qualquer outra coisa que você esteja fazendo.

Desde sua primeira visita ao laboratório, Mingyur provera dados convincentes sugerindo o potencial do exercício mental deliberado e prolongado para reconfigurar os circuitos neurais. Mas os resultados obtidos com Mingyur não eram mais que anedóticos, um caso único que podia ser explicado de muitos modos diferentes. Por exemplo, talvez sua família notável tivesse uma misteriosa predisposição genética que tanto os motiva a meditar como os conduz a elevados níveis de proficiência.

Mais convincentes são os resultados de um grupo mais amplo de praticantes experientes como Mingyur. Sua notável performance neural era parte de uma história mais ampla, um programa de pesquisa cerebral único que colheu dados desses especialistas excepcionais em meditação. O laboratório de Richie continua a estudar e analisar a massa de informação obtida com esses iogues, em um conjunto de resultados crescente e sem paralelo na história das tradições contemplativas, para não dizer da neurociência.

EM RESUMO

No início, o laboratório de Richie achou impossível obter a cooperação dos iogues mais experientes. Mas quando Matthieu Ricard, ele próprio um calejado iogue e doutor em biologia, assegurou aos meditadores que sua participação poderia beneficiar as pessoas, um total de 21 iogues concordou. Matthieu, em uma colaboração inovadora com o laboratório de Richie, ajudou a projetar o protocolo experimental. O iogue seguinte a ir ao laboratório, Mingyur Rinpoche, também estava entre os que tinham maior quantidade de horas de prática — 62 mil, na época. Quando ele entrou em meditação compassiva, houve um grande pico na atividade elétrica em seu cérebro, registrada pelo EEG; imagens de fMRI revelaram que durante a meditação seus circuitos para empatia deram um salto de atividade em 700% a 800%, comparado ao nível quando em repouso. E quando mais tarde ele fez um retiro como andarilho errante por quatro anos e meio, o envelhecimento de seu cérebro diminuiu, de modo que aos 41 seu cérebro apresentava o padrão para 33 anos de idade.

12. Tesouro escondido

Embora a visita de Mingyur a Madison houvesse rendido resultados de cair o queixo, ele não estava sozinho. Ao longo dos anos no laboratório de Richie, aqueles 21 iogues compareceram para ser formalmente testados. Estavam no auge de sua arte interior, tendo acumulado horas de meditação ao longo da vida que iam de 12 mil às 62 mil de Mingyur (a quantidade que ele acumulara no momento dos estudos, e antes de seu retiro de mais de quatro anos).

Cada um desses iogues completou pelo menos um retiro de três anos, durante o qual meditaram na prática formal um mínimo de oito horas por dia por três anos consecutivos — na verdade, três anos, três meses e três dias. Isso equivale, numa estimativa conservadora, a cerca de 9500 horas por retiro.

Tudo foi submetido ao mesmo protocolo científico, aqueles quatro ciclos de um minuto com os três tipos de meditação — que resultaram numa montanha de dados. A equipe do laboratório passou meses e meses analisando as mudanças drásticas que viram durante os breves minutos com esses praticantes altamente proficientes.

Como Mingyur, eles ingressavam nos estados meditativos especificados à vontade, cada um marcado por uma assinatura neural distinta. Como Mingyur, esses praticantes mostraram notável destreza mental, mobilizando instantaneamente e com notável facilidade esses estados: gerando sentimentos de compaixão, a serenidade ampla da completa abertura para seja lá o que ocorrer, ou foco afiado, inabalável.

Eles entravam e saíam desses níveis de consciência difíceis de atingir em frações de segundos. Essas alterações vinham acompanhadas de outras igualmente pronunciadas na atividade cerebral mensurável. Um feito de ginástica mental coletiva como esse nunca fora visto pela ciência antes.

UMA SURPRESA CIENTÍFICA

Recordemos que em cima da hora o acamado Francisco Varela, apenas um mês antes de morrer, teve de cancelar o comparecimento àquele encontro em Madison com o Dalai Lama. Ele mandou seu aluno Antoine Lutz, que acabara de concluir um doutorado sob a sua orientação, para suprir sua ausência.

Richie e Antoine se conheceram apenas um dia antes desse encontro e desde o primeiro instante suas duas mentes científicas se fundiram. A formação de Antoine em engenharia e a de Richie em psicologia e neurociência se complementaram perfeitamente. Antoine acabou passando os dez anos seguintes no laboratório de Richie, onde empregou sua mente precisa na análise dos EEGs e fMRIs dos iogues. Antoine, como Francisco, era também um meditador dedicado, e a combinação de seus insights introspectivos com sua mentalidade científica representou uma extraordinária contribuição ao trabalho de Richie.

Hoje professor no Centro de Pesquisa de Neurociência de Lyon, na França, Antoine continua a se debruçar sobre a neurociência contemplativa. Ele se envolveu desde o início na pesquisa com iogues e foi coautor de um sem--número de artigos, com outros por vir, relatando seus resultados.

A preparação dos dados brutos sobre os iogues, fazendo uma triagem com sofisticados programas estatísticos, demandou um trabalho meticuloso. Somente destacar as diferenças entre o estado de repouso dos iogues e sua atividade cerebral durante a meditação já foi uma tarefa de computação gigantesca. De modo que Antoine e Richie levaram um bom tempo para se deparar com um padrão escondido na montanha de dados, evidência empírica que se perdeu em meio à empolgação com a proficiência dos iogues em alterar sua atividade cerebral durante os estados meditativos. Na verdade, o padrão perdido veio à tona somente após alguma reflexão durante um momento menos caótico, meses mais tarde, quando a equipe analítica voltou a examinar os dados.

O tempo todo a equipe estatística se concentrara em efeitos de estado temporários, computando a diferença entre a atividade cerebral de linha basal de um iogue e a que era produzida durante os períodos de meditação de um minuto. Richie estava revisando os números com Antoine e queria uma verificação rotineira para se assegurar de que a linha basal inicial das leituras de EEG — as que haviam sido feitas em repouso, antes do início do experimento — era a mesma de um grupo de controle voluntário que experimentou meditações idênticas às feitas pelos iogues. Ele pediu para ver apenas as medidas de linha basal isoladas.

Quando Richie e Antoine sentaram para revisar o que os computadores haviam acabado de calcular, olharam os números e então se entreolharam. Eles sabiam exatamente o que estavam vendo e trocaram uma única palavra: "Incrível!".

Todos os iogues apresentaram elevadas oscilações gama, não apenas durante os períodos de prática de meditação para *open presence* e compaixão como também durante a primeira mensuração, antes que qualquer meditação fosse realizada. Esse padrão empolgante estava na frequência do EEG conhecida como gama de "alta amplitude", a forma mais forte e intensa. Essas ondas duraram o minuto inteiro da medição de linha basal antes de começarem a meditação.

Essa era a mesmíssima onda de EEG exibida por Mingyur naquele pico surpreendente durante a *open presence* e a compaixão. E agora a equipe de Richie via esse mesmo padrão cerebral incomum em todos os iogues como uma característica comum de sua atividade neural cotidiana. Em outras palavras, Richie e Antoine haviam topado com o santo graal: a assinatura neural mostrando uma transformação permanente.

Existem quatro tipos principais de ondas EEG, classificadas segundo a frequência (tecnicamente, medidas em hertz): delta, a onda mais lenta, oscila entre um e quatro ciclos por segundo, e ocorre sobretudo durante o sono profundo; teta, a segunda mais lenta, pode significar sonolência; alfa ocorre quando estamos pensando pouco e indica relaxamento; e beta, muito rápida, acompanha o raciocínio, o estado de alerta ou a concentração.

Gama, a onda cerebral mais rápida de todas, ocorre durante momentos em que diferentes áreas cerebrais disparam harmoniosamente, como esses momentos de insight em que os diferentes elementos de um quebra-cabeça mental se encaixam com um "clique". Para ter uma sensação desse "clique", tente isto: que palavra é capaz de transformar cada uma das seguintes numa palavra composta: *matéria, dona, obra?*[*]

No instante em que sua mente formula a resposta, seu sinal cerebral momentaneamente gera esse clarão gama distinto. Você também produz uma onda gama de vida curta quando, por exemplo, imagina que está mordendo um pêssego maduro e suculento e seu cérebro junta memórias armazenadas em diferentes regiões dos córtex occipital, temporal, somatossensório, insular e olfativo para subitamente entrelaçar visão, cheiro, gosto, tato e som numa experiência isolada. Durante esse momento vívido, as ondas gama de cada uma dessas regiões corticais oscilam em perfeita sincronia. Normalmente, ondas gama de um insight criativo, por exemplo, não duram mais que um quinto de segundo — não o minuto inteiro testemunhado nos iogues.

O EEG de qualquer pessoa mostrará distintas ondas gama por breves momentos de tempos em tempos. Em geral, durante uma caminhada, exibimos uma mistura de diferentes ondas cerebrais, que aumentam e diminuem a diferentes frequências. Essas oscilações refletem nossa complexa atividade mental, como o processamento de informação, e suas várias frequências correspondem a funções amplamente diversas. A localização dessas oscilações varia entre regiões do cérebro; podemos exibir alfa numa área cortical e gama em outra.

Nos iogues, as oscilações gama são uma característica muito mais proeminente da atividade cerebral do que em outras pessoas. Nossas ondas gama normais não chegam nem perto de ser tão fortes como as testemunhadas pela equipe de Richie entre os iogues, como Mingyur. O contraste entre os iogues e o grupo de controle quanto à intensidade das ondas gama era imenso: em média, os iogues tinham oscilações da amplitude gama 25 vezes maiores durante a linha basal, comparados ao grupo de controle.

Só podemos conjecturar sobre que estado de consciência isso reflete: iogues como Mingyur parecem vivenciar um estado contínuo de consciência aberta e rica durante suas horas cotidianas, não apenas quando meditam. Os próprios iogues costumam descrever isso como uma espacialidade e uma vastidão em sua experiência, como se todos os seus sentidos estivessem muito abertos ao panorama pleno e rico da experiência.

---

[*] Resposta: *prima.*

Ou, como um texto tibetano do século XIV descreve,

... um estado de consciência exposta, transparente;
Fácil e brilhantemente vívida, um estado de sabedoria relaxada, desarraigada;
Livre de fixação e límpida, um estado sem ponto de referência algum;
Clareza vazia espaçosa, um estado escancarado e desimpedido; os sentidos
desagrilhoados...[1]

O estado cerebral gama que Richie e Antoine descobriram era mais do que incomum, ele não tinha precedentes. Nenhum laboratório de neurociência jamais vira oscilações gama que persistissem por minutos, em lugar de meras frações de segundos, que fossem tão fortes e espalhadas por amplas regiões cerebrais.

Espantosamente, esse padrão gama sustentado envolvendo todo o cérebro prossegue até quando os meditadores experientes estão dormindo — como foi revelado pelo grupo de Richie em outra pesquisa com meditadores vipassana de longa data com uma média de 10 mil horas de prática. Essas oscilações gama durante o sono profundo são, mais uma vez, algo nunca visto antes e parecem refletir uma qualidade residual de consciência que persiste dia e noite.[2]

O padrão de oscilação gama dos iogues contrasta com o modo como, normalmente, essas ondas ocorrem apenas brevemente, e em um ponto neural isolado. Os praticantes tinham um nível muito acentuado de ondas gama oscilando em sincronia por seu cérebro, independentemente de qualquer ação mental particular. Algo nunca visto.

Richie e Antoine estavam vendo pela primeira vez o eco neural das transformações duradouras que anos de prática da meditação inculcam no cérebro. Ali estava o tesouro, escondido nos dados o tempo todo: um genuíno traço alterado.

ESTADO POR TRAÇO

Em um dos muitos estudos encabeçados por Antoine, quando voluntários iniciantes na meditação eram treinados por uma semana nas mesmas práticas que os iogues, não havia absolutamente a menor diferença entre o cérebro dos voluntários em repouso e quando tentavam meditar quando solicitados, como fizeram os iogues.[3] Isso contrasta com a diferença notável entre repouso e meditação nos iogues. Uma vez que qualquer habilidade mental passível de ser aprendida exige uma prática continuada ao longo do tempo para ser dominada, haja vista a imensa quantidade de horas de meditação ao longo da vida entre os iogues, não nos surpreende essa vasta diferença entre novatos e mestres.

Mas há outra surpresa aqui: o notável talento dos iogues para ingressar em um estado meditativo específico a qualquer momento, em um segundo ou dois, indica um traço alterado. Essa proeza mental assinala um nítido contraste com a maioria de nós meditadores que, comparados aos iogues, estamos mais para principiantes: quando meditamos, leva algum tempo para ajustar nossa mente, nos libertar dos pensamentos que nos distraem e atrapalham nosso foco e conseguir algum embalo em nossa meditação.

De tempos em tempos talvez tenhamos o que consideramos uma "boa" experiência meditativa. E de vez em quando talvez espiemos furtivamente o relógio para ver quanto tempo mais a sessão vai durar.

Os iogues não.

Suas notáveis habilidades de meditação anunciam o que é tecnicamente conhecido como "estado por interação de traço", sugerindo que as alterações cerebrais subjacentes ao traço também dão origem às capacidades especiais que são ativadas durante os estados meditativos — aqui, uma velocidade maior para começar, maior intensidade e duração estendida.

Na ciência contemplativa, um "estado alterado" se refere às mudanças que ocorrem apenas durante a meditação. Um traço alterado indica que a prática da meditação transformou o cérebro e a biologia de modo que as alterações introduzidas pela meditação são vistas *antes* de se começar a meditar.

Assim, um efeito de "estado por traço" refere-se às mudanças de estado temporárias vistas apenas naqueles que exibem traços alterados duradouros — os meditadores de longa data e os iogues. Muitos apareceram durante a pesquisa no laboratório de Richie.

Um exemplo. Lembre que os iogues mostram uma pronunciada elevação na atividade gama durante as meditações de *open presence* e compaixão, muito maior do que entre o grupo de controle. Essa elevação na atividade gama foi uma mudança da linha basal, seus níveis diários — marcando mais um estado por efeito de traço.

Além do mais, enquanto repousam em *open presence*, a mera distinção entre um estado e um traço se confunde: na sua tradição, os iogues são explicitamente instruídos a misturar o estado de *open presence* com a vida cotidiana — para transformar o estado em um traço.

PRONTOS PARA A AÇÃO

Um a um, eles deitaram nos aparelhos de imagem, a cabeça mantida com firmeza no lugar por incômodos fones de ouvido. Havia um grupo de novatos em meditação e outro de iogues tibetanos e ocidentais (média durante a vida de 34 mil horas); todos tiveram o cérebro escaneado enquanto realizavam a prática compassiva.[4]

O método específico empregado foi descrito por Matthieu Ricard, que colaborou no estudo, da seguinte maneira. Primeiro, trazer à mente alguém com quem você se importa profundamente e apreciar o sentimento de compaixão para com essa pessoa — e depois estender essa mesma bondade amorosa para todos os seres, sem pensar em ninguém em particular.[5]

Durante a sessão de bondade amorosa cada pessoa escutava uma série aleatória de sons: alguns alegres, como um bebê rindo; ou neutros, como o ruído de fundo em uma cafeteria; ou, ainda, sons de sofrimento humano (como gritos, a exemplo do que vimos no capítulo 6). Assim como em estudos prévios de empatia e do cérebro, todos os circuitos neurais para sintonizar no sofrimento eram ativados com mais força durante a meditação compassiva do que quando esses sinais vocais de sofrimento vinham no momento em que a pessoa estava em repouso.

De modo significativo, a resposta do cérebro ao partilhar dos sentimentos alheios era maior nos iogues do que nos iniciantes. Além do mais, sua perícia na prática da compaixão também elevou a ação nos circuitos tipicamente envolvidos quando sentimos o estado mental de outra pessoa ou assumimos seu ponto de vista. Finalmente, houve um incremento em áreas cerebrais, sobretudo a amígdala, crucial para o que é saliente; sentimos o sofrimento alheio como sendo de vital importância e prestamos mais atenção.

De forma reveladora, os iogues, mas não os iniciantes, mostraram a parte final do arco cerebral inclinada para a ação, um salto em atividade nos centros motores que orientam o corpo quando estamos prontos para agir — isto é, para tomar alguma atitude decisiva para ajudar, ainda que nesse caso os indivíduos testados estivessem deitados dentro do aparelho. Os iogues mostraram um imenso incremento nesses circuitos. O envolvimento de regiões neurais para a ação, particularmente o córtex pré-motor, parece surpreendente: à ressonância emocional com o sofrimento de uma pessoa ele acrescenta a prontidão em ajudar.

O perfil neural do iogue durante a compaixão parece refletir um ponto final no caminho da mudança. Para pessoas que nunca meditaram antes, completos novatos, o padrão não se revela durante sua meditação sobre a compaixão — é preciso um pouco de prática. Há uma relação dose-resposta aqui: esse padrão aparece um pouco entre iniciantes, mais em pessoas que realizaram maior quantidade de horas de meditação e na maior medida com os iogues.

De maneira intrigante, os iogues que escutavam sons de pessoas sofrendo enquanto realizavam a meditação da bondade amorosa mostravam menos atividade do que outros no córtex cingulado posterior, uma área fundamental para o pensamento autofocado.[6] Entre os iogues, escutar sons de sofrimento parece um preparativo para o foco no próximo.

Eles mostram também uma conexão mais forte entre o córtex cingulado posterior e o córtex pré-frontal, padrão global sugerindo uma "regulação decrescente" da preocupação consigo mesmo — "O que vai acontecer comigo?" — capaz de abafar a ação compassiva.[7]

Alguns iogues mais tarde explicaram que seu treinamento os imbuía de *prontidão* para agir; assim, no momento em que se deparam com o sofrimento, eles se predispõem sem hesitar a agir para ajudar a pessoa. Essa prontidão, junto com a predisposição que têm a se envolver com o sofrimento alheio, contraria a tendência normal de recuar perante uma pessoa em apuros.

Isso parece incorporar o conselho do mestre da meditação tibetano (e principal professor de Matthieu) Dilgo Khyentse Rinpoche para os iogues: "Desenvolva uma aceitação e abertura completa para todas as situações e emoções e para todas as pessoas, experimentando tudo totalmente, sem reservas nem bloqueios mentais".[8]

PRESENÇA DIANTE DA DOR

Um texto tibetano do século XVIII conclama os meditadores a praticar "com quaisquer males que se apresentem em seu caminho", acrescentando: "Quando enfermo, pratique com base nesse estado enfermo [...]. Quando com frio, pratique com base nessa sensação de frio. Praticando dessa maneira, todas as situações se apresentarão como meditação".[9]

Mingyur Rinpoche, igualmente, encoraja fazer de todas as sensações, até a dor, nossas "amigas", usando-as como base para a meditação. Uma vez que a essência da meditação é a consciência, qualquer sensação que ancore a atenção pode ser usada como apoio — e a dor em particular pode ser muito eficaz no foco. Tratar a dor como amiga "suaviza e aquece" nossa relação, como ele diz, à medida que gradualmente aprendemos a aceitar a dor, em vez de tentar nos livrar dela.

Com esse conselho em mente, considere o que aconteceu quando o grupo de Richie usou o estimulador térmico para gerar dor intensa nos iogues. Cada iogue (incluindo Mingyur) foi comparado a um voluntário sem experiência em meditação equiparado por idade e gênero. Por uma semana antes do estudo, esses voluntários aprenderam a gerar *open presence*, a postura atentiva de deixar ir e vir qualquer coisa que a vida nos apresente, sem acrescentar a isso pensamentos ou reações emocionais. Nossos sentidos ficam plenamente abertos e permanecemos meramente cientes do que acontece sem nos deixar arrastar pelos altos e baixos.

Todos os indivíduos do estudo foram previamente testados para verificar o ponto máximo de calor que eram capazes de suportar. Em seguida, foram informados de que receberiam uma descarga de dez segundos do dispositivo, precedida por um ligeiro aquecimento da placa — uma advertência de dez segundos. Entrementes, seu cérebro estava sendo escaneado.

No momento em que a placa começava a aquecer — uma deixa para a dor iminente —, os grupos de controle ativavam regiões por toda a matriz de dor cerebral, como se já estivessem sentindo a queimadura intensa. A reação à dor "como se" — tecnicamente, "ansiedade antecipatória" — era tão forte que, quando a efetiva sensação de queimar começava, a ativação de sua matriz de dor ficava só um pouco mais forte. E no período de recuperação de dez segundos, logo após o calor ter cedido, essa matriz permanecia quase tão ativa quanto — não havia uma recuperação imediata.

Essa sequência de antecipação-reatividade-recuperação nos fornece uma janela para a regulação da emoção. Por exemplo, a preocupação intensa acerca de algo como um procedimento médico doloroso iminente pode em si nos causar sofrimento antecipatório, apenas por imaginar como vamos nos sentir mal. E, após o evento real, podemos continuar a ficar perturbados pelo que acabamos de passar. Nesse sentido, nossa reação à dor pode começar bem antes e durar até muito depois do efetivo momento doloroso — o exato padrão mostrado pelos voluntários do grupo de comparação.

Os iogues, por outro lado, tiveram uma reação muito diferente nessa sequência. Eles, como os participantes do grupo de controle, também ficaram em um estado de *open presence* — algumas ordens de grandeza acima dos novatos, sem dúvida. Para os iogues, sua matriz de dor revelou pouca mudança de atividade quando a placa aqueceu um pouco, ainda que esse sinal indicasse que a dor extrema ocorreria dali a dez segundos. Seus cérebros pareciam simplesmente registrar esse aviso, sem nenhuma reação em particular.

Mas durante os efetivos momentos de calor intenso os iogues tiveram uma reação aumentada surpreendente, sobretudo nas áreas sensórias que recebem a percepção esmiuçada de um estímulo — o formigamento, a pressão, o calor elevado e outras sensações brutas na pele do pulso onde a placa quente fica apoiada. As regiões emocionais da matriz da dor se ativaram um pouco, mas não tanto quanto os circuitos sensoriais.

Isso sugere uma diminuição do componente psicológico — como a preocupação que sentimos na antecipação da dor —, junto com a intensificação das próprias sensações dolorosas. Logo depois que o calor parou, todas as regiões da matriz de dor rapidamente voltaram a baixar a seus níveis de antes da deixa para a dor, muito mais rapidamente do que no caso do grupo de controle. Para esses meditadores muito avançados, a recuperação da dor foi quase como uma ocorrência corriqueira.

O padrão em V invertido, com pouca reação durante a antecipação de um evento doloroso, seguida de um pico de intensidade no momento efetivo, depois uma rápida recuperação, pode ser altamente adaptativo. Isso nos deixa plenamente responsivos a um desafio à medida que ele acontece, sem permitir que nossas reações emocionais interfiram antes ou depois, quando não são mais úteis. Parece ser um padrão ótimo de regulação da emoção.

Lembra-se do medo que sentíamos quando éramos crianças e íamos ao dentista para cuidar de uma cárie? Nessa idade isso podia causar pesadelos. Mas mudamos, conforme crescemos. Aos 26 anos, o que podia ser um trauma de infância se torna rotineiro, um compromisso a ser agendado no meio de um dia muito atarefado. Somos pessoas bem diferentes quando adultos — nosso modo de pensar e reações de momento ficam mais maduros.

Da mesma forma, com os iogues, seus muitos anos de prática da meditação sugerem que o estado em que estavam durante a dor reflete mudanças duradouras adquiridas com o treinamento. E como estavam empenhados na prática da *open presence*, isso também se qualifica como um estado por efeito de traço.

SEM ESFORÇO

Como acontece com qualquer habilidade que aprimoramos, já nas primeiras semanas da prática da meditação os iniciantes percebem um aumento de facilidade. Quando praticavam diariamente por dez semanas, por exemplo, voluntários novatos na meditação relatavam que a prática ficava cada vez mais fácil e prazerosa, estivessem focados na respiração, em gerar bondade amorosa ou apenas em observar o fluxo de seus pensamentos.[10]

E, como vimos no capítulo 8, Judson Brewer descobriu que um grupo de meditadores de longa data (média de prática ao longo da vida de mais ou menos 10 mil horas) relatou consciência sem esforço durante a meditação em associação com um declínio de atividade no córtex cingulado posterior, essa parte da rede default ativa durante operações mentais "voltadas para o eu".[11] Assim que tiramos o eu de cena, parece, as coisas fluem com pouco esforço.

Quando meditadores de longa data relatavam "consciência não distraída", "ação sem esforço", "não se esforçar" e "contentamento", a ativação no córtex cingulado posterior baixava. Por outro lado, quando relatavam "consciência distraída", "esforço" e "descontentamento", a ativação no córtex cingulado posterior subia.[12]

Um grupo de meditadores de primeira viagem também relatou maior facilidade, embora apenas enquanto permaneciam plenamente atentos (*mindful*) — um efeito de estado que não persistiu de outra forma. Para os iniciantes, "facilidade aumentada" parece muito relativo: vai de exercer grande esforço —

particularmente para combater a tendência da mente a divagar — a ficar um pouco melhor no decorrer dos dias e semanas. Mas a diminuição de seu esforço não chega nem perto da ausência de esforço encontrada entre os iogues, como vimos em seu notável desempenho no protocolo laboratorial de ligar/desligar.

Uma medida para a ausência de esforço aqui se resume a ser capaz de conservar a mente em um ponto focal escolhido e resistir à tendência natural de vagar por uma cadeia de pensamentos ou ser atraído por um som, ao mesmo tempo sem a sensação de ter feito um esforço. Esse tipo de facilidade parece aumentar com a prática.

A equipe de Richie inicialmente comparou meditadores especialistas com um grupo de controle quanto à amplitude da ativação pré-frontal durante a atenção focada numa pequena luz. Os meditadores de longo prazo revelaram um modesto aumento na ativação pré-frontal, comparados aos indivíduos do grupo de controle, embora a diferença, estranhamente, não tenha sido muito impressionante.

Certa tarde, sentados em volta de uma comprida mesa de reuniões, ruminando sobre esses dados um pouco decepcionantes, Richie e sua equipe começaram a refletir sobre o amplo leque de perícia até dentro do grupo chamado "meditador especialista". Esse grupo perito na verdade variava em horas praticadas de 10 mil a 50 mil — uma gama bastante ampla. Richie se perguntou o que iriam descobrir se fizessem uma comparação entre os mais e os menos experientes. Ele já descobrira que, com maiores níveis de perícia, há uma ausência de esforço que na verdade seria refletida em *menos* ativação pré-frontal, não em *mais*.

Quando a equipe comparou os iogues com mais e menos prática, descobriu algo realmente surpreendente: todo o aumento na ativação pré-frontal foi encontrado entre os que tinham *menos* horas de prática. No grupo com mais horas de prática, houve muito pouca ativação pré-frontal.

Curiosamente, a ativação tendia a ocorrer apenas bem no início de um período de prática, enquanto a mente estava focada no objeto de concentração, aquela pequena luz. Assim que a luz entrava no foco, a ativação pré-frontal diminuía. Essa sequência talvez represente os ecos neurais da concentração sem esforço.

Outra medida de concentração foi observar até que ponto os meditadores se distraem com sons emocionais — rir, gritar, chorar —, que escutavam ao fundo conforme focavam na luz. Quanto maior a ativação da amígdala em resposta a esses sons, maior a oscilação na concentração. Entre os meditadores com a maior quantidade de horas praticadas ao longo da vida — média de 44 mil horas (o equivalente a doze horas diárias por dez anos) —, a amígdala mal reagia aos sons emotivos. Mas para aqueles com menos prática (embora ainda um número alto — 19 mil horas), a amígdala também mostrava uma reação robusta. Houve uma diferença inacreditável de 400% no tamanho da resposta amigdalar entre esses grupos!

Isso indica uma extraordinária seletividade da atenção: um cérebro capaz de bloquear sem esforço os sons externos e a reatividade emocional que eles normalmente suscitam.

Além do mais, significa que os traços continuam a se alterar até no nível mais elevado da prática. A relação dose-resposta não parece se encerrar nem acima das 50 mil horas de prática.

O resultado de uma mudança para ausência de esforço na função cerebral entre os iogues muito mais experientes só foi possível porque o grupo de Richie calculara o total de horas de prática ao longo da vida. Tirando esse parâmetro simples, o resultado valioso teria ficado esquecido na comparação geral entre novatos e especialistas.

A MENTE-CORAÇÃO

Em 1992, Richie e seu valoroso bando de pesquisadores foram com suas toneladas de equipamento para a Índia, na esperança de examinar os mestres de meditação mais experientes nos arredores de onde mora o Dalai Lama. Perto de sua residência fica o Instituto de Estudos Budistas do Mosteiro Namgyal, um importante local de treinamento para monges-eruditos na tradição do Dalai Lama. Richie e seus colegas pesquisadores, como vimos, foram incapazes de coletar quaisquer dados científicos válidos entre os iogues das montanhas.

Mas quando o Dalai Lama pediu a Richie e seus colegas para falarem sobre seu trabalho diante dos monges no mosteiro, Richie pensou que talvez o equipamento que haviam transportado a duras penas para a Índia pudesse enfim ser útil. Em vez de apenas uma estéril palestra acadêmica, fariam uma demonstração ao vivo de como os sinais elétricos do cérebro podem ser registrados.

E assim, duzentos monges sentavam respeitosamente em almofadas no chão quando Richie e seus colegas chegaram com as malas cheias de equipamentos para EEG. A colocação dos eletrodos na cabeça leva um bom tempo. Richie e os outros cientistas trabalharam o mais rápido possível para assegurar que todos os eletrodos estivessem no lugar.

A demonstração nessa tarde usou como cobaia o neurocientista Francisco Varela. Enquanto ajeitava os eletrodos no couro cabeludo de Francisco, Richie bloqueava a visão. Mas quando completou sua tarefa e saiu da frente, uma sonora gargalhada explodiu entre os monges normalmente serenos.

Richie pensou que os monges estivessem rindo porque Francisco parecia um pouco ridículo com os fios dos eletrodos saindo da cabeça, como um feixe de espaguetes. Mas não foi isso que os monges acharam engraçado.

Eles estavam rindo porque Richie e sua equipe haviam dito que seu interesse era estudar a compaixão — mas haviam prendido os eletrodos na cabeça, não no coração!

Levou cerca de quinze anos para o grupo de Richie entender o ponto de vista dos monges. Assim que os iogues começaram a chegar ao laboratório de Richie, o grupo viu dados que os fizeram perceber que a compaixão era um estado corporificado, com fortes ligações entre o cérebro e o corpo, e especialmente entre o cérebro e o coração.

A evidência para essa ligação veio de uma análise que relacionava a atividade cerebral dos iogues ao seu batimento cardíaco — um estudo complementar para investigar o resultado inesperado de que o coração dos iogues batia mais rapidamente do que o dos iniciantes ao escutarem sons de pessoas aflitas.[13] O batimento cardíaco dos iogues vinha acompanhado da atividade numa área-chave da ínsula, região cerebral que atua como portal por onde a informação sobre o corpo é transmitida ao cérebro e vice-versa.

Em certo sentido, então, os monges de Namgyal tinham razão. A equipe de Richie dispunha de dados que sugeriam que com o treinamento iogue o cérebro entra em maior sintonia com o coração — especificamente durante a meditação compassiva.

Mais uma vez, essa era uma descoberta de estado por traço, que ocorreu nos iogues só quando meditaram sobre compaixão (e não durante outros tipos de meditação, em repouso, ou entre aqueles em um grupo de comparação).

Em suma, a compaixão nos iogues aguça a percepção que eles têm sobre as emoções alheias, sobretudo quando as pessoas estão perturbadas, e amplia a sensibilidade em seus próprios corpos — particularmente o coração, fonte crucial de ressonância empática com o sofrimento alheio.

A variedade da compaixão pode fazer diferença. Aqui os praticantes se empenhavam numa compaixão "não referencial". Nas palavras de Matthieu, eles estavam "gerando um estado em que o amor e a compaixão permeavam toda a mente sem quaisquer outros pensamentos discursivos". Não estavam focando nenhuma pessoa específica, mas, antes, gerando a qualidade de compaixão como pano de fundo; isso pode ser especialmente importante no engajamento dos circuitos neurais que sintonizam o cérebro com o coração.

Estar presente para outra pessoa — uma atenção sustentada, terna — pode ser visto como uma forma básica de compaixão. A atenção cuidadosa com outra pessoa também acentua a empatia, permitindo-nos captar mais das fugazes expressões faciais e demais gestos que nos deixam sintonizados em como a pessoa de fato se sente no momento. Mas se nossa atenção "pisca", podemos deixar escapar esses sinais. Como vimos no capítulo 7, meditadores de longa data sofrem menos piscadas em sua atenção do que as demais pessoas.

Anular essa piscada da atenção figura entre uma série de funções mentais que mudam com o treinamento rigoroso da mente — e que os cientistas pensavam ser propriedades paralisadas, imutáveis, básicas do sistema nervoso. A maioria delas é pouco conhecida fora dos meios científicos, onde são vistas como fortes certezas — um desafio a esse status sacode o sistema de pressuposições da ciência cognitiva. Mas descartar antigos pressupostos à luz de novas descobertas é o próprio motor da ciência.

Mais um ponto. Esperávamos que o aliviamento do eu e a diminuição do apego nos iogues fossem se correlacionar com um encolhimento do núcleo accumbens, como testemunhado em meditadores ocidentais de longa data. Mas Richie não obteve dados sobre isso com os iogues, a despeito de a liberação do apego ser um objetivo explícito da prática deles.

A descoberta do modo default e de como medi-lo, bem como seu papel crucial no autossistema do cérebro, é algo tão recente que, quando os iogues passaram pelo laboratório, um após o outro, a equipe de Richie não desconfiou que pudessem querer usar a linha basal para medir essa mudança. Apenas perto da conclusão dessa série foi que o laboratório obteve as medidas de estado em repouso necessárias — e com um número pequeno demais de iogues para dispor de dados robustos para análise.

A ciência progride em parte por meio de medidas inovadoras que produzem dados nunca vistos antes. Isso é o que temos aqui. Mas também significa que os resultados incompletos de que dispomos sobre os iogues têm mais a ver com o acaso feliz de mensurações disponíveis para nós do que com alguma cuidadosa análise da topografia dessa área da experiência humana.

Isso enfatiza uma fragilidade no que em tudo mais poderiam parecer resultados muito impressionantes sobre os iogues: essas informações nada mais são que vislumbres dos traços alterados que a meditação intensiva, prolongada, produz. Não queremos reduzir essa qualidade de ser ao que por acaso somos capazes de medir.

A visão científica dos traços alterados desses iogues é semelhante à parábola do cego e do elefante. O resultado em gama, por exemplo, parece muito empolgante, mas é como tatear a tromba do elefante sem ter ideia do resto do corpo. E o mesmo se dá com a ausência da piscada da atenção, os estados meditativos sem esforço, a recuperação ultrarrápida da dor e a prontidão em ajudar alguém sofrendo — tudo isso nada mais são que relances de uma realidade mais ampla que não compreendemos totalmente.

O que mais interessa, porém, pode ser perceber que nosso estado ordinário de consciência desperta — como observou William James há mais de um século — é apenas uma opção. Os traços alterados, outra.

Uma palavra sobre a significação global desses iogues. Tais pessoas são muito raras, o que algumas culturas asiáticas chamam de "tesouros vivos". Ter contato com eles é extremamente enriquecedor e muitas vezes inspirador, não devido a algum vão status ou celebridade, mas por causa das qualidades interiores que irradiam. Esperamos que as nações e culturas que abrigam esses seres vejam a necessidade de protegê-los e a suas comunidades de perícia e prática, bem como de preservar as atitudes culturais que valorizam esses traços alterados. Perder a via de acesso para essa habilidade interior seria uma tragédia mundial.

EM RESUMO

Os níveis maciços de atividade gama nos iogues e a sincronia das oscilações gama pelas regiões disseminadas do cérebro sugerem a vastidão e a qualidade panorâmica de consciência que eles relatam. A consciência dos iogues no presente momento — sem nos prender a antecipar o futuro ou ruminar sobre o passado — parece refletida na forte reação do "V invertido" à dor, em que os iogues revelam pouca reação antecipatória e recuperação muito rápida. Eles mostram também evidência neural de concentração sem esforço: basta um lampejo de seus circuitos neurais para que dirijam sua atenção a um objeto escolhido, e pouco ou nenhum esforço para conservá-la nele. Finalmente, ao gerar compaixão, o cérebro dos iogues se torna mais conectado a seus corpos, particularmente o coração — indicando ressonância emocional.

13. Alterando traços

"No início nada vem, no meio nada permanece, no fim nada vai." Essa afirmação enigmática é de Jetsun Milarepa, o eminente poeta, iogue e sábio tibetano do século XII.[1]

Matthieu Ricard destrincha a charada de Milarepa desta forma: no começo da prática contemplativa, pouco ou nada parece mudar em nós. Com a continuidade da prática, notamos algumas mudanças em nosso modo de ser, mas elas vêm e vão. Finalmente, quando a prática se estabiliza, as mudanças são constantes e duradouras, sem flutuação. São os traços alterados.

Tomados num todo, os dados sobre meditação seguem o rastro de um vetor grosseiro das transformações progressivas, de iniciantes, passando por meditadores com muita prática e chegando aos iogues. Esse arco de aperfeiçoamento parece refletir tanto as horas de prática ao longo da vida como o tempo de retiro com orientação especializada.

Os estudos com *iniciantes* em geral observam os impactos abaixo de um total de cem horas de prática — até mesmo apenas sete. O grupo do *longo prazo*, sobretudo meditadores vipassana, tinha uma média de 9 mil horas ao longo da vida (o leque indo de mil a 10 mil horas e mais).

E os *iogues* estudados no laboratório de Richie haviam todos feito pelo menos um retiro de três anos em estilo tibetano, com total de horas durante a vida chegando às 62 mil de Mingyur. Os iogues, em média, tinham o triplo de horas ao longo da vida do que os meditadores de longo prazo — 9 mil versus 27 mil.

Alguns meditadores vipassana de longa data acumularam mais de 20 mil horas durante a vida e um ou dois até 30 mil, embora nenhum tivesse feito um retiro de três anos, que se tornou uma característica distintiva real do grupo iogue. A despeito das raras sobreposições nas horas ao longo da vida, a vasta maioria dos três grupos encaixa-se numa dessas categorias grosseiras.

Não existem limites rígidos de horas ao longo da vida para os três níveis, mas a pesquisa sobre eles tem sido agregada em leques particulares. Organizamos os benefícios da meditação em três níveis de dose-resposta, mapeando *grosso modo* os rankings de novato, amador e profissional encontrados em competências de todo tipo, de bailarinas a campeões de xadrez.

A vasta maioria de meditadores no Ocidente recai no primeiro nível: pessoas que meditam por um breve período — de alguns minutos a meia hora ou algo assim na maioria dos dias. Um grupo menor avança para o nível de meditador por um período prolongado. E um mero punhado atinge a perícia dos iogues.

Vamos dar uma olhada nos impactos entre aqueles que apenas começaram a praticar a meditação. Quando o assunto é recuperação de estresse, as evidências para alguns benefícios nos primeiros meses da prática diária são mais subjetivas do que objetivas — e pouco confiáveis. Por outro lado a amígdala, um nódulo essencial nos circuitos de estresse do cérebro, exibe reatividade diminuída após trinta horas ou algo assim ao longo de oito semanas de prática de MBSR.

A meditação compassiva revela benefícios mais fortes logo de cara; apenas sete horas totais no decorrer de duas semanas levam à conectividade aumentada em circuitos importantes para a empatia e as emoções positivas, e eles são fortes o bastante para se manifestar fora do estado meditativo em si. Esse é o primeiro indício de um estado se transformando em traço, embora esses efeitos provavelmente não durem sem a prática diária. Mas o fato de se manifestarem fora do estado de meditação formal em si talvez reflita nossa configuração neural inata para a bondade básica.

Os iniciantes também conhecem melhorias na atenção desde cedo, incluindo menos divagação mental após *apenas oito minutos* de prática da mindfulness — um benefício com vida curta, na verdade. Mas mesmo limitar-se a duas semanas de prática é suficiente para produzir menos divagação mental e foco e memória de trabalho melhorados, o suficiente para um significativo incremento nas notas do GRE, o exame de admissão na pós-graduação. De fato, alguns resultados sugerem diminuição na ativação das regiões autorrelevantes do modo default com apenas dois meses de prática. Quando se trata da saúde física, há mais uma boa notícia: pequenas melhorias nos marcadores moleculares de envelhecimento celular parecem emergir com apenas trinta horas de prática.

Mesmo assim, todos esses efeitos dificilmente persistirão sem a prática continuada. De todo modo, esses benefícios parecem surpreendentemente robustos para iniciantes. Lição do dia: praticar meditação pode compensar rapidamente em alguns aspectos, mesmo que a pessoa tenha apenas começado.

NO LONGO PRAZO

Continuar com a meditação no decorrer dos anos oferece mais benefícios à medida que o praticante alcança a faixa de longo prazo para horas praticadas na vida, que gira em torno de mil a 10 mil horas. Isso pode significar uma sessão meditativa diária e talvez retiros anuais com mais treinamento durante uma semana ou algo assim — tudo mantido por vários anos. Os primeiros efeitos se aprofundam, ao passo que outros emergem.

Por exemplo, nessa faixa vemos o surgimento dos indicadores neurais e hormonais da reatividade ao estresse diminuída. Além do mais, a conectividade funcional no cérebro em um importante circuito para a regulação da emoção é fortalecida, e o cortisol, um hormônio-chave secretado pela glândula suprarrenal em reação ao estresse, diminui.

A prática da bondade amorosa e compaixão a longo prazo acentua a ressonância neural com o sofrimento alheio, junto com o interesse e uma propensão maior a realmente ajudar. A atenção, também, se fortalece em muitos aspectos com a prática a longo prazo: a atenção seletiva é estimulada, a piscada da atenção diminui, a atenção sustentada fica mais fácil e uma prontidão alerta para reagir aumenta. E praticantes de longa data exibem capacidade acentuada para a "regulação decrescente" da divagação mental e dos pensamentos auto-obsessivos no modo default, bem como um enfraquecimento da conectividade dentro desses circuitos — significando menos preocupação consigo mesmos. Essas melhorias muitas vezes se revelam durante os estados meditativos, e em geral tendem a se tornar traços.

Alterações em processos biológicos muito básicos, como um ritmo de respiração mais vagaroso, ocorrem apenas depois de muitos milhares de horas de prática. Alguns desses impactos parecem mais fortemente realçados pela prática intensiva em retiro do que com a prática diária.

Mesmo que a evidência permaneça inconclusiva, a neuroplasticidade derivada da prática de longo prazo parece ocasionar mudanças cerebrais não só estruturais como também funcionais, tal como maior conexão de trabalho entre a amígdala e os circuitos regulatórios nas áreas pré-frontais. E os circuitos neurais do núcleo accumbens associados a "querer" ou apego parecem encolher com a prática de longo prazo.

Embora em geral vejamos níveis de mudanças com mais horas de meditação ao longo da vida, suspeitamos que haja diferentes graus de mudança em sistemas neurais díspares. Por exemplo, os benefícios da compaixão vêm antes do domínio do estresse. Esperamos que estudos futuros forneçam os detalhes de uma dinâmica de dose-resposta para vários circuitos cerebrais.

Sinais intrigantes sugerem que meditadores de longa data até certo ponto experimentam um estado por efeitos de traço que acentua a potência de sua prática. Alguns elementos do estado meditativo, como ondas gama, podem continuar durante o sono. E o retiro de um dia feito por meditadores experientes beneficiou sua resposta imune no nível genético — resultado que assombrou o mundo médico.

OS IOGUES

Nesse nível elevado (cerca de 12 mil a 62 mil horas de prática durante a vida, incluindo muitos anos em retiro remoto), efeitos realmente notáveis vêm à tona. A prática envolve em parte converter estados meditativos em traços — o termo tibetano para isso se traduz como "familiarizar-se" com a mentalidade meditativa. Os estados meditativos se fundem com as atividades diárias, conforme os estados alterados se estabilizam em traços alterados para virar características duradouras.

Aqui o grupo de Richie viu sinais de traços alterados na função e até na estrutura cerebral do iogue, junto com qualidades humanas fortemente positivas. Um salto nas oscilações gama sincronizadas inicialmente observado durante a meditação compassiva também foi encontrado, embora em menor extensão, no estado de linha basal. Em outras palavras, para os iogues esse estado se tornou um traço.

Estado por interações de traço significa que o que acontece durante a meditação pode ser muito diferente para os iogues, manifestando-se nitidamente quando comparado a novatos realizando a mesma prática. Talvez a evidência mais forte venha da reação dos iogues à dor física durante a simples prática da mindfulness: um acentuado "V invertido", com pouca atividade cerebral durante a antecipação da dor, um pico intenso mas muito curto durante a dor, seguido da recuperação muito rápida.

Para a maioria de nós que medita, a concentração exige esforço mental, mas, para os iogues com maior quantidade de horas ao longo da vida, ela vem fácil. Assim que sua atenção se fixa em um estímulo-alvo, seus circuitos neurais para atenção esforçada se aquietam, enquanto sua atenção segue perfeitamente focada.

Quando os iogues meditam sobre a compaixão, há um fortalecimento da união entre coração e cérebro além do que normalmente é visto. Finalmente, há aqueles dados empolgantes mostrando encolhimento no núcleo accumbens nos meditadores de longo prazo, sugerindo que podemos encontrar novas mudanças estruturais no cérebro do iogue que favoreçam a diminuição do apego, da possessividade e do foco em si próprio. Precisamente que outras alterações neurais como essa pode haver, e o que significam, aguarda por ser descoberto em pesquisas futuras.

O DEPOIS

Essas informações notáveis meramente aludem ao pleno florescimento do caminho contemplativo nesse nível. Parte desses resultados surgiu por acaso — como quando Richie decidiu verificar os dados de linha basal para os iogues ou olhar para o grupo mais experiente em comparação com o resto.

E depois há a evidência anedótica: quando o laboratório de Richie pediu a um iogue para coletar sua saliva a fim de verificar a atividade de seu cortisol enquanto estava em retiro, os níveis foram tão baixos que fugiram à escala-padrão, e o laboratório teve de ajustar a faixa de variação do teste para baixo.

Algumas tradições budistas falam desse nível de estabilização como o reconhecimento de uma "bondade básica" interior que permeia a mente e as atividades da pessoa. Como disse um lama tibetano sobre seu professor, um mestre reverenciado por todas as linhagens contemplativas tibetanas, "Alguém como ele tem uma consciência em duas camadas" — querendo dizer que suas realizações meditativas são um pano de fundo firme para tudo mais que ele faz.

Diversos laboratórios — inclusive o de Richie e Judson Brewer — notaram que meditadores mais avançados podem manifestar um padrão cerebral enquanto em repouso parecido com o de um estado meditativo como mindfulness ou bondade amorosa. Isso não acontece com iniciantes.[2] Essa comparação da linha basal do meditador especializado com alguém novo na prática se destaca como um marco para a maneira como os traços alterados se manifestam na pesquisa, embora oferecendo um mero instantâneo.

Talvez um dia um estudo superprolongado venha a fornecer o equivalente de um vídeo sobre como emergem os traços alterados. Por ora, como conjecturou o grupo de Brewer, a meditação parece transformar o estado de repouso — o modo default do cérebro — para se parecer com o estado meditativo.

Ou, como afirmamos lá atrás, o depois é o antes do durante seguinte.

EM BUSCA DE UMA ALTERAÇÃO PERMANENTE

"Se o coração vagueia ou fica distraído", aconselhou Francisco de Sales (1567-1622), um santo católico, "traze-o de volta ao ponto mui gentilmente [...] e mesmo que nada tenhas feito durante a totalidade da tua hora senão trazer teu coração de volta [...] embora ele tenha se afastado a cada vez, tua hora terá sido muito bem empregada."[3]

Praticamente todos os meditadores executam uma série comum de passos, independentemente das especificidades da prática. Eles começam com um foco pretendido — mas então, após algum tempo, sua mente divaga. Quando você percebe que ela saiu do rumo, pode dar o passo final: trazê-la de volta ao foco original.

Uma pesquisa na Universidade Emory feita por Wendy Hasenkamp (aluna do SRI e hoje diretora de ciência no Mind and Life Institute) revelou que as conexões entre as regiões cerebrais envolvidas nesses passos são mais fortes entre meditadores experientes.[4] Fato importante, as diferenças entre o meditador e os indivíduos do grupo de controle foram identificadas não só na meditação como também no estado de "repouso" comum — sugerindo um possível efeito de traço.

A medição de horas ao longo da vida oferece uma oportunidade madura para correlacionar esse número com, digamos, mudanças no cérebro. Mas assegurar que tal associação não se deva à autosseleção ou a outros fatores parecidos exige mais um passo: um estudo longitudinal onde, em termos ideais, o impacto fica mais forte à medida que a prática continua (além de um grupo de controle ativo acompanhado pela mesma duração de tempo que não mostre tais mudanças).

Dois estudos longitudinais — o trabalho de Tania Singer sobre empatia e compaixão e o de Cliff Saron sobre o *shamatha* — renderam parte dos dados mais convincentes até o momento sobre o potencial da meditação para criar traços alterados. E então há algumas surpresas.

Peguemos um resultado da pesquisa de Tania. Ela observa que alguns pesquisadores se perguntaram por que meditadores que tiveram o corpo escaneado diariamente (como no método de Goenka) não apresentaram melhoria alguma na contagem de seus batimentos, um teste-padrão de "interocepção", ou sintonia com o corpo.

Ela encontrou uma resposta em seu ReSource Project. A capacidade de estar ciente dos sinais corporais como batimento cardíaco não aumentou após três meses de prática diária de "presença", que inclui um escaneamento do corpo em mindfulness. Entretanto, esses progressos começaram a se manifestar após seis meses, com ganhos ainda maiores após nove meses. Alguns benefícios levam tempo para amadurecer — o que os psicólogos chamam de efeito "sonâmbulo".

Considere a história do iogue que passou anos isolado numa caverna nos Himalaias. Um dia um viajante aparece e, vendo o iogue, pergunta o que ele está fazendo. "Meditando sobre a paciência", diz o iogue.

"Nesse caso", responde o viajante, "vai pro inferno!"

Ao que o iogue retruca raivosamente: "Vai pro inferno você!".

Essa piada (como a do iogue no bazar) serviu por séculos como uma advertência para os praticantes sérios, lembrando que o teste de sua prática é a própria vida, não horas de meditação em isolamento. Um traço como paciência deve nos tornar imperturbáveis, independentemente do que a vida ponha em nosso caminho.

O Dalai Lama contou essa anedota, esclarecendo: "Há um ditado em tibetano que afirma que em alguns casos os praticantes aparentam externamente ser santos, coisa que perdura quando tudo está bem — enquanto o sol brilha e a barriga está forrada. Mas ao serem confrontados por um desafio ou crise real, eles se tornam iguais a qualquer um".[5]

A "catástrofe total" de nossas vidas oferece o melhor teste de durabilidade dos traços alterados. Embora o baixíssimo nível de cortisol de um iogue em retiro nos informe o quanto ele consegue ficar relaxado, seu nível de cortisol durante um dia caótico revelaria se isso se tornou um traço alterado, permanente.

PERÍCIA

Todo mundo já ouviu dizer que leva cerca de 10 mil horas de prática para dominar uma atividade como programação de computadores ou golfe, certo?

Errado.

Na realidade, a ciência mostra que algumas habilidades (como memorização) podem ser dominadas em apenas duzentas horas. Vindo mais ao caso, o laboratório de Richie descobriu que mesmo entre os praticantes de meditação — todos os quais contando com pelo menos 10 mil horas de prática — a perícia continua a aumentar regularmente com a quantidade de horas ao longo da vida.

Isso não seria surpresa para Anders Ericsson, o cientista cognitivo cujo trabalho sobre perícia — para seu aborrecimento — deu origem à crença incorreta mas amplamente difundida dos poderes mágicos das 10 mil horas para atingir a maestria numa atividade.[6] Mais do que as meras horas de prática empregadas, a pesquisa de Ericsson revela até que ponto essas horas são utilizadas com *inteligência*.

O que ele chama de prática "deliberada" envolve um coach especializado transmitindo feedback sobre como estamos nos saindo, de modo que possamos praticar o aperfeiçoamento de uma maneira voltada para o nosso progresso. Um golfista pode obter conselhos com seu coach sobre como exatamente melhorar seu swing; do mesmo modo, um cirurgião-residente, com médicos mais experientes. E uma vez que o golfista e o cirurgião tenham praticado esses progressos ao ponto da proficiência, o coach pode fornecer mais feedback para sua próxima rodada de aperfeiçoamento.

É por isso que tantos profissionais — do esporte, teatro, xadrez, música e tantas outras áreas da vida — continuam a manter coaches durante toda sua carreira. Por melhor que você seja, sempre pode ficar um pouco melhor. Em áreas competitivas, pequenas melhorias podem fazer toda a diferença entre ganhar ou perder. E, se você não está competindo, procura dar o melhor que tem para se aprimorar ainda mais.

O mesmo se aplica à meditação. Peguemos o caso de Richie e Dan. Continuamos a praticar regularmente ao longo das décadas, por muitos desses anos fazendo um ou dois retiros de uma semana. Ambos praticamos meditação toda manhã há mais de quarenta anos (a não ser quando algo como um voo às seis, por exemplo, quebrava a rotina). Embora possamos tecnicamente ser considerados meditadores de "longo prazo", com algo próximo de 10 mil horas durante a vida, nenhum de nós se sente particularmente evoluído no que diz respeito a traços alterados extremamente positivos. Por quê?

Para começar, os dados sugerem que meditar durante uma sessão diária é muito diferente de fazer um retiro de muitos dias ou ainda mais prolongado. Vejamos um resultado que emergiu inesperadamente no estudo de meditadores experientes (9 mil horas em média) e sua reatividade ao estresse (ver capítulo 5, "Uma mente imperturbável").[7] Quanto mais forte a conectividade entre a área pré-frontal dos meditadores e a amígdala, menos reativos eles ficavam. A surpresa: o maior aumento na conexão pré-frontal com a amígdala estava relacionado à quantidade de horas que o meditador passara em retiro, mas não meditando por conta própria.

Nessa mesma linha, outro resultado surpreendente veio do estudo do ritmo da respiração. As horas de prática em retiro de um meditador estavam mais fortemente relacionadas a respiração mais vagarosa, muito mais do que a prática diária.[8]

Uma diferença importante acerca da meditação em retiro é que há professores disponíveis para fornecer orientação — como coaches. E depois há a pura intensidade da prática — os meditadores normalmente passam até oito horas (e às vezes muito mais) por dia em prática formal, muitas vezes por vários dias seguidos. E muitos ou a maioria dos retiros ficam ao menos parcialmente em silêncio, o que pode muito bem contribuir para aprofundar a intensidade. Tudo isso se agrega para uma oportunidade única de acentuar a curva do aprendizado.

Outra diferença entre os amadores e os especialistas tem a ver com o *modo* como praticam. Os amadores aprendem os movimentos básicos — seja no golfe, no xadrez ou, presumivelmente, na meditação mindfulness e outras — e muitas vezes se estabilizam após cerca de cinquenta horas de aperfeiçoamento com a prática. No resto do tempo, seu nível de habilidade permanece mais ou menos igual — a prática adicional não leva a grandes progressos.

Especialistas, por outro lado, praticam de forma diferente. Fazem sessões intensivas sob o olhar atento de um coach, que lhes sugere no que trabalhar em seguida para ficar ainda melhores. Isso leva a uma curva de aprendizado contínua com progressos regulares.

Esses resultados apontam para a necessidade de um professor, alguém mais avançado do que você, que pode lhe fornecer instruções sobre como melhorar. Ambos continuamos a procurar orientação com professores de meditação ao longo dos anos, mas a oportunidade surge apenas esporadicamente em nossas vidas.

O *Visuddhimagga* aconselha os praticantes a procurarem guias mais experientes. Essa antiga lista de mestres potenciais começa idealmente no topo, com orientações de um *arhant* (palavra páli para um meditador plenamente capacitado, alguém em nível olímpico). Se não houver nenhum disponível, o conselho é apenas encontrar alguém mais rodado do que você — no mínimo, alguém que tenha lido um sutra, uma passagem de um texto sagrado, caso você nunca tenha lido um. No mundo de hoje, isso pode ser o equivalente de receber instrução de alguém que já experimentou um aplicativo de meditação — é melhor do que nada.

EQUIPARAÇÃO CEREBRAL

"Seu programa", escreveu Dan para Jon Kabat-Zinn, "poderia estar disseminado pelo sistema de saúde." Mal sabia ele. O ano era 1983, e Jon continuava trabalhando duro para fazer os médicos em seu centro lhe mandarem pacientes.

Dan estava encorajando Jon a fazer uma pesquisa sobre a eficácia do programa — talvez uma pequena semente das centenas de estudos como esse sobre a MBSR, atualmente. Dan e Richie, com seu orientador de tese em Harvard, haviam concebido uma medida sensível para saber se as pessoas sentem a ansiedade na mente ou no corpo. Observando que o programa de MBSR oferecia práticas tanto cognitivas como somáticas, Dan sugeriu que Jon examinasse "quais elementos funcionam melhor para que tipo".

Jon seguiu em frente com esse estudo; um resultado foi que os indivíduos no extremo de preocupações e pensamentos ansiosos (ou seja, ansiedade cognitiva) encontraram maior alívio ao fazer a ioga em MBSR.[9] Isso levanta a questão para todos os tipos de meditação — e as versões acessíveis mais amplamente empregadas que derivam delas: que modalidades de prática são mais úteis para quais pessoas?

A equiparação entre aluno e método guarda antigas raízes. No *Visuddhimagga*, por exemplo, os mestres são aconselhados a observar com cuidado seus pupilos para avaliar em que categoria se encaixam — um tipo "cobiçoso" ou "odioso" constituindo dois exemplos —, de modo a combiná-los melhor a circunstâncias e métodos mais adequados. Esses emparelhamentos, que para a sensibilidade moderna talvez pareçam um pouco arcaicos, incluem: para o cobiçoso (que, por exemplo, nota primeiro o que é bonito), comida ruim e acomodações desconfortáveis, e a repugnância de partes corporais como objeto de meditação. Para o odioso (que nota primeiro o que está errado), a melhor comida e um quarto com cama confortável para dormir e meditar sobre temas calmantes como bondade amorosa ou serenidade.

Uma equiparação ideal com base mais científica poderia começar pela utilização de mensurações existentes dos estilos cognitivos e emocionais das pessoas, como Richie e Cortland Dahl propuseram.[10] Por exemplo, para aqueles propensos a ruminar e se preocupar consigo próprios, uma prática de iniciante útil pode ser a mindfulness de pensamentos, onde eles aprendem a encarar a matéria pensante como "apenas pensamento", sem ficar enredados em seu conteúdo (ou ioga, como Jon descobriu). E talvez um feedback da sua reação de suor, uma medida do sequestro emocional pelos pensamentos, poderia ser uma ajuda extra. Já uma pessoa com atenção forte, focada, mas déficit de consideração empática, poderia começar com a prática compassiva.

É possível que um dia essas equiparações se baseiem em neuroimagens capazes de ajudar a pessoa a encontrar o melhor método. Essa combinação da medicina com o diagnóstico já acontece em alguns centros médicos acadêmicos com a "medicina de precisão", em que os tratamentos são feitos sob medida para a constituição genética específica do indivíduo.

TIPOLOGIAS

Neem Karoli Baba, o iogue ilustre que Dan conheceu em sua primeira visita à Índia, costumava se estabelecer em templos e ashrams hindus dedicados a Hanuman, o deus-macaco. Seus seguidores praticavam bhakti, a ioga da devoção predominante nas partes da Índia onde ele ficava.

Embora nunca falasse sobre sua própria história de prática, pequenos bocados escapavam aqui e ali. Contava-se que ele vivera por um longo tempo como iogue na selva; alguns diziam que também praticara por anos em uma caverna subterrânea. Suas meditações eram devocionais, dedicadas a Ram, o herói do épico indiano *Ramayana*; ele podia ser ouvido às vezes recitando "Ram, Ram, Ram..." baixinho, ou contando o mantra em seus dedos.

Dizia-se também que viajara a Meca nos anos 1930 na companhia de um muçulmano devoto. Para os ocidentais, fazia o louvor de Cristo. Por dois anos tomou sob sua proteção e ficou amigo íntimo de Lama Norla, que fugira do Tibete para a Índia em 1957, muito antes de haver assentamentos para tais refugiados. (Lama Norla foi um mestre de retiro numa das mesmas linhas de meditação praticada por Mingyur Rinpoche.)

Se alguém seguia determinado caminho interior, Neem Karoli sempre o encorajava. De sua perspectiva, o ponto principal era que a pessoa fizesse sua própria prática — não que tentasse encontrar "a melhor de todas".

Sempre que perguntavam a Neem Karoli sobre qual o melhor caminho, sua resposta era *"Sub ek!"* — "todos eles são um só", em hindi. Todo mundo tem diferentes preferências, necessidades e assim por diante. Simplesmente escolha uma prática e mergulhe nela de cabeça.

Sob esse ponto de vista os caminhos contemplativos são mais ou menos os mesmos, uma porta para além da experiência comum. Em um nível prático, todas as formas de meditação compartilham de um núcleo comum de treinamento mental — por exemplo, aprender a se libertar da miríade de distrações que fluem pela mente e a focar um único objeto de atenção ou postura de consciência.

Mas à medida que vamos nos familiarizando com a mecânica dos vários caminhos, eles se dividem e se agrupam. Por exemplo, alguém recitando silenciosamente um mantra e ignorando tudo mais mobiliza operações mentais diferentes de uma pessoa que observa com atenção plena os pensamentos que passam.

E, no nível de sintonia mais fina, cada caminho em suas particularidades é absolutamente único. Um aluno de bhakti ioga que entoa *bhajans* devocionais para uma deidade pode partilhar de alguns aspectos, mas não de outros, com um praticante vajrayana que silenciosamente gera uma imagem deificada, como a compassiva Tara Verde, junto com a tentativa de gerar as qualidades que acompanham essa imagem.

Convém notar que os três níveis de prática bem estudados até o momento — iniciante, longo prazo e iogue — estão agrupados em torno de diferentes tipos de meditação: sobretudo mindfulness para os iniciantes, vipassana para os praticantes de longa data (com alguns estudos de zen, além disso) e, para os iogues, as linhas tibetanas conhecidas como Dzogchen e Mahamudra. Coincidentemente, nossa própria história de prática seguiu essa trajetória acidentada, e em nossa experiência há diferenças significativas entre esses três métodos.

A mindfulness, por exemplo, faz o meditador testemunhar quaisquer pensamentos e sentimentos que passem pela mente. A vipassana começa aí, depois transita para uma metaconsciência dos processos da mente, não dos conteúdos cambiantes. E os ensinamentos Dzogchen e Mahamudra incluem ambas as coisas nos primeiros estágios — e um monte de outros tipos de meditação —, mas terminam numa postura "não dual", repousando em um nível mais sutil de "metaconsciência". Isso levanta uma questão científica sobre o vetor da transformação: podemos extrapolar insights da mindfulness e aplicá-los à vipassana (uma transição tradicional) e da vipassana para as práticas tibetanas?

As taxonomias ajudam a ciência a organizar tais questões, e Dan tentou uma para meditação.[11] Sua imersão no *Visuddhimagga* lhe ofereceu uma lente para categorizar a desconcertante miscelânea de estados e métodos de meditação que conheceu em suas viagens pela Índia. Ele construiu uma classificação em torno da diferença entre a concentração com foco no objeto e a consciência da mindfulness, mais inconstante, um grande divisor dentro da prática vipassana (e também nas linhas tibetanas, mas com significados muito diferentes — a coisa se complica).

Uma tipologia mais inclusiva — e mais atual — feita por Richie com seus colegas Cortland Dahl e Antoine Lutz organiza o pensamento sobre "aglomerados" de meditação com base em um corpo de resultados encontrados na ciência cognitiva e na psicologia clínica.[12] Eles enxergam três categorias:

- *Atentiva*. Essas meditações focam em aspectos de treinamento da atenção, seja na concentração, como focar a respiração, numa observação atenta (*mindful*) da experiência, num mantra ou na metaconsciência, como na *open presence*.
- *Construtiva*. Cultivar qualidades virtuosas, como bondade amorosa, tipifica esses métodos.
- *Desconstrutiva*. Como com a prática do insight, esses métodos usam a auto-observação para penetrar na natureza da experiência. Eles incluem abordagens "não duais" que passam a um modo em que a cognição comum não mais predomina.

Uma tipologia amplamente inclusiva deixa gritantemente claro como a pesquisa de meditação tem focado em um subconjunto estreito de métodos e ignorado o universo bem mais amplo de técnicas. O grosso da pesquisa se concentra na MBSR e em abordagens semelhantes baseadas em mindfulness, e tem havido muitos estudos de bondade amorosa e MT, bem como um punhado sobre zen.

Mas as muitas variedades de meditação além dessas podem perfeitamente visar sua própria gama de circuitos cerebrais e cultivar seu conjunto único de qualidades particulares. Esperamos que, à medida que a ciência contemplativa cresça, os pesquisadores estudem uma variedade mais ampla de meditações, não apenas um pequeno ramo da árvore toda. Embora os resultados até o momento sejam encorajadores, poderia muito bem haver outros dos quais ainda não fazemos ideia.

Quanto mais ampla a rede, mais vamos compreender como o treinamento em meditação molda o cérebro e a mente. Quais, por exemplo, podem ser os benefícios da prática de meditação dos dervixes rodopiantes de algumas escolas sufistas ou do canto devocional no ramo bhakti do hinduísmo? Ou da meditação analítica praticada por certos budistas tibetanos, bem como por algumas escolas de iogues hindus?

Sejam quais forem as particularidades de uma linha meditativa, elas compartilham um objetivo comum: os traços alterados.

CHECKLISTS PARA TRAÇOS ALTERADOS

Cerca de quarenta repórteres, fotógrafos e operadores de câmeras de TV se apertavam em uma pequena sala subterrânea, parte da cripta sob o piso principal da catedral de Westminster, em Londres. Estavam ali para uma coletiva de imprensa com o Dalai Lama, que iria receber o Prêmio Templeton — mais de 1 milhão de dólares entregues todo ano em reconhecimento a uma "contribuição excepcional em afirmar a dimensão espiritual da vida".

Richie e Dan estavam em Londres nessa coletiva de imprensa para fazer um breve resumo sobre a busca de conhecimento científico empreendida a vida toda pelo Dalai Lama, bem como sua visão de que tanto a ciência como a religião compartilham objetivos comuns: buscar a verdade e servir à humanidade.

Em resposta à última pergunta na coletiva, o Dalai Lama anunciou o que faria com o prêmio: doaria tudo. Ele explicou que não precisa de dinheiro — é um simples monge e, além do mais, um hóspede do governo indiano, que cuida de todas as suas necessidades.

Assim, no momento em que recebe o prêmio, ele prontamente entrega o milhão e pouco para a Save the Children, em consideração ao trabalho global que a organização faz com crianças pobres do mundo todo, e por terem ajudado os refugiados tibetanos após a invasão chinesa. Depois, entrega o que resta para o Mind and Life Institute e para a Universidade Emory, por seu programa em língua tibetana para educar monges na ciência.

Nós o vimos fazer isso repetidas vezes. Sua generosidade parece espontânea e destituída de qualquer remorso ou vontade de conservar algo para si. Uma generosidade como essa, instantânea e desapegada, marca uma das diversas qualidades encontradas em listas tradicionais de *paramitas* ("completude ou perfeição"; literalmente, "chegado à outra margem"), traços virtuosos que marcam o progresso nas tradições contemplativas.

Uma obra definitiva sobre as *paramitas*, chamada *O caminho do bodhisattva*, foi escrita por Shantideva, monge do século VIII, na Universidade Nalanda, na Índia, um dos primeiros lugares no mundo a oferecer ensino superior. O

Dalai Lama frequentemente ensina esse texto, sempre admitindo sua dívida para com seu próprio professor — Khunu Lama, o mesmo humilde monge que Dan conheceu em Bodh Gaya.

Entre as *paramitas*, abraçadas pelas tradições práticas dos iogues que foram ao laboratório de Richie, encontram-se a *generosidade*, seja material, como o Dalai Lama doando todo o dinheiro do prêmio recebido, seja com a simples presença, dar a si mesmo; e a *conduta ética*, não fazer mal a si ou aos outros e seguir diretrizes de autodisciplina.

Outras: *paciência*, tolerância e compostura. Isso implica também uma serenidade plácida. "Paz verdadeira", disse o Dalai Lama a um público no MIT, "é quando sua mente passa 24 horas do dia sem medo nem ansiedade."

Há *esforço* enérgico e diligência; *concentração* e não distração; e *sabedoria*, no sentido de insights que vêm por meio da profunda prática meditativa.

Essa ideia de efetivar o melhor de nós como traços duradouros ressoa amplamente nas tradições espirituais. Como vimos no capítulo 3, "O depois é o antes do durante seguinte", filósofos greco-romanos preconizavam um conjunto de virtudes sobrepostas. E um ditado sufi afirma: "Bondade de caráter é prosperidade suficiente".[13]

Considere a história do rabino Leib, aluno do rabino Dov Baer, um professor hassídico do século XVIII. Naquele tempo, os alunos nessa tradição estudavam principalmente tomos religiosos e escutavam sermões sobre passagens da Torá, seu livro sagrado. Mas Leib tinha um objetivo diferente.

Ele não procurara Dov Baer, seu mentor religioso, para estudar textos ou ouvir sermões, afirmou Leib. Antes, fora ver "como ele amarra os sapatos".[14]

Em outras palavras, o que buscava era testemunhar e absorver as qualidades de ser encarnadas por seu professor.

Há compatibilidades intrigantes entre os dados científicos e os antigos mapas de traços alterados. Por exemplo, um texto tibetano do século XVIII informa que entre os sinais de progresso espiritual estão a bondade amorosa e uma forte compaixão por qualquer pessoa, o contentamento e "desejos fracos".[15]

Essas qualidades parecem casar com indicadores de alterações cerebrais que acompanhamos nos capítulos anteriores: circuitos estimulados para a consideração empática e o amor parental, uma amígdala mais relaxada e volume diminuído dos circuitos cerebrais associados ao apego.

Todos os iogues que foram ao laboratório de Richie haviam praticado em uma tradição tibetana cuja filosofia às vezes pode ser desconcertante: todo mundo tem a natureza do Buda, mas simplesmente não a percebemos. Sob esse ponto de vista, o cerne da prática passa a ser perceber as qualidades intrínsecas, o que já está presente, mais do que o desenvolvimento de alguma nova habilidade interior. Dessa perspectiva, os notáveis resultados neurais e biológicos encontrados entre os iogues não são tanto sinais do desenvolvimento de uma habilidade, mas, antes, dessa qualidade de perceber.

Os traços alterados são acréscimos a nossa natureza ou aspectos revelados que estavam ali o tempo todo? Nesse estágio do desenvolvimento da ciência contemplativa é difícil defender um lado desse debate. Há, entretanto, um corpo de descobertas científicas cada vez mais robusto, mostrando, por exemplo, que se uma criança pequena assiste a marionetes interagindo de forma altruísta e amigável ou, por outro lado, com egoísmo e agressividade, ao escolher uma delas para segurar sempre prefere as que manifestaram cordialidade.[16] Essa tendência natural continua ao longo dos anos de infância.

Esses resultados são consistentes com a visão de virtudes preexistentes como uma bondade básica intrínseca e estimulam a possibilidade de que treinar em bondade amorosa e compaixão envolve reconhecer desde cedo uma qualidade essencial que está presente e fortalecê-la. Nesse sentido, os praticantes talvez não estejam desenvolvendo uma nova habilidade, mas antes cultivando uma competência básica, muito ao modo como a língua é desenvolvida.

Se todo leque de qualidades supostamente aprimoradas por diferentes práticas meditativas é mais bem visto dessa forma ou mais como um desenvolvimento de habilidade, isso será decidido pelo trabalho científico futuro. Nós simplesmente acolhemos a ideia de que pelo menos alguns aspectos da prática de meditação podem ser menos como aprender uma nova habilidade e mais como reconhecer uma propensão básica existente desde o início.

O QUE DEIXAMOS ESCAPAR?

Historicamente, a meditação não se destinava a melhorar a saúde, relaxar ou levar ao sucesso no trabalho. Embora esse seja o tipo de apelo que tornou a meditação onipresente nos dias de hoje, ao longo dos séculos esses benefícios foram incidentais, efeitos colaterais despercebidos. A verdadeira meta contemplativa sempre foram os traços alterados.

Os sinais mais fortes dessas qualidades estão no grupo de iogues que passaram pelo laboratório de Richie. Isso levanta uma questão crucial para compreender como funciona a prática contemplativa. Todos esses iogues praticam dentro de uma tradição espiritual, no modo "profundo". Contudo, a maioria de nós no mundo atual prefere uma prática fácil (e breve), uma abordagem pragmática que tende a tomar emprestado o que funciona e deixar o resto de lado.

E muita coisa tem sido deixada de lado à medida que as ricas tradições contemplativas do mundo se tornaram formas acessíveis. À medida que a meditação migra de seu cenário original para adaptações populares, o que foi deixado para trás é ignorado ou esquecido.

Alguns componentes importantes da prática contemplativa não são a meditação em si. Nos caminhos profundos, a meditação representa apenas parte de uma gama de meios para ajudar a aumentar a autoconsciência, obter insights das sutilezas da consciência e, em última instância, atingir uma transformação duradoura do ser. Essas metas intimidadoras exigem dedicação de uma vida inteira.

Os iogues que foram ao laboratório de Richie praticavam todos em uma tradição tibetana que defende que, no fim das contas, todas as pessoas podem ficar livres de qualquer tipo de sofrimento — e que o meditador se prepara para essa grande tarefa mediante o treinamento mental. Parte dessa mentalidade iogue envolve desenvolver mais serenidade em relação a nosso mundo emocional, bem como a convicção de que a meditação e as práticas correlatas podem produzir transformação duradoura — traços alterados.

Embora alguns dos que seguem o caminho "profundo" no Ocidente possam partilhar de tais convicções, outros que treinam nesses mesmos métodos o fazem num caminho para a renovação — algo como férias interiores —, mais do que numa vocação de vida inteira. (Isso posto, as motivações podem mudar com o progresso, de modo que o que levou alguém à meditação talvez não seja o mesmo objetivo que faz a pessoa prosseguir.)

A sensação de missão vital centrada na prática figura entre esses elementos muitas vezes deixados para trás, mas isso pode fazer grande diferença. Entre outras coisas que podem, de fato, ser cruciais para cultivar traços alterados no nível encontrado entre os iogues estão:

- Uma postura ética, o conjunto de diretrizes morais que facilita as mudanças interiores no caminho. Muitas tradições estimulam essa bússola interior, de modo que quaisquer capacidades desenvolvidas não sejam usadas para ganho pessoal.
- Intenção altruísta, em que o praticante invoca a forte motivação de praticar pelo bem de todos, não apenas seu.
- Fé fundamentada, a mentalidade de que um caminho particular tem valor e levará você à transformação que almeja. Alguns textos advertem contra a fé cega e instam os alunos a investigar diligentemente para encontrar um professor.
- Orientação personalizada. Um professor informado que o treine no caminho, dando-lhe os conselhos de que você precisa para o passo seguinte. A ciência cognitiva sabe que atingir maestria de primeiro nível exige tal feedback.
- Devoção, uma profunda apreciação de todas as pessoas, princípios etc. que tornam a prática possível. A devoção também pode se dirigir às qualidades de uma figura divina, um professor ou os traços alterados ou qualidade mental do professor.
- Comunidade. Um círculo de amigos que forneçam apoio no caminho e que também se dediquem à prática. Contraste isso com o isolamento de muitos meditadores modernos.
- Uma cultura de apoio. Culturas asiáticas tradicionais há muito reconhecem o valor de pessoas que devotam a vida a se transformar para encarnar as virtudes da atenção, paciência, compaixão etc. Quem trabalha e tem família de bom grado apoia os que se dedicam à prática profunda, dando-lhes dinheiro, alimento e em tudo mais facilitando sua vida. Não é bem assim nas sociedades modernas.
- Potencial para traços alterados. A mera ideia de que essas práticas podem levar a uma libertação de nossos estados mentais comuns — não só ao autoaperfeiçoamento — sempre moldou essas práticas, fomentando o respeito ou a reverência pelo caminho e pelos que nele estão.

Não temos como saber de que maneira qualquer uma dessas coisas "deixadas para trás" pode de fato constituir ingrediente ativo nos traços alterados que a pesquisa científica começou a documentar no laboratório.

DESPERTAR

Logo após completar sua jornada interior em Bodh Gaya, Sidarta Gautama, o príncipe que renunciou a sua nobreza, encontrou alguns iogues errantes. Percebendo que Gautama passara por algum tipo de transformação notável, perguntaram-lhe: "És um deus?".

Ao que ele respondeu: "Não. Estou desperto".

A palavra sânscrita para "desperto", *bodhi*, deu a Gautama o nome pelo qual o chamamos hoje, Buda — o Desperto. Ninguém sabe ao certo o que esse despertar acarretava, mas nossos dados sobre os iogues mais avançados podem fornecer algumas pistas. Por exemplo, há esse nível elevado de gama contínuo, que parece fornecer uma sensação de espacialidade vasta, os sentidos plenamente abertos, enriquecendo a experiência cotidiana — até o sono profundo, sugerindo uma qualidade de despertar ativa 24 horas.[17]

A metáfora de nossa consciência ordinária como um tipo de sono, e uma mudança interior levando a ficar "desperto", possui longa história e ampla circulação. Embora várias escolas de pensamento debatam a questão, não estamos preparados nem qualificados para entrar nos incontáveis debates sobre o que exatamente significa "despertar", tampouco argumentamos que a ciência possa arbitrar debates metafísicos.

Assim como a matemática e a poesia são formas diferentes de conhecer a realidade, a ciência e a religião representam campos de ensino, domínios de autoridade, áreas de inquirição e formas de conhecimento distintos — a religião fala de valores, crenças e transcendência, e a ciência, de fatos, hipóteses e racionalidade.[18] Ao fazer a medição da mente dos praticantes, não nos referimos ao valor de verdade em que as diversas religiões têm esses estados mentais.

Objetivamos algo mais pragmático: O que nesses processos de transformação do caminho profundo pode ser extraído que tenha um amplo benefício universal? Podemos aproveitar a mecânica do caminho profundo para criar benefícios para um número maior de pessoas?

EM RESUMO

Com as primeiras horas, dias e semanas de meditação, diversos benefícios emergem. Para começar, o cérebro dos iniciantes mostra menos reatividade amigdalar ao estresse. Incrementos na atenção após somente duas semanas de prática incluem foco melhorado, menos divagação mental e memória de trabalho aumentada — com uma compensação concreta em notas melhores no exame de admissão para a pós-graduação. Parte dos mais novos benefícios está na meditação compassiva, incluindo conectividade aumentada nos circuitos de empatia. E marcadores para inflamação diminuem um pouco com apenas trinta horas de prática. Embora esses benefícios venham à tona mesmo com horas de prática notavelmente modestas, tendem a ser um tanto frágeis e necessitam de sessões diárias para se manter.

Para os meditadores de longo prazo, aqueles com cerca de mil horas ou mais de prática, os benefícios documentados até o momento são mais sólidos, com alguns outros acrescentados à mistura. Há indicadores cerebrais e hormonais de reatividade reduzida ao estresse e inflamação diminuída, um robustecimento dos circuitos pré-frontais para administrar o estresse e níveis mais baixos de cortisol, sinalizando menos reatividade a estresse em geral. A meditação compassiva nesse nível traz uma sintonia neural maior com pessoas sofrendo, e maior inclinação a fazer algo para ajudá-las.

Quando se trata da atenção, há toda uma gama de benefícios: atenção seletiva mais forte, lapsos de atenção diminuídos, maior facilidade em sustentar a atenção, uma prontidão ampliada para reagir ao que possa acontecer e menos divagação mental. Junto com menos pensamentos obcecados consigo mesmo vem um enfraquecimento dos circuitos de apego. Outras mudanças biológicas e cerebrais incluem ritmo de respiração mais lento (indicando uma diminuição da taxa metabólica). Um retiro de um dia inteiro reforça o sistema imune e sinais de estados meditativos continuam durante o sono. Todas essas mudanças sugerem a emergência de traços alterados.

Finalmente, há os iogues de nível "olímpico", que têm uma média de 27 mil horas de meditação ao longo da vida. Eles revelam sinais claros de traços alterados, tais como ondas gama amplas em sincronia entre regiões cerebrais distantes — padrão cerebral nunca visto antes —, e que ocorrem também em repouso entre esses iogues com mais horas de prática. Embora mais fortes durante as práticas de *open presence* e compaixão, as ondas gama continuam enquanto a mente está em repouso. Além disso, o cérebro dos iogues parece envelhecer mais vagarosamente, comparado ao de outras pessoas na mesma faixa etária.

Outros sinais da perícia iogue incluem interromper e iniciar estados meditativos em segundos e ausência de esforço na meditação (particularmente entre os mais experientes). A reação à dor, também, distingue os iogues: pouco sinal de ansiedade antecipatória, uma reação breve mas intensa durante a dor e depois rápida recuperação. Durante a meditação compassiva, o cérebro e o coração dos iogues combinam-se de uma maneira também nunca vista em outras pessoas. Mais significativamente, o cérebro dos iogues em repouso se assemelha aos estados cerebrais de outros enquanto meditam — o estado se tornou um traço.

14. Uma mente saudável

A dra. Susan Davidson, esposa de Richie, é uma especialista em obstetrícia de alto risco — e, como Richie, meditadora de longa data. Há poucos anos, Susan e algumas outras pessoas decidiram organizar um grupo de meditação para os médicos do hospital em que trabalhavam, em Madison. O grupo se reunia às sextas, pela manhã. Susan enviava e-mails regularmente aos médicos lembrando-os da oportunidade. E com muita frequência era parada no corredor por um deles, que dizia: "Fiquei tão feliz por você estar fazendo isso".

E em seguida acrescentava: "Mas não posso ir".

Claro que havia bons motivos. Os médicos na época eram ainda mais ocupados do que o normal, tentando implementar registros eletrônicos antes de haver modelos já prontos para isso. E a especialidade médica que treina "hospitalistas" — médicos e equipes que realizam o cuidado abrangente dos pacientes internados, liberando o tempo de outros para que não tenham de se revezar em "turnos" — ainda não existia. Assim, o grupo de meditação provavelmente teria representado uma bênção para os esfalfados médicos, uma oportunidade de restaurar um pouco suas forças.

Mas mesmo assim, ao longo dos anos, apenas seis ou sete apareceram nas sessões. No fim, Susan e os outros perderam o pique; sentindo que o grupo nunca pegava embalo de verdade, optaram por encerrá-lo.

Essa sensação de não ter tempo deve ser a desculpa número um das pessoas que querem meditar mas nunca chegam a fazê-lo.

Em razão disso, Richie e sua equipe estão desenvolvendo uma plataforma digital chamada Healthy Minds [Mentes saudáveis], que ensina estratégias baseadas em meditação para cultivar o bem-estar mesmo àqueles que afirmam "não ter tempo". Se a pessoa insiste estar ocupada demais para a meditação formal, o Healthy Minds pode ser adaptado de modo que a prática seja realizada junto com alguma outra coisa que ela já faça, como andar de metrô ou limpar a casa. Na medida em que a atividade não exija toda sua atenção, você pode escutar instruções práticas em segundo plano. Considerando que uma das principais compensações da meditação está em como ela nos deixa preparados para a vida cotidiana, a chance de praticá-la em pleno corre-corre pode ser uma vantagem.

O Healthy Minds, é claro, vem se somar à lista cada vez maior de aplicativos para o ensino da meditação. Mas enquanto esses inúmeros aplicativos usam os resultados científicos sobre os benefícios da meditação como um fator de venda, o Healthy Minds dá um passo crucial adiante: o laboratório de Richie investigará cientificamente seus impactos para avaliar até que ponto tal prática combinada funciona de fato.

Por exemplo, como vinte minutos diários no transporte público se comparam a vinte minutos diários parado em algum lugar calmo da casa? Não temos resposta para essa pergunta simples. E é melhor praticar durante um único período de vinte minutos, dois períodos de dez minutos ou quatro períodos de cinco minutos? Essas estão entre as muitas questões práticas que Richie e sua equipe esperam responder.

Enxergamos essa plataforma digital e a pesquisa de avaliação como um protótipo do passo seguinte para ampliar o caminho de acesso aos inúmeros benefícios que a ciência encontra na prática contemplativa. A MBSR, a MT e modalidades genéricas de mindfulness já são formas de fácil acesso das quais qualquer um pode se beneficiar, sem ter de abraçar, ou sequer conhecer, suas raízes asiáticas.

Muitas empresas, por exemplo, têm implementado essas abordagens como benéficas tanto para seus empregados como para seu balanço final, oferecendo métodos contemplativos como parte de seus programas de treinamento e desenvolvimento; algumas até contam com salas de meditação onde os funcionários podem passar um momento tranquilo de concentração. (Claro que esse tipo de oferecimento requer uma cultura corporativa favorável — em uma empresa em que os empregados ficavam diante de seus computadores por horas a fio os funcionários, exaustos, confidenciaram a Dan que, se alguém fosse visto usando a sala de meditação com muita frequência, podia ser mandado embora.)

O grupo de Amishi Jha na Universidade de Miami hoje oferece treinamento em mindfulness para grupos com alto nível de estresse, desde soldados voltando do combate a jogadores de futebol, bombeiros e professores. O Garrison Institute, nos arredores de Nova York, oferece um programa baseado em mindfulness para ajudar trabalhadores de regiões traumatizadas na África e no Oriente Médio a lidar com seu trauma secundário resultante de, por exemplo, combater a epidemia de ebola ou ajudar refugiados em desespero. E Fleet Maull, embora cumprindo uma sentença de catorze anos por contrabando de drogas, fundou o Prison Mindfulness Institute, que ensina a prática aos detentos de oitenta presídios espalhados pelos Estados Unidos.

Vemos a ciência contemplativa como um corpo de informação básica sobre os inúmeros modos como nossa mente, corpo e cérebro podem ser moldados para a saúde num sentido mais amplo. A "saúde", tal como definida pela OMS, vai além da ausência de doença ou da existência de alguma incapacitação, para incluir "bem-estar físico, mental e social completo". A meditação e seus derivados podem ser um ingrediente ativo nesse bem-estar de muitas maneiras, e podem ter um longo alcance.

Os achados da ciência contemplativa podem disseminar abordagens inovadoras baseadas em evidência sólida, mas nem um pouco parecidas com meditação em si. Essas aplicações da meditação para ajudar a resolver dilemas pessoais e sociais só trazem benefícios. Mas o que o futuro nos reserva também é empolgante.

Distanciar esses métodos de suas raízes pode ser benéfico — contanto que o resultado disso permaneça fundamentado na ciência —, tornando essas soluções mais prontamente disponíveis para a gama mais ampla de pessoas que possam usufruir delas. Por que, afinal, esses métodos e seus benefícios deveriam se restringir aos praticantes de meditação?

NEUROPLASTICIDADE COMO GUIA

"Do que as plantas precisam para crescer?", perguntou Laura Pinger, uma especialista em grade curricular do centro de Richie que desenvolveu o Kindness Curriculum para alunos de pré-escola.

Naquela manhã, muitas crianças dentre os quinze alunos da pré-escola aprendendo a enfatizar a bondade ansiosamente ergueram a mão para responder.

"Sol", disse uma.

"Água", disse outra.

E uma terceira, que sofria de déficit de atenção mas melhorara muito com o programa, ergueu a mão e exclamou: "Amor". Houve um momento palpável de apreciação pelo que se tornou um momento propício para o ensino. A lição a que isso levou tinha a ver com a bondade como uma forma de amor.

O Kindness Curriculum começa com exercícios de mindfulness muito básicos, apropriados à faixa etária, em que crianças de quatro anos escutam o som de um sino e prestam atenção à própria respiração, deitadas de costas, com pequenas pedras colocadas na barriga, subindo e descendo a cada movimento respiratório.

Então elas usam essa atenção plena para focar a consciência em seu corpo, aprendendo a prestar atenção cuidadosa a esses sentimentos enquanto interagem com os colegas — particularmente se a outra criança estiver aborrecida. Um coleguinha chateado se torna uma oportunidade para fazer as crianças não só notarem o que acontece em seus próprios corpos como também imaginarem o que pode estar acontecendo no corpo do outro — aventurando-se pela empatia.

As crianças são encorajadas a praticar a ajuda mútua, e a expressar gratidão. Quando apreciam a obsequiosidade alheia, podem recompensar esse ato contando para o professor, que dará à criança obsequiosa um adesivo em um cartaz do "jardim da bondade" ("*kindness garden*", num trocadilho com *kindergarten*, "jardim de infância").

Para avaliar o impacto desse programa, o grupo de Richie convidou as crianças a partilhar adesivos (uma importante moeda de troca, para crianças pequenas) com um dentre quatro candidatos: sua pessoa favorita na classe; a pessoa de quem menos gostavam na classe; um estranho — uma criança que não conheciam; ou uma criança de aspecto doente.

As crianças desse curso de bondade partilharam mais com aquelas de quem não gostavam e com as enfermas, comparadas a outros alunos de pré-jardim de infância tradicional, que deram a maioria dos adesivos para sua pessoa favorita.[1] Outro resultado: ao contrário da maioria, essas crianças também não ficaram autofocadas quando chegaram ao jardim de infância.

Ajudar crianças a desenvolver a bondade parece uma ideia óbvia, boa — mas no momento essa valiosa capacidade humana é deixada ao acaso em nosso sistema de ensino. Muitas famílias, é claro, instilam esses valores em seus filhos — mas muitas não o fazem. Levar tais programas às escolas assegura que todas as crianças recebam as lições que fortalecerão esse músculo do coração.[2]

Bondade, carinho e compaixão seguem todos uma linha de desenvolvimento que nosso sistema educacional em grande medida ignora — junto com a atenção, a autorregulação, a empatia e uma capacidade para nos conectarmos com outros seres humanos. Embora façamos um trabalho bastante bom com habilidades acadêmicas tradicionais como leitura e matemática, por que não expandir o que as crianças aprendem para incluir essas habilidades cruciais de forma a levarem uma vida plena?

Os psicólogos do desenvolvimento nos dizem que há diferentes ritmos de amadurecimento para a atenção, para a empatia e a bondade, para a calma e para a conexão social. Os sinais comportamentais desse amadurecimento — como a algazarra de crianças do jardim de infância versus alunos de quarta série, mais bem-comportados — são sinais externos de crescimento em redes neurais subjacentes. E a neuroplasticidade nos diz que todos esses circuitos cerebrais podem ser orientados na melhor direção mediante o treinamento, como o Kindness Curriculum.

No momento, o desenvolvimento dessas capacidades vitais em nossas crianças tem sido deixado sobretudo para forças aleatórias. Podemos ser mais inteligentes no modo como ajudamos as crianças a cultivá-las. Por exemplo, todos os métodos de meditação, na origem, são práticas de fortalecimento da atenção. Adaptar essas técnicas de modo que exercitem a prática da atenção em crianças traz uma série de vantagens. Sem atenção, nada se aprende.

É notável a pouca consideração que se dá ao fortalecimento da atenção nas crianças, especialmente porque a infância oferece uma prolongada janela de oportunidade para o crescimento nos circuitos do cérebro, e a ajuda extra pode fortalecer esses circuitos. A ciência de cultivar a atenção é muito robusta. De modo que o caminho para atingir essa meta está ao nosso alcance.

E temos todos um motivo ainda maior: nossa sociedade sofre de déficit de atenção. As crianças hoje em dia crescem com um dispositivo digital na mão, e esses dispositivos oferecem distração constante (e uma torrente de informação mais caudalosa do que em qualquer momento do passado). Assim, consideramos as habilidades para incrementar a atenção nada mais do que uma necessidade urgente de saúde pública.

Dan foi cofundador do movimento chamado "aprendizagem social/emocional", ou SEL, em inglês; hoje em dia há milhares de escolas oferecendo SEL pelo mundo todo. Fomentar a atenção e a preocupação empática, argumenta ele, é o próximo passo.[3] De fato, um movimento robusto emergiu para trazer a mindfulness às escolas e particularmente para os jovens pobres ou problemáticos.[4] Mas esses são esforços ou estudos-piloto isolados. Prevemos que programas de focar a atenção e a bondade um dia serão parte da oferta educacional padrão para todas as crianças.

Considerando quanto tempo jovens em idade escolar passam jogando videogames, sugerimos outra via para transmitir essas lições. Os jogos, sem dúvida, às vezes são demonizados como contribuindo para o déficit de atenção que enfrentamos coletivamente na cultura moderna. Mas imagine um mundo em que seu poder pode ser aproveitado para o bem, para cultivar estados e traços saudáveis. O grupo de Richie colaborou com designers de videogames especializados na criação de jogos educativos para jovens.[5]

Tenacity [tenacidade] é o nome de um videogame baseado na pesquisa do laboratório de Richie sobre contagem da respiração.[6] Como se descobriu, se pedimos às pessoas para tocar em um iPad a cada inspiração, a maioria consegue fazê-lo muito precisamente. Porém, se também lhes pedimos para tocá-lo com dois dedos a cada nove respirações, nessa segunda tarefa elas cometem erros, indicando que sua mente divagou.

Richie e seus colegas usaram essa informação como mecânica central do jogo ao desenvolver o *Tenacity*. As crianças batem no iPad com um dedo a cada inspiração e com dois a cada cinco. Uma vez que a maioria das crianças é muito precisa ao bater a cada inspiração, a equipe de Richie pode determinar se as batidas com dois dedos acompanharam corretamente toda quinta respiração. E a cada batida correta de dois dedos o cenário na tela do iPad fica mais decorado; numa versão, flores deslumbrantes começam a brotar numa paisagem deserta.

Mexer no jogo por apenas vinte a trinta minutos diariamente ao longo das semanas, descobriu o grupo de Richie, aumentou a conectividade entre o centro executivo do cérebro no córtex pré-frontal e os circuitos para atenção focada.[7] E, em outros testes, os jogadores foram mais capazes de focar a expressão facial de alguém e ignorar as distrações — sinais de empatia aumentada.

Ninguém acredita que essas mudanças vão durar sem a prática continuada de algum tipo (em termos ideais, sem o jogo). Mas o fato de que mudanças benéficas ocorreram tanto no cérebro como no comportamento é uma prova do conceito de que videogames podem melhorar a atenção atenta e a empatia.

A GINÁSTICA MENTAL

Quando Richie fez aquela célebre palestra nos Institutos Nacionais de Saúde, o folheto de divulgação oferecia esta intrigante especulação: "E se pudéssemos exercitar a mente como exercitamos o corpo?".

A indústria de fitness prospera com nosso desejo de ser saudável; a boa forma física é um objetivo que a maioria busca (façamos ou não alguma coisa a respeito). E hábitos de higiene pessoal como tomar banho regularmente e escovar os dentes são uma segunda natureza. Então por que não um fitness mental?

A neuroplasticidade — moldar a mente com experiências repetidas — ocorre involuntariamente ao longo da nossa vida, embora em geral não nos apercebamos dessas forças. Passamos longas horas ingerindo o que está na tela de nossos dispositivos digitais, ou em incontáveis outras ocupações relativamente automáticas. Enquanto isso, nossos neurônios seguem obedientemente fortalecendo ou enfraquecendo os circuitos cerebrais relevantes. Essa dieta mental ao acaso muito provavelmente leva a mudanças igualmente casuais nos músculos da mente.

A ciência contemplativa nos informa que podemos assumir maior responsabilidade no cuidado com nossa mente. Os benefícios de moldá-las com mais intencionalidade podem aparecer cedo, como vimos nos dados sobre práticas de bondade amorosa.

Consideremos o trabalho de Tracy Shors, neurocientista que desenvolveu um programa de treinamento para, assim ela espera, aumentar a neurogênese — o crescimento de novas células cerebrais. Nesse programa, chamado Mental and Physical Training (MAP),[8] os participantes realizaram trinta minutos de meditação focada na atenção, seguidos de trinta minutos de exercício aeróbico de intensidade moderada, duas vezes por semana, durante oito semanas. Os benefícios incluíam função executiva aperfeiçoada, dando sustentação à ideia de que o cérebro era moldado de maneira positiva.

Embora malhar intensamente aumente os músculos e melhore a resistência, se paramos de nos exercitar sabemos que vamos regredir para o fôlego curto e a flacidez. O mesmo é válido para as mudanças na mente e no cérebro com esta malhação interior, a meditação e seus derivados.

E uma vez que o cérebro é como um músculo que melhora com o exercício, por que não um equivalente dos programas físicos de fitness — ginásticas mentais? A ginástica mental não seria algo feito em um espaço físico, mas antes uma série de aplicativos para exercícios interiores que faríamos em qualquer lugar.

Sistemas de distribuição digital podem oferecer os benefícios da prática contemplativa para um número verdadeiramente grande de pessoas. Embora aplicativos de meditação já estejam em amplo uso, não existem avaliações científicas diretas desses métodos. Em vez disso, os aplicativos normalmente citam estudos feitos em outro lugar sobre algum tipo de meditação (e não necessariamente os melhores estudos), ao mesmo tempo deixando de ser transparentes quanto a sua própria eficácia. Um aplicativo como esses, que supostamente ampliava as funções mentais, teve de pagar uma pesada multa quando órgãos do governo questionaram suas alegações, que se revelaram sem fundamento.

Por outro lado, a evidência até o momento sugere que, se programas bem projetados fossem testados com rigor, poderiam dar certo. Por exemplo, houve aquele estudo sobre o treinamento on-line em bondade amorosa (revisto no capítulo 6, "Preparado para amar"), que mostrou que a meditação tornava as pessoas mais relaxadas e mais generosas.[9]

E o grupo de Sona Dimidjian buscou pela internet pessoas com sintomas leves de depressão. A equipe de Sona desenvolveu um curso baseado na web, derivado da MBCT, chamado Mindful Mood Balance [Equilíbrio do humor atento]; as oito sessões reduziram os sintomas de depressão e ansiedade, como preocupação e ruminação constantes.[10]

Mas esses casos de sucesso não significam automaticamente que algum desses ensinamentos on-line de meditação e seus derivativos será benéfico. Existem alguns mais eficazes do que outros? Em caso afirmativo, por quê? Essas são questões empíricas.

Até onde sabemos, não há uma única publicação na literatura científica tradicional que tenha avaliado diretamente a eficácia de qualquer um dos inúmeros aplicativos de meditação que alegam ter base científica. Esperamos que um dia haja uma avaliação-padrão para qualquer aplicativo desses, mostrando que funcionam como prometido.

Mesmo assim, a pesquisa de meditação oferece largo apoio para a provável compensação do treinamento mental. Prevemos uma época em que nossa cultura tratará a mente da mesma maneira que trata o corpo, em que exercícios para cuidar da mente se tornarão parte de nossa rotina diária.

HACKING NEURAL

A neve da Nova Inglaterra estava em algum ponto entre gelada e derretendo naquela manhã de março e a sala de estar da casa vitoriana no campus do Amherst College abrigava uma pequena arca de Noé de disciplinas. Havia duplas de eruditos religiosos, psicólogos experimentais, neurocientistas e filósofos.

O grupo se encontrara sob os auspícios do Mind and Life Institute para explorar os recessos da mente que começam com o desejo cotidiano. Às vezes esse caminho vai do anseio ao vício — seja drogas, pornografia ou compras.

Os eruditos religiosos identificavam a raiz do problema na possessividade, esse impulso emocional que nos leva a tender para o prazer, sob qualquer forma que ele assuma. Vítimas da possessividade, particularmente à medida que sua intensidade cresce na direção do anseio e do vício, há uma sensação de inquietação motivando sussurros mentais pegajosos, sedutores, de que o particular objeto de nossos desejos aliviará nosso desconforto.

Momentos de possessividade podem ser tão sutis que passam despercebidos entre as frenéticas distrações de nosso estado mental costumeiro. A pesquisa mostra que há maior probabilidade de pegarmos um doce que engorda nos momentos em que estamos mais distraídos — e viciados tendem a ir atrás da dose seguinte quando fazem pequenas associações, como a camiseta que estavam usando durante o último uso, que os inundam com a lembrança dessa euforia recente.

Essa afirmação contrasta, observou o filósofo Jake Davis, com a sensação de absoluto conforto que sentimos quando estamos livres de motivações compulsivas. Uma "mente não possessiva" nos deixa imunes a esses impulsos, contentes com o que somos.

A mindfulness nos permite observar o que está acontecendo na própria mente, em vez de simplesmente sermos arrastados por ela. Esses impulsos de se apoderar começam a ganhar proeminência. "Você precisa enxergá-los para deixar que se vão", disse Davis. Enquanto estamos atentos (*mindful*) notamos esses impulsos se projetando, mas os encaramos da mesma maneira que outros pensamentos brotando espontaneamente.

A ação neural aqui gira em torno do córtex cingulado posterior, sugeriu o psiquiatra e neurocientista Judson Brewer, que acabara de se tornar diretor de pesquisa no Center for Mindfulness da Faculdade de Medicina da Universidade de Massachusetts, em Worcester — berço da MBSR. As atividades mentais em que o córtex cingulado posterior desempenha um papel incluem ficar distraído, deixar a mente vagar, pensar sobre si mesmo, apreciar uma escolha que fizemos mesmo achando-a imoral e sentir culpa. E, é claro — ansiar.

O grupo de Brewer, como vimos no capítulo 8, "Leveza de ser", mapeou o cérebro de pessoas durante a mindfulness, revelando que o método aquieta o córtex cingulado posterior. Quanto mais sem esforço a mente trabalha, mais calmo ele fica.[11] No laboratório de Brewer, a mindfulness tem ajudado fumantes a largar o cigarro.[12] Ele desenvolveu dois aplicativos — para fumantes e para quem come em excesso —, aplicando suas descobertas do córtex cingulado posterior para acabar com o vício.

Brewer depois traduziu sua descoberta neural em uma abordagem prática usando "neurofeedback", que monitora a atividade no cérebro da pessoa e comunica instantaneamente se uma dada região está ficando mais ou menos ativa. Isso permite à pessoa experimentar o que sua mente pode fazer para tornar o córtex cingulado posterior menos ativo. Normalmente, ignoramos o que se passa em nosso cérebro, particularmente no nível de leitura feito por aparelhos de neuroimagem e coisas assim. Esse é o principal motivo para que os resultados da neurociência sejam tão importantes. Mas o neurofeedback penetra nessa barreira mente-cérebro, abrindo uma janela na atividade cerebral e permitindo um loop de feedback. Isso nos ajuda a perceber como uma determinada manobra mental impacta as atividades em nosso cérebro. Prevemos uma próxima geração de aplicativos derivados da meditação que utilizem o feedback de processos biológicos ou neurais relevantes, com o neurofeedback do córtex cingulado posterior de Brewer como protótipo.

Outro objetivo para o neurofeedback podem ser as ondas gama, esse padrão de EEG que tipifica o cérebro de iogues avançados. Mesmo assim, embora uma simulação do feedback de onda gama da vasta abertura de um iogue possa surgir, não vemos o feedback como um atalho para a percepção iogue dos traços alterados. As oscilações gama, ou qualquer medida particular tirada do estado mental do iogue, oferecem na melhor das hipóteses um pequeno pedaço da rica plenitude de que os iogues parecem desfrutar. Embora o feedback da onda gama, ou alguma outra imersão em tais elementos, possa oferecer um contraste para nossos estados mentais habituais, isso de modo algum equivale ao fruto de anos de prática contemplativa.

Mas existem outras compensações possíveis. Considere o camundongo meditador. Camundongo meditador? Essa possibilidade ridícula — ou um paralelo muito vago — foi explorada por neurocientistas na Universidade de Oregon. Certo, o camundongo não meditou de fato; os pesquisadores usaram uma luz estroboscópica especial para pôr o cérebro do animal em frequências específicas, método chamado indução eufótica, em que o ritmo das ondas de EEG acompanha o de uma luz brilhante piscando. O camundongo pareceu achar isso relaxante, a julgar pelos sinais roedores de ansiedade diminuída.[13] Quando outros pesquisadores conduziram o cérebro do animal para a frequência gama com a indução eufótica, descobriram que isso reduzia a placa neural associada à doença de Alzheimer, pelo menos em camundongos idosos.[14]

Poderia o feedback das ondas gama (essa frequência abundante em iogues) retardar ou reverter o mal de Alzheimer? Os anais da pesquisa farmacêutica estão cheios de potenciais medicações que pareciam bem-sucedidas quando usadas em camundongos, mas que fracassaram assim que começaram os testes em humanos.[15] O neurofeedback de ondas gama para prevenir a doença de Alzheimer em humanos pode (ou não) ser um sonho vão.

Mas o modelo básico, de que os aplicativos de neurofeedback podem tornar estados outrora raros disponíveis para uma ampla faixa da população, parece mais promissor. Aqui outra vez fazemos ressalvas — a não menos importante delas a de que tais dispositivos tendem a produzir efeitos de estado temporários, não traços permanentes. Isso para não falar do imenso abismo entre anos de meditação intensa e meramente usar um aplicativo por alguns momentos.

Mesmo assim, prevemos uma próxima geração de aplicativos úteis, todos derivados dos métodos e insights revelados pela ciência contemplativa. Que formas vão assumir no fim das contas é algo que simplesmente não sabemos.

NOSSA JORNADA

A evidência sólida para os traços alterados veio devagar, ao longo de décadas. Éramos alunos de pós-graduação quando começamos a seguir esse caminho e hoje, resumindo o que finalmente se tornou uma prova convincente, chegamos a uma época da vida em que a pessoa vislumbra a aposentadoria.

Por grande parte desse tempo tivemos de perseguir um pressentimento científico com poucos dados de apoio. Mas nos sentíamos confortados pela máxima de que "ausência de evidência não é evidência de ausência". As raízes de nossa convicção residem em nossa própria experiência com retiros de meditação, com as raras criaturas que encontramos e que pareciam personificar os traços alterados, bem como nossas leituras de textos meditativos apontando para essas transformações positivas da natureza humana.

Mesmo assim, de uma perspectiva acadêmica, isso se resumia a uma ausência de evidência: não havia dados empíricos e imparciais. Quando começamos essa jornada científica, havia escassos métodos disponíveis para explorar os traços alterados. Na década de 1970, ficamos de mãos amarradas — só podíamos realizar estudos que falassem tangencialmente da ideia. Para começar, não tínhamos acesso aos indivíduos apropriados para levar ao laboratório — em vez de dedicados iogues dos remotos eremitérios montanhosos, tínhamos de nos contentar com alunos de segundo ano de Harvard.

Mais importante, a neurociência humana dava seus vacilantes passos iniciais. Os métodos disponíveis para estudar o cérebro eram primitivos para os padrões atuais; "de ponta" nessa época correspondia a medições vagas ou indiretas da atividade cerebral.

Na década anterior aos nossos anos em Harvard o filósofo Thomas Kuhn publicara *A estrutura das revoluções científicas*, alegando que a ciência muda abruptamente de tempos em tempos, à medida que ideias novas e paradigmas radicalmente inovadores forçam uma mudança no pensamento. Essa ideia nos cativou quando procurávamos paradigmas que postulassem possibilidades humanas nunca sonhadas em nossa psicologia. As ideias de Kuhn, acaloradamente debatidas no mundo científico, foram estimulantes para nós, a despeito da oposição de nossos orientadores acadêmicos.

A ciência precisa de seus aventureiros. Era nesse ponto que estávamos quando Richie sentou em sua *zafu* durante aquela hora de imobilidade com Goenka, e quando Dan ficou na companhia de iogues e lamas, e passou meses debruçado sobre aquele manual do século V para meditadores, o *Visuddhimagga*.

Nossa convicção relativa aos traços alterados nos deixou atentos para estudos que pudessem apoiar nosso palpite. Filtramos os resultados na lente de nossa experiência, extraindo implicações que muito poucos, se é que alguém, estavam vislumbrando.

A ciência opera dentro de uma rede de pressupostos culturalmente circunscritos que limitam nossa visão do que seja possível, de modo ainda mais contundente no caso das ciências comportamentais. A psicologia moderna não sabia que os sistemas orientais oferecem maneiras de transformar o próprio ser de uma pessoa. Quando olhamos por essa lente oriental alternativa, enxergamos possibilidades renovadas.

Estudos empíricos atuais confirmam nosso antigo pressentimento: o treinamento mental contínuo altera o cérebro tanto estrutural quanto funcionalmente, prova do conceito de base neural dos traços alterados que os textos de meditação descreveram por milênios. Além do mais, todos nós podemos nos deslocar ao longo desse espectro. Que aliás parece obedecer *grosso modo* a um algoritmo de dose-resposta, conquistando benefícios na medida do esforço pessoal.

A neurociência contemplativa, uma especialidade emergente que supre a ciência por trás dos traços alterados, chegou à maturidade.

CODA

"E se, transformando nossas mentes, pudéssemos melhorar não só nossa própria saúde e bem-estar como também as de comunidades pelo mundo todo?"

Essa pergunta retórica também foi extraída do folheto distribuído nos Institutos Nacionais de Saúde por ocasião da palestra de Richie.

Então, e se?

Vislumbramos um mundo em que o fitness mental amplamente disseminado altere a sociedade de forma profunda e para melhor. Esperamos que a argumentação científica aqui exposta tenha demonstrado o enorme potencial para o bem-estar duradouro advindo dos cuidados com a mente e o cérebro, e que o leitor esteja agora convencido de que uma pequena dose de exercícios mentais diários pode trazer grandes benefícios para o cultivo desse bem-estar.

Os sinais desse florescimento incluem um aumento progressivo de generosidade, bondade e foco e uma divisão menos rígida entre "nós" e "eles". À luz desse aumento da empatia e da tomada de perspectiva de vários tipos de meditação, julgamos provável que essas práticas venham a produzir um sentido maior de interdependência entre os seres humanos e em relação ao planeta.

Quando cultivadas em grande escala, essas qualidades — em particular a bondade e a compaixão — inevitavelmente levariam a mudanças para melhor em nossas comunidades, nações e sociedades. Esses traços alterados positivos têm o potencial para transformar nosso mundo de maneiras que enfatizarão não apenas nosso florescimento pessoal como também as chances de sobrevivência da nossa espécie.

Ficamos inspirados pela visão do Dalai Lama ao passar dos oitenta anos de idade. Ele encoraja todos nós a fazer três coisas: adquirir compostura, adotar um leme moral de compaixão e agir para melhorar o mundo. A primeira, a calma interior, e a segunda, guiar-se pela compaixão, podem ser produtos da prática meditativa, assim como a execução da terceira, através da ação proficiente. Exatamente que ação realizamos, porém, continua a caber a cada um de nós, e depende de nossas capacidades e possibilidades individuais — nós podemos ser agentes de uma força para o bem.[16]

Enxergamos essa "matéria curricular" como a solução para uma necessidade de saúde pública urgente: reduzir a cobiça, o egoísmo, a mentalidade nós/eles e impedir as calamidades ecológicas, além de promover a bondade, a clareza e a calma. Visar e melhorar diretamente essas capacidades humanas poderia ajudar a romper com o ciclo de certos males sociais de outro modo intratáveis, como a atual pobreza, os ódios entre grupos e a negligência com o bem-estar do planeta.[17]

Claro que persistem ainda inúmeras questões sobre como ocorrem os traços alterados e é preciso muito mais pesquisa. Mas os dados científicos somaram-se a um ponto que qualquer cientista razoável concordaria que essa mudança interior parece possível. E contudo pouquíssimos dentre nós no presente momento se dão conta disso, sem nem sequer conceber essa possibilidade.

Os dados científicos, embora necessários, não são de modo algum suficientes para a mudança que imaginamos. Em um mundo cada vez mais fraturado e ameaçado, necessitamos de uma alternativa para as mentalidades destrutivas e cínicas, os pontos de vista fomentados por focar as coisas ruins que acontecem diariamente, e não os muito mais numerosos atos de bondade. Em resumo, temos uma necessidade cada vez maior de acalentar os traços alterados das qualidades humanas.

Precisamos de mais gente de boa vontade, dotada de mais tolerância e paciência, mais bondade e compaixão. E essas podem se tornar qualidades não só adotadas como também incorporadas.

Nós — junto com legiões de colegas nessa jornada — exploramos os traços alterados, em estudos de campo, no laboratório e em nossa própria mente, por mais de quarenta anos. Então por que este livro agora?

Simples. Sentimos que quanto mais forem perseguidos esses incrementos do cérebro, da mente e do ser, mais eles poderão mudar o mundo para melhor. O que diferencia essa estratégia para o aperfeiçoamento humano do longo histórico de projetos utópicos fracassados se resume à ciência.

Apresentamos a evidência de que é possível cultivar essas qualidades positivas nas profundezas de nosso ser e que qualquer um pode iniciar essa jornada interior. Muitos de nós talvez sejamos incapazes de empreender o intenso esforço necessário para trilhar o caminho profundo. Mas as rotas mais amplas revelam que qualidades como serenidade e compaixão são habilidades que podemos aprender, que podemos ensinar às crianças e aperfeiçoar dentro de nós.

Quaisquer passos que tomemos nessa direção são uma contribuição positiva para nossa vida e o mundo em que vivemos.

Agradecimentos

Não poderíamos ter começado a jornada que resultou neste livro sem a inspiração inicial desses seres espiritualmente avançados que conhecemos e que progrediram para muito além do caminho da meditação.

Há os que Dan conheceu na Ásia, incluindo Neem Karoli Baba, Khunu Lama e Ananda Mayee Ma, entre vários outros. E nossos professores: S. N. Goenka, Munindra-ji, Sayadaw U Pandita, Nyoshul Khen, Adeu Rinpoche, Tulku Urgyen e seus filhos, todos rinpoches também: Chokyi Nyima, Tsikey Chokling, Tsoknyi e, é claro, Mingyur.

Depois há os muitos iogues tibetanos que viajaram de tão longe para ser estudados no laboratório de Richie, assim como os praticantes ocidentais de seu centro na Dordonha francesa. Temos grande dívida para com Matthieu Ricard, que fez a ponte entre os mundos da ciência e da contemplação, tornando possível essa linha de pesquisa.

Os cientistas que contribuíram com seus estudos para a massa cada vez maior de pesquisa contemplativa são numerosos demais para nomear, mas somos gratos por seu trabalho científico. Agradecimentos especiais aos do laboratório de Richie, especialmente Antoine Lutz, Cortland Dahl, John Dunne, Melissa Rosenkranz, Heleen Slagter, Helen Weng e muitos outros, que no conjunto contribuíram enormemente para esta obra. O trabalho no centro de Richie não teria sido possível sem as incansáveis contribuições da extraordinária equipe administrativa e da liderança, sobretudo Isa Dolski, Susan Jensen e Barb Mathison.

Entre os muitos amigos e colegas que forneceram sugestões inspiradas ao longo do caminho, agradecemos a Jack Kornfield, Joseph Goldstein, Dawa Tarchin Phillips, Tania Singer, Avideh Shashaani, Sharon Salzberg, Mirabhai Bush e Larry Brilliant, para mencionar alguns.

E é claro que não poderíamos ter escrito este livro sem o apaixonado apoio e encorajamento de nossas esposas, Susan e Tara.

Nossa maior dívida de gratidão vai para Sua Santidade, o Dalai Lama, que tanto nos inspirou por seu próprio ser como ao sugerir de maneira perspicaz como a pesquisa em meditação poderia levar o valor dessas práticas a um número mais amplo de pessoas.

Notas

1. O CAMINHO AMPLO E O CAMINHO PROFUNDO [pp. 7-21]

1. Ele estava provavelmente se referindo aos expletivos que às vezes irrompem de pessoas com síndrome de Tourette, não a um transtorno obsessivo-compulsivo, mas no início dos anos 1970 a psicologia clínica ainda não estava familiarizada com um diagnóstico de Tourette.

2. Ver <www.mindandlife.org>. Acesso em: 24 ago. 2017.

3. Daniel Goleman, *Destructive Emotions: How Can We Overcome Them?* Nova York: Bantam, 2003. Ver também <www.mindandlife.org>. Acesso em: 24 ago. 2017.

4. O laboratório era dirigido por nosso professor de fisiologia, David Shapiro. Entre outros no grupo de pesquisa estavam Jon Kabat-Zinn, prestes a começar a lecionar o que se tornaria a MBSR, e Richard Surwit, na época residente de psicologia no Massachusetts Mental Health Center, e que posteriormente se tornou professor de psiquiatria e medicina comportamental na Faculdade de Medicina da Universidade Duke. David Shapiro deixou Harvard para integrar o corpo docente da UCLA, onde entre outros temas estudou os benefícios fisiológicos da ioga.

5. As palavras-chave usadas nessa pesquisa foram: meditação, meditação mindfulness, meditação compassiva e meditação da bondade amorosa.

2. PISTAS ANTIGAS [pp. 22-39]

1. Para uma percepção caleidoscópica de Neem Karoli Baba tal como visto pelos olhos dos ocidentais que o conheceram, ver: Parvati Markus, *Love Everyone: The Transcendent Wisdom*

of Neem Karoli Baba Told Through the Stories of the Westerners Whose Lives He Transformed (San Francisco: HarperOne, 2015).

2. Mirka Knaster, *Living This Life Fully: Stories and Teachings of Munindra* (Boston: Shambhala, 2010).

3. O grande grupo de meditadores incluía outros que haviam estado com Maharaji, como Krishna Das e o próprio Ram Dass. Outros, como Sharon Salzberg, John Travis e Wes Nisker, tornaram-se professores de vipassana também. Mirabai Bush, outra que compareceu, mais tarde fundou o Center for Contemplative Mind in Society, organização dedicada a encorajar a pedagogia contemplativa no nível superior, e coprojetou o primeiro curso de mindfulness e inteligência emocional na Google.

4. De fato, algumas partes do *Visuddhimagga* pareciam fantasiosas demais para merecer atenção — notavelmente, a seção sobre obter poderes paranormais, que se assemelhava muito a uma seção dos *Ioga Sutras* contemporâneos de Patanjali. Ambos os textos menosprezavam tais "poderes", do tipo escutar a uma grande distância, como sendo destituídos de significado espiritual — e, na verdade, em alguns épicos indianos, como o Ramayana, os vilões supostamente conquistaram esses poderes mediante anos de práticas meditativas ascéticas, mas sem uma estrutura ética protetora (e daí sua vilania).

5. Ver Daniel Goleman, "The Buddha on Meditation and States of Consciousness, Part I: The Teachings", *Journal of Transpersonal Psychology*, 4:1, pp. 1-44, 1972.

6. Daniel Goleman, "Meditation As Meta-Therapy: Hypotheses Toward a Proposed Fifth Stage of Consciousness", *Journal of Transpersonal Psychology*, 3:1, pp. 1-25, 1971. Lendo isso outra vez cerca de quarenta anos mais tarde, Dan se sente tão constrangido por sua ingenuidade como satisfeito com sua presciência.

7. B. K. Anand et al., "Some Aspects of EEG Studies in Yogis", *EEG and Clinical Neurophysiology*, v. 13, pp. 352-6, 1961. À parte o fato de ser um relato anedótico, esse estudo ocorreu bem antes do advento da análise de dados computadorizada e dos procedimentos padronizados.

8. A ideia central do "behaviorismo radical" de Skinner era de que toda atividade humana resultava de associações aprendidas de um dado estímulo (um exemplo famoso, Pavlov tocando a sineta) e uma reação específica (o cão salivando em resposta à sineta) que é reforçada (inicialmente pela comida).

9. O chefe do departamento de Richie obtivera seu doutorado em Harvard sob orientação do próprio B. F. Skinner, e levou à NYU seus estudos de treinamento com pombos via condicionamento — junto com um laboratório cheio de pombos em gaiolas. O chefe do departamento era não só rígido em sua visão behaviorista como também, na opinião de Richie,

teimoso demais, quando não extremamente radical. Naquele tempo, o behaviorismo dominara muitos departamentos de psicologia de prestígio como parte de um movimento mais geral na psicologia acadêmica para tornar o campo mais "científico" por meio de pesquisa experimental — uma reação às teorias psicanalíticas que haviam dominado o campo (mais apoiadas por anedotas clínicas do que por experimentos).

10. Como aluno no seminário de *senior honors* do chefe do departamento, Richie ficou horrorizado ao descobrir que o texto era do livro escrito por Skinner em 1957, *Verbal Behavior*, que alegava que todos os hábitos humanos eram aprendidos pelo reforço, a língua um caso em questão. Alguns anos antes, o livro de Skinner sofrera um ataque feroz e de grande visibilidade numa resenha crítica escrita pelo linguista Noam Chomsky, do MIT. O linguista observou, por exemplo, que, por mais que um cão escute a linguagem humana, não há quantidade de recompensa capaz de fazê-lo falar — ao passo que bebês humanos em qualquer lugar aprendem isso sem nenhum reforço particular. Isso sugere que capacidades cognitivas inerentes, não meras associações aprendidas, impelem ao domínio da linguagem. Para sua apresentação no seminário, Richie recapitulou a crítica de Noam Chomsky ao livro de Skinner — e em seguida sentiu que seu chefe de departamento trabalhou sem cessar para puxar seu tapete, querendo na verdade vê-lo fora do departamento. Esse seminário deixou Richie furioso; ele fantasiava em ir ao laboratório do chefe às três da manhã e soltar os pombos ali. Ver Noam Chomsky, "The Case Against Behaviorism", *New York Review of Books*, 30 dez. 1971.

11. A própria orientadora de Richie, Judith Rodin, recém-terminara seu doutorado na Universidade Columbia. Rodin depois teve uma carreira de destaque na psicologia, tornando-se decana da Graduate School of Arts and Science em Yale, mais tarde reitora da universidade e então a primeira presidente mulher de uma faculdade da Ivy League, a Universidade da Pensilvânia. Quando escrevíamos este livro, ela acabara de deixar a presidência da Fundação Rockefeller.

12. Justamente por causa de métodos como esses ele se voltou a John Antrobus, que lecionava no outro lado da cidade, no City College of New York. Richie ficava no laboratório de Antrobus para fugir da atmosfera em seu próprio departamento.

13. Daniel Goleman, *Emotional Intelligence*. Nova York: Bantam, 1995.

14. William James, *The Varieties of Religious Experience* (CreateSpace Independent Publishing Platform, 2013), p. 388.

15. Freud e Rolland: ver Sigmund Freud, *Civilization and Its Discontents* [*O mal-estar na civilização*]. Mais tarde, porém, experiências transcendentais foram incluídas nas teorias de Abraham Maslow, que as chamou de "experiências de pico". A partir da década de 1970 houve um movimento na beira do já periférico movimento da psicologia humanista chamado

psicologia "transpessoal", que levava os estados alterados a sério (Dan foi um dos primeiros presidentes da Associação de Psicologia Transpessoal). Ele publicou seus primeiros artigos sobre meditação no *The Journal of Transpersonal Psychology*.

16. Charles Tart (Org.), *Altered States of Consciousness*. Nova York: Harper & Row, 1969.

17. A empolgação e o fascínio cultural com as drogas psicodélicas foram em certo sentido um gatilho para o estado da neurociência na época, que por anos viera avançando seu conhecimento de neurotransmissores — dezenas dos quais haviam sido identificados no início dos anos 1970, embora suas funções fossem pouco compreendidas. Quarenta anos mais tarde podemos identificar mais de uma centena, com uma lista vastamente mais sofisticada do que fazem no cérebro, junto com uma apreciação salutar da complexidade de suas interações.

18. Uma participação no Social Science Research Council para estudar os sistemas psicológicos dentro das tradições espirituais asiáticas — uma exploração na "etnopsicologia".

19. Essa definição de mindfulness vem de Nyanaponika, *The Power of Mindfulness*. Kandy, Sri Lanka: Buddhist Publication Society, 1986.

20. Luria Castell Dickinson, citada em Sheila Weller, "Suddenly That Summer", *Vanity Fair*, p. 72, jul. 2012. Similarmente, o neurologista Oliver Sacks escreveu sobre suas explorações com uma ampla gama de drogas que alteram a mente: "algumas pessoas podem atingir estados transcendentais pela meditação ou por técnicas semelhantes de indução de transe". Embora as drogas possam induzir estados alterados, não ajudam com os traços alterados. Oliver Sacks, "Altered States", *The New Yorker*, p. 40, 27 ago. 2012.

3. O DEPOIS É O ANTES DO DURANTE SEGUINTE [pp. 40-54]

1. *Healthy* (saudável, salutar) e *unhealthy* (doentio, insalubre): no vernáculo acadêmico das traduções, as duas são normalmente chamadas de "fatores mentais" *wholesome* e *unwholesome*.

2. O nome original de Nyanaponika era Siegmund Feniger. Judeu nascido na Alemanha em 1901, ele já era um budista aos vinte anos e achou os escritos de outro budista nascido na Alemanha, Nyanatiloka Thera (Anton Gueth), particularmente inspiradores. Com a ascensão de Hitler, Feniger viajou ao então Ceilão para se juntar a Nyanatiloka em um mosteiro perto de Colombo. Nyanatiloka estudara meditação com um monge birmanês considerado iluminado (isto é, um *arhant*) e Nyanaponika mais tarde estudou com o legendário mestre e estudioso da meditação birmanês Mahasi Sayadaw, que foi professor de Munindra.

3. O curso atraiu também uma quantidade de não estudantes, incluindo Mitch Kapor, que mais tarde criou o Lotus, um antigo software de sucesso.

4. Mais um professor assistente que teria carreira ilustre foi Shoshanah Zuboff, que se tornou professor na Harvard Business School e escreveu *In The Age of the Smart Machine* (Nova York: Basic Books, 1989), entre outros livros. Um aluno, Joel McCleary, tornou-se membro do governo Jimmy Carter e foi crucial para fazer o Departamento de Estado aprovar a visita do Dalai Lama aos Estados Unidos pela primeira vez.

5. Os milhões que praticam ioga nos modernos centros não estão reproduzindo os métodos-padrão dos iogues asiáticos que mesmo hoje procuram lugares remotos para praticar com privacidade. Tradicionalmente, ensinar essas práticas envolve um único professor (ou "guru") e um aluno, não uma classe num estúdio de ioga. E as séries de posturas típicas no contexto moderno diferem de maneira fundamental das tradicionais práticas iogues: as posturas de pé foram uma inovação recente, o formato das séries de posturas foi um empréstimo de séries de exercícios europeias, e os iogues na natureza empregam muito mais *pranayama* para acalmar a mente e disparar estados meditativos do que no caso dos programas de ioga fitness, e não como longas sessões de meditação (que era o propósito inicial das *asanas* de ioga). Ver William Broad, *The Science of Yoga*. Nova York: Simon and Schuster, 2012.

6. Richard J. Davidson e Daniel J. Goleman, "The Role of Attention in Meditation and Hypnosis: A Psychobiological Perspective on Transformations of Consciousness", *The International Journal of Clinical and Experimental Hypnosis*, 25:4, pp. 291-308, 1977.

7. David Hull, *Science As a Process*. Chicago: University of Chicago Press, 1990.

8. Joseph Schumpeter, *History of Economic Analysis* (Nova York: Oxford University Press, 1996), p. 41.

9. Esses foram anos em que o campo da neurociência mal começava a se formar, largamente baseado em pesquisas com animais, não com pessoas. A Sociedade de Neurociências fez seu primeiro encontro em 1971; o primeiro encontro de Richie foi o quinto da sociedade.

10. E. L. Bennett et al., "Rat Brain: Effects of Environmental Enrichment on Wet and Dry Weights", *Science*, 163:3869, pp. 825-6, 1969. Disponível em: <http://www.sciencemag.org/content/163/3869/825.short>. Acesso em: 24 ago. 2017. Hoje sabemos que o crescimento também pode incluir novos neurônios.

11. Para estudos recentes de como o treinamento em música molda o cérebro, ver: C. Pantev e S. C. Herholz, "Plasticity of the Human Auditory Cortex Related to Musical Training", *Neuroscience Biobehavioral Review*, 35:10, pp. 2140-54, 2011. Disponível em: <doi:10.1016/j.neubiorev.2011.06.010>. Acesso em: 24 ago. 2017; S. C. Herholz e R. J. Zatorre, "Musical Training As a Framework for Brain Plasticity: Behavior, Function, and Structure", *Neuron*, 76(3), pp. 486-502, 2012. Disponível em: <doi:10.1016/j.neuron.2012.10.011>. Acesso em: 24 ago. 2017.

12. T. Elbert et al., "Increased Cortical Representation of the Fingers of the Left Hand in String Players", *Science*, 270:5234, pp. 305-7, 1995. Disponível em: <doi:10.1126/science.270.5234.305>. Acesso em: 24 ago. 2017. Seis violinistas, dois violoncelistas e um guitarrista, junto com seis não músicos de um grupo de controle equiparados por idade, compunham as cobaias para um dos mais influentes estudos sobre o impacto do treinamento musical no cérebro. O treinamento dos músicos ia de sete a dezessete anos de prática. Os não músicos eram equiparados aos músicos por idade e gênero. Muito importante, todos os músicos tocavam um instrumento de cordas e todos eram destros; a mão esquerda desses músicos fica continuamente empenhada no dedilhado do instrumento enquanto eles tocam. Tocar um instrumento de cordas exige considerável destreza manual e cultiva uma sensibilidade tátil ampliada que é essencial para um desempenho habilidoso. Usar uma técnica para medir os sinais magnéticos gerados pelo cérebro, muito parecida com medir os sinais elétricos (embora com maior resolução espacial), mostrou que o tamanho da superfície cortical devotada a representar os dedos da mão esquerda era drasticamente maior nos músicos, comparado aos não músicos. O tamanho dessa área era o maior de todos para aqueles músicos que começaram seu aprendizado mais cedo na vida.

13. Tecnicamente, isso é a visão parafoveal. Fóvea é a área da retina que recebe input de objetos bem na sua frente, ao passo que a informação que fica distante à esquerda ou à direita é parafoveal.

14. Neville estudou dez indivíduos com surdez profunda e congênita e idade média de trinta anos e os comparou a um grupo tipicamente em desenvolvimento equiparado por idade e gênero sem problemas de audição. A equipe de Neville os testou numa tarefa que foi projetada para avaliar sua visão parafoveal. Círculos amarelos eram apresentados na tela, alguns piscando rápido e outros mais devagar. A tarefa dos participantes era pressionar um botão quando viam o círculo amarelo piscando rápido, que passava menos vezes. Às vezes os círculos apareciam perto do centro da tela e outras vezes eram exibidos perto das laterais, na visão parafoveal. Os participantes surdos eram mais precisos dos que os do grupo de controle tipicamente em desenvolvimento para detectar os círculos amarelos quando surgiam na periferia. Esse resultado era esperado, uma vez que os indivíduos surdos eram todos experientes em língua de sinais e desse modo sua experiência visual era bem diferente do grupo de controle e incluía exposição regular a informação rica que não se localizava no centro. Mas o resultado que mais espantou foi que o córtex auditivo primário, a área cortical que recebe o fluxo de input inicial vindo do ouvido, mostrou robusta ativação em resposta aos círculos apresentados nas laterais, mas apenas entre os surdos. Os indivíduos ouvintes não mostraram absolutamente nenhuma ativação dessa região auditiva primária como reação ao input visual. Ver G. D. Scott,

C. M. Karns, M. W. Dow, C. Stevens, H. J. Neville, "Enhanced Peripheral Visual Processing in Congenitally Deaf Humans Is Supported by Multiple Brain Regions, Including Primary Auditory Cortex", *Frontiers in Human Neuroscience*, 2014:8, pp. 1-9, mar. Disponível em: <doi:10.3389/fnhum.2014.00177>. Acesso em: 24 ago. 2017.

15. Essa pesquisa acaba com o mito neurológico de que em um mapa cerebral ao estilo da nefrologia cada área tem um conjunto de funções específicas e imutáveis.

16. A mera ideia oferecia um grave desafio a um bando de suposições sacralizadas na psicologia — por exemplo, de que no início da idade adulta a personalidade se torna fixa e que a pessoa que você é nesse ponto será a mesma pelo resto da sua vida — a personalidade ficou estável ao longo do tempo e em diferentes contextos. A neuroplasticidade sugeria outra coisa, que a sua experiência de vida podia alterar seus traços de personalidade em alguma medida.

17. Ver, por exemplo, Dennis Charney et al., "Psychobiologic Mechanisms of Post-Traumatic Stress Disorder", *Archives of General Psychiatry*, v. 50, pp. 294-305, 1993.

18. D. Palitsky et al., "The Association between Adult Attachment Style, Mental Disorders, and Suicidality", *Journal of Nervous and Mental Disease*, 201:7, pp. 579-86, 2013. Disponível em: <doi:10.1097/NMD.0b013e31829829ab>. Acesso em: 24 ago. 2017.

19. Mais formalmente, um traço alterado representa qualidades sustentadas, benéficas, de pensar, sentir e agir que resultam de um treinamento mental deliberado e acompanhado por mudanças duradouras, auxiliares, no cérebro.

20. Cortland Dahl et al., "Meditation and the Cultivation of Well-being: Historical Roots and Contemporary Science", *Psychological Bulletin*, no prelo, 2016.

21. Carol Ryff entrevistada em <http://blogs.plos.org/neuroanthropology/2012/07/19/psychologist-carol-ryf-on-wellbeing-and-aging-the-fpr-interview>. Acesso em: 25 ago. 2017.

22. Rosemary Kobau et al., "Well-Being Assessment: An Evaluation of Well-Being Scales for Public Health and Population Estimates of Well-Being among US Adults", *Applied Psychology: Health and Well-Being*, 2:3, pp. 272-97, 2010.

23. Viktor Frankl, *Man's Search for Meaning*. Boston: Beacon Press, 2006.

24. Tonya Jacobs et al., "Intensive Meditation Training, Immune Cell Telomerase Activity, and Psychological Mediators", *Psychoneuroendocrinology*, 2010. Disponível em: <doi:10.1016/j.psyneurn.2010.09.010>. Acesso em: 25 ago. 2017.

25. Omar Singleton et al., "Change in Brainstem Gray Matter Concentration Following a Mindfulness-Based Intervention Is Correlated with Improvement in Psychological Well--Being", *Frontiers in Human Neuroscience*, 18 fev. 2014. Disponível em: <doi:10.3389/fnhum.2014.00033>. Acesso em: 25 ago. 2017.

26. Shauna Shapiro et al., "The Moderation of Mindfulness-Based Stress Reduction Effects by Trait Mindfulness: Results from a Randomized Controlled Trial", *Journal of Clinical Psychology* 67:3, pp. 267-77, 2011.

4. O MELHOR QUE TÍNHAMOS [pp. 55-72]

1. Richard Lazarus, *Stress, Appraisal and Coping*. Nova York: Springer, 1984.

2. Daniel Goleman, "Meditation and Stress Reactivity", tese de doutorado, Universidade Harvard, 1973; Daniel Goleman e Gary E. Schwartz, "Meditation as an Intervention in Stress Reactivity", *Journal of Consulting and Clinical Psychology*, 44:3, pp. 456-66, jun. 1976. Disponível em: <http://dx.doi.org/10.1037/0022-006x.44.3.456>. Acesso em: 25 ago. 2017.

3. Open Science Collaboration, "Estimating the Reproducibility of Psychological Science", *Science*, 349:6251, 2015. Disponível em: <doi:10.1126/science.aac4716>. Acesso em: 25 ago. 2017.

4. A autoavaliação usada por Dan, a State-Trait Anxiety Measure, continua a ser amplamente empregada nas pesquisas de estresse e ansiedade, inclusive nos estudos de meditação. Charles. D. Spielberger et al., *Manual for the State-Trait Anxiety Inventory* (Palo Alto, CA: Consulting Psychologists Press, 1983).

5. Por insistência de seu orientador, Dan passou semanas e mais semanas estudando obras na Biblioteca Baker da Faculdade de Medicina de Harvard, a fim de identificar as ligações cerebrais que levam ao GSR, uma explosão de suor na pele — que na época ainda não era um circuito integralmente conhecido, senão por pedaços separados da neuroanatomia. O orientador de Dan sonhava em publicar um artigo científico sobre o assunto — embora isso nunca tenha acontecido.

6. De fato, as principais medições elétricas de Richie eram avançadas para a época. Mas mesmo a leitura dos registros então prevalecentes dava uma sensação imprecisa do que de fato acontece dentro do cérebro, especialmente comparado a sistemas contemporâneos para analisar um EEG.

7. Pior, no estudo de Dan mesmo aquelas medições periféricas foram até certo ponto malfeitas. Além do batimento cardíaco e da reação de suor, Dan medira o EMG, ou eletromiograma, verificando o nível de tensão no músculo frontal (que junta nossas sobrancelhas quando franzimos o rosto ou ficamos preocupados). Mas os resultados do EMG tiveram de ser descartados, porque Dan dera uma sugestão equivocada sobre o tipo de pasta usada para conectar os sensores à fronte.

8. O orientador de Dan o instruiu a pular a medição do batimento cardíaco para sua tese. Só mais tarde, para seu artigo em coautoria em um periódico acadêmico, o orientador conseguiu alguma verba do departamento que permitia contratar alunos de graduação para fazer a contagem. Mas não havia dinheiro suficiente para contar os batimentos cardíacos por toda a duração dos registros — apenas para certos períodos que o orientador de Dan julgava críticos — por exemplo, a rampa de recuperação dos acidentes da oficina. Mas aqui outra vez havia um problema: os meditadores tiveram uma reação mais forte aos acidentes do que o grupo de controle. Embora sua rampa de recuperação fosse mais íngreme — indicando um retorno mais rápido à linha basal —, essa medida não os mostrava ficando ainda mais relaxados pós-acidente do que os do grupo de controle. Isso foi um ponto fraco, como observado em críticas posteriores do estudo. Ver, por exemplo, David S. Holmes, "Meditation and Somatic Arousal Reduction: A Review of the Experimental Evidence", *American Psychologist*, 39:1, pp. 1-10, 1984.

9. A comparação crucial apontando para possíveis efeitos de traço seria entre os meditadores calejados e os iniciantes na condição em que nenhum dos grupos meditava antes de ver o filme do acidente.

10. Joseph Henrich et al., "Most People Are Not WEIRD", *Nature*, 466:28, 2010. Publicado on-line em 30 jun. 2010. Disponível em: <doi:10.1038/466029a>. Acesso em: 25 ago. 2017.

11. Anna-Lena Lumma et al., "Is Meditation Always Relaxing? Investigating Heart Rate, Heart Rate Variability, Experienced Effort and Likeability During Training of Three Types of Meditation", *International Journal of Psychophysiology*, v. 97, pp. 38-45, 2015.

12. Eileen Luders et al., "The Unique Brain Anatomy of Meditation Practitioners' Alterations in Cortical Gyrification", *Frontiers in Human Neuroscience*, 6:34, pp. 1-7, 2012.

13. A complexidade de inferir que as mudanças encontradas se devem a uma dada intervenção — seja meditação, psicoterapia ou medicação —, mais do que a efeitos "inespecíficos" de intervenções em geral, continua sendo um ponto crucial no projeto de experimento.

14. S. B. Goldberg et al., "Does the Five Facet Mindfulness Questionnaire Measure What We Think It Does? Construct Validity Evidence from an Active Controlled Randomized Clinical Trial", *Psychological Assessment*, 28:8, pp. 1009-14, 2016. Disponível em: <doi:10.1037/pas0000233>. Acesso em: 25 ago. 2017.

15. R. J. Davidson e Alfred W. Kazniak, "Conceptual and Methodological Issues in Research on Mindfulness and Meditation", *American Psychologist*, 70:7, pp. 581-92, 2015.

16. Ver também, por exemplo, Bhikkhu Bodhi, "What Does Mindfulness Really Mean? A Canonical Perspective", *Contemporary Buddhism*, 12:1, pp. 19-39, 2011; John Dunne, "Toward an Understanding of Non-Dual Mindfulness", *Contemporary Buddhism*, 12:1, pp. 71-88, 2011.

17. Ver também, por exemplo, <http://www.mindful.org/jon-kabat-zinn-defining-mindfulness>. Acesso em: 25 ago. 2017. Ainda, Jon Kabat-Zinn, "Mindfulness-Based Interventions in Context: Past, Present, and Future", *Clinical Psychology Science and Practice*, v. 10, p. 145, 2003.

18. R. A. Baer et al., "Using Self-Report Assessment Methods to Explore Facets of Mindfulness", *Assessment*, v. 13, pp. 27-45, 2009.

19. S. B. Goldberg et al., "The Secret Ingredient in Mindfulness Interventions? A Case for Practice Quality over Quantity", *Journal of Counseling Psychology*, v. 61, pp. 491-7, 2014.

20. J. Leigh et al., "Spirituality, Mindfulness, and Substance Abuse", *Addictive Behavior*, 20:7, pp. 1335-41, 2005.

21. E. Antonova et al., "More Meditation, Less Habituation: The Effect of Intensive Mindfulness Practice on the Acoustic Startle Reflex", *PLoS One*, 10:5, pp. 1-16, 2015. Disponível em: <doi:10.1371/journal.pone.0123512>. Acesso em: 25 ago. 2017.

22. D. B. Levinson et al., "A Mind You Can Count On: Validating Breath Counting As Behavioral Measure of Mindfulness", *Frontiers in Psychology*, 5:1202, 2014. Disponível em: <http://journal.frontiersin.org/Journal/110196/abstract>. Acesso em: 25 ago. 2017.

23. Ibid.

5. UMA MENTE IMPERTURBÁVEL [pp. 73-88]

1. St. Abba Dorotheus, citado em E. Kadloubovsky e G. E. H. Palmer, *Early Fathers from the Philokalia* (Londres: Faber & Faber, 1971), p. 161.

2. Thomas Merton, "When the Shoe Fits", *The Way of Chuang Tzu* (Nova York: New Directions, 2010), p. 112.

3. Bruce S. McEwen, "Allostasis and Allostatic Load", *Neuropsychoparmacology*, v. 22, pp. 108-24, 2000.

4. Jon Kabat-Zinn, "Some Reflections on the Origins of MBSR, Skillful Means, and the Trouble with Maps", *Contemporary Buddhism*, v. 12:1, 2011. Disponível em: <doi:10.1080/14 639947.2011.564844>. Acesso em: 25 ago. 2017.

5. Ibid.

6. Philippe R. Goldin e James J. Gross, "Effects of Mindfulness-Based Stress Reduction (MBSR) on Emotion Regulation in Social Anxiety Disorder", *Emotion*, 10:1, pp. 83-91, 2010. Disponível em: <http://dx.doi.org/10.1037/a0018441>. Acesso em: 25 ago. 2017.

7. Phillipe Goldin et al., "MBSR vs. Aerobic Exercise in Social Anxiety: fMRI of Emotion Regulation of Negative Self-Beliefs", *Social Cognitive and Affective Neuroscience Advance*

Access, publicado em 27 ago. 2012. Disponível em: <doi:10.1093/scan/nss054>. Acesso em: 25 ago; 2017.

8. Alan Wallace, *The Attention Revolution: Unlocking the Power of the Focused Mind*. Somerville, MA: Wisdom Publications, 2006. Para uma exploração dos vários significados de "mindfulness", ver B. Alan Wallace, "A Mindful Balance", *Tricycle*, p. 60, primavera 2008.

9. Gaelle Desbordes et al., "Effects of Mindful-Attention and Compassion Meditation Training on Amygdala Response to Emotional Stimuli in an Ordinary, Non-Meditative State", *Frontiers in Human Neuroscience*, 6:292, pp. 1-15, 2012. Disponível em: <doi:10.3399/fnhum.2012.00292>. Acesso em: 25 ago. 2017.

10. V. A. Taylor et al., "Impact of Mindfulness on the Neural Responses to Emotional Pictures in Experienced and Beginner Meditators", *Neuroimage*, 57:4, pp. 1524-33, 2011. Disponível em: <doi:10.1016/j.neuroimage.2011.06.001>. Acesso em: 25 ago. 2017.

11. Tor D. Wager et al., "An fMRI-Based Neurologic Signature of Physical Pain", *NEJM*, 368:15, pp. 1388-97, 11 abr. 2013.

12. Ver, por exemplo, James Austin, *Zen and the Brain: Toward an Understanding of Meditation and Consciousness* (Cambridge, MA: MIT Press, 1999).

13. Isshu Miura e Ruth Filler Sasaki, *The Zen Koan* (Nova York: Harcourt, Brace & World, 1965), p. xi.

14. Joshua A. Grant et al., "A Non-Elaborative Mental Stance and Decoupling of Executive and Pain-Related Cortices Predicts Low Pain Sensitivity in Zen Meditators", *Pain*, v. 152, pp. 150-6, 2011.

15. A. Golkar et al., "The Influence of Work-Related Chronic Stress on the Regulation of Emotion and on Functional Connectivity in the Brain", *PloS One*, 9:9, 2014, e104550.

16. Stacey M. Schaefer et al., "Purpose in Life Predicts Better Emotional Recovery from Negative Stimuli", *PLoS ONE*, 8:11, 2013, e80329. Disponível em: <doi:10.1371/journal.pone.0080329>. Acesso em: 25 ago. 2017.

17. Clifford Saron, "Training the Mind — The Shamatha Project", em A. Fraser (Org.), *The Healing Power of Meditation* (Boston, MA: Shambhala Publications, 2013), pp. 45-65.

18. Baljinder K. Sahdra et al., "Enhanced Response Inhibition during Intensive Meditation Training Predicts Improvements in Self-Reported Adaptive Socioemotional Functioning", *Emotion*, 11:2, pp. 299-312, 2011.

19. Margaret E. Kemeny et al., "Contemplative/Emotion Training Reduces Negative Emotional Behavior and Promotes Prosocial Responses", *Emotion*, 1:2, p. 338, 2012.

20. Melissa A. Rosenkranz et al., "Reduced Stress and Inflammatory Responsiveness in Experienced Meditators Compared to a Matched Healthy Control Group", *Psychoneuroim-*

munology, v. 68, pp. 117-25, 2016. Todos os meditadores de longa data praticaram vipassana e bondade amorosa por um período de no mínimo três anos, faziam a prática diária de pelo menos trinta minutos e fizeram ainda inúmeros retiros de meditação intensiva. Cada um foi equiparado em idade e gênero com um voluntário não meditador para criar um grupo de comparação. Também forneceram amostras de saliva em diversos pontos do experimento, para revelar seus níveis de cortisol. Não havia grupo de controle ativo aqui por dois motivos. Quando as medidas usadas são biológicas e não o autorrelato, os resultados são bem menos suscetíveis a vieses. E, como o curso de Cliff era de três meses, seria impossível criar um grupo de controle ativo semelhante a 9 mil horas de meditação ao longo de três anos ou mais.

21. T. R. A. Kral et al., "Meditation Training Is Associated with Altered Amygdala Reactivity to Emotional Stimuli", sob revisão, 2017.

22. Se Richie estivesse analisando os dados da mesma maneira que na maioria dos outros estudos, nenhuma dessas diferenças teria vindo à tona. O pico da reação amigdalar foi idêntico nesses grupos. Entretanto, a reação dos meditadores que praticaram por mais tempo mostrou uma recuperação mais rápida. Isso pode acontecer devido a um eco neural de "não pegajosidade" revelando uma reação inicial apropriada a uma imagem perturbadora, mas depois fazendo com que essa reação não perdure.

6. PREPARADO PARA AMAR [pp. 89-105]

1. Os Padres do Deserto foram antigos eremitas cristãos que viveram em comunidades localizadas em áreas remotas do deserto egípcio nos primeiros séculos da era cristã. Ali podiam focar melhor em suas práticas religiosas, sobretudo na recitação do *Kyrie Eleison* (expressão grega que significa "Senhor, tende misericórdia"), um "mantra" cristão. Essas comunidades foram as predecessoras históricas das ordens cristãs de monges e freiras; a repetição do *Kyrie Eleison* permanece uma prática primordial entre os monges ortodoxos bizantinos, por exemplo, os do monte Atos. O registro histórico sugere que os monges cristãos do Egito se estabeleceram no monte Atos no século VII, fugindo da conquista islâmica. E. Waddell, *The Desert Fathers*. Ann Arbor: University of Michigan Press, 1957.

2. O arranjo do Bom Samaritano foi um experimento, um de uma série extensa e sistemática de estudos das condições que encorajam ou inibem atos altruístas. Daniel Batson, *Altruism in Humans*. Nova York: Oxford University Press, 2011.

3. Sharon Salzberg, *Lovingkindness: The Revolutionary Art of Happiness*. Boston: Shambhala, 2002.

4. Arnold Kotler (Org.), *Worlds in Harmony: Dialogues on Compassionate Action* (Berkeley: Parallax Press, 1992).

5. Os pesquisadores notam que a autocrítica não se restringe à depressão, ela se manifesta em uma gama de problemas emocionais. Como esses pesquisadores, gostaríamos de ver um estudo que mostrasse um aumento na compaixão induzido pela meditação junto de uma mudança similar nos circuitos cerebrais relacionados. Ver Ben Shahar, "A Wait-List Randomized Controlled Trial of Loving-Kindness Meditation Programme for Self-Criticism", *Clinical Psychology and Psychotherapy*, 2014. Disponível em: <doi:10.1002/cpp.1893>. Acesso em: 25 ago. 2017.

6. Ver, por exemplo, Jean Decety, "The Neurodevelopment of Empathy", *Developmental Neuroscience*, v. 32, pp. 257-67, 2010.

7. Olga Klimecki et al. (2013a), "Functional Neural Plasticity and Associated Changes in Positive Affect after Compassion Training", *Cerebral Cortex*, v. 23, pp. 1552-61.

8. Olga Klimecki et al. (2013b), "Differential Pattern of Functional Brain Plasticity after Compassion and Empathy Training", *Social Cognitive and Affective Neuroscience*, publicação on-line, 9 maio 2013. Disponível em: <doi:10.1093/scan/nst060>. Acesso em: 25 ago. 2017.

9. Thich Nhat Hanh, "The Fullness of Emptiness", *Lion's Roar*, 6 ago. 2012. "Kuan" às vezes é grafado como Kwan, Guan ou Quan.

10. Gaelle Desbordes et al., "Effects of Mindful-Attention and Compassion Meditation Training on Amygdala Response to Emotional Stimuli in an Ordinary, Non-Meditative State", *Frontiers in Human Neuroscience*, 6:292, pp. 1-15, 2012. Disponível em: <doi:10.399/fnhum.2012.00292>. Acesso em: 25 ago. 2017.

11. Cendri A. Hutcherson et al., "Loving-Kindness Meditation Increases Social Connectedness", *Emotion*, 8:5, pp. 720-4, 2008.

12. Helen Y. Weng et al., "Compassion Training Alters Altruism and Neural Responses to Suffering", *Psychological Science*, publicado on-line, 21 maio 2013. Disponível em: <http:/pss.sagepub.com/content/early/2013/05/20/0956797612469537>. Acesso em: 25 ago. 2017.

13. Julieta Galante, "Loving-Kindness Meditation Effects on Well-Being and Altruism: A Mixed-Methods Online RCT", *Applied Psychology: Health and Well-Being*, 2016. Disponível em: <doi:10.1111/aphw.12074>. Acesso em: 25 ago. 2017.

14. Antoine Lutz et al., "Regulation of the Neural Circuitry of Emotion by Compassion Meditation: Effects of Meditative Expertise", *PLoS One*, 3:3, 2008, e1897. Disponível em: <doi:10.1371/journal.pone.0001897>. Acesso em: 25 ago. 2017.

15. J. A. Brefczynski-Lewis et al., "Neural Correlates of Attentional Expertise in Long-Term Meditation Practitioners", *PNAS*, 104:27, pp. 11483-8, 2007.

16. Clifford Saron, apresentação na Second International Conference on Contemplative Science, San Diego, nov. 2016.

17. Abigail A. Marsh et al., "Neural and Cognitive Characteristics of Extraordinary Altruist", *PNAS*, 111:42, pp. 15036-41, 2014. Disponível em: <doi:10.1073/pnas.1408440111>. Acesso em: 25 ago. 2017.

18. Há inúmeros fatores em operação no altruísmo, mas a capacidade de sentir o sofrimento de alguma outra pessoa parece ser um ingrediente-chave. De fato, as mudanças nos meditadores não foram tão fortes nem tão duradouras como os padrões cerebrais estruturais únicos dos doadores de rim. Ver Desbordes et al., "Effects of Mindful-Attention and Compassion Meditation Training on Amygdala Response to Emotional Stimuli in an Ordinary, Non-Meditative State", 2012.

19. Olga Klimecki et al., "Functional Neural Plasticity and Associated Changes in Positive Affect after Compassion Training", 2013a.

20. Helen Y. Weng et al., "Compassion Training Alters Altruism and Neural Responses to Suffering", 2013.

21. Tania Singer et al., "Empathy for Pain Involves the Affective but Not Sensory Components of Pain", *Science*, 303:5661, pp. 1157-62, 2004. Disponível em: <doi:10.1126/science.1093535>. Acesso em: 25 ago. 2017.

22. Olga Klimecki et al., "Functional Neural Plasticity and Associated Changes in Positive Affect after Compassion Training", 2013a; 2014, op. cit.; Tania Singer e Olga Klimecki, 2014, op. cit.

23. Bethany E. Kok e Tania Singer, "Phenomenological Fingerprints of Four Meditations: Differential State Changes in Affect, Mind-Wandering, Meta-Cognition, and Interoception before and after Daily Practice across 9 Months of Training", *Mindfulness*, publicado on-line, 19 ago. 2016. Disponível em: <doi:10.1007/s12671-016-0594-9>. Acesso em: 25 ago. 2017.

24. Yoni Ashar et al., "Effects of Compassion Meditation on a Psychological Model of Charitable Donation", *Emotion*, primeira publicação on-line, 28 mar. 2016. Disponível em: <http:///dx.doi.org/10.1037/emo0000119>. Acesso em: 25 ago. 2017.

25. Paul Condon et al., "Meditation Increases Compassionate Response to Suffering", *Psychological Science*, 24:10, pp. 1171-80, ago. 2013. Disponível em: <doi:10.1177/0956797613485603>. Acesso em: 25 ago. 2017.

26. Gaelle Desbordes et al., "Effects of Mindful-Attention and Compassion Meditation Training on Amygdala Response to Emotional Stimuli in an Ordinary, Non-Meditative State", 2012. Ambos os grupos praticaram por pelo menos vinte horas. Todos os voluntários tiveram

o cérebro escaneado antes e depois do treinamento; o segundo foi escaneado enquanto estava simplesmente em repouso, não meditando.

27. Ver, por exemplo, Birgit Derntl et al., "Multidimensional Assessment of Empathic Abilities: Neural Correlates and Gender Differences", *Psychoneuroimmunology*, v. 35, pp. 67-82, 2010.

28. L. Christov-Moore et al., "Empathy: Gender Effects in Brain and Behavior", *Neuroscience & Biobehavioral Reviews*, 4:46, pp. 604-27, 2014. Disponível em: <doi:10.1016/j.neubiorev.2014.09.001.Empathy>. Acesso em: 25 ago. 2017.

29. M. P. Espinosa e J. Kovářík, "Prosocial Behavior and Gender", *Frontiers in Behavioral Neuroscience*, v. 9, pp. 1-9, 2015. Disponível em: <doi:10.3389/fnbeh.2015.00088>. Acesso em: 25 ago. 2017.

30. O Dalai Lama estende esse sentimento infinitamente. Embora não tenhamos prova, pode haver outros mundos em galáxias próximas ou distantes com suas próprias formas de vida. Nesse caso, ele supõe que elas também gostariam de evitar o sofrimento e almejar a felicidade.

31. A. J. Greenwald e M. R. Banaji, "Implicit Social Cognition: Attitudes, Self-Esteem, and Stereotypes", *Psychological Review*, 102:1, pp. 4-27, 1995. Disponível em: <doi:10.1037/0033--295x.102.1.4>. Acesso em: 25 ago. 2017.

32. Y. Kang et al., "The Nondiscriminating Heart: Lovingkindness Meditation Training Decreases Implicit Intergroup Bias", *Journal of Experimental Psychology*, 143:3, pp. 1306-13, 2014. Disponível em: <doi:10.1037/a0034150>. Acesso em: 25 ago. 2017.

33. O Dalai Lama fez esses comentários em Dunedin, Nova Zelândia, em 10 de junho de 2013, como registrado por Jeremy Russell em <www.Dalailama.org>. Acesso em: 25 ago. 2017.

7. ATENÇÃO! [pp. 106-24]

1. Charlotte Joko Beck, *Nothing Special: Living Zen* (Nova York: HarperCollins, 1993), p. 168.

2. Akira Kasamatsu e Tomio Hirai, "An Electroencephalographic Study on Zen Meditation (Zazen)", *Psychiatry and Clinical Neurosciences*, 20:4, pp. 325-36, 1966.

3. Elena Antonova et al., "More Meditation, Less Habituation: The Effect of Intensive Mindfulness Practice on the Acoustic Startle Reflex", *PLoS One*, 10:5, pp. 1-16, 2015. Disponível em: <doi:10.1371/journal.pone.0123512>. Acesso em: 25 ago. 2017. Os meditadores foram instruídos a ficar em "consciência acessível" durante os ruídos e os do grupo de controle sem experiência em meditação foram instruídos a "permanecer alertas e despertos durante

todo o experimento [...] e voltar sua consciência ao ambiente próximo se percebessem alguma divagação da mente".

4. T. R. A. Kral et al., "Meditation Training Is Associated with Altered Amygdala Reactivity to Emotional Stimuli", sob revisão, 2017.

5. Amishi Jha et al, "Mindfulness Training Modifies Subsystems of Attention", *Cognitive, Affective, & Behavioral Neuroscience*, 7:2, pp. 109-19, 2007. Disponível em: <http://www.ncbi.nlm.nih.gov/pubmed/17672382>. Acesso em: 25 ago. 2017.

6. Catherine E. Kerr et al., "Effects of Mindfulness Meditation Training on Anticipatory Alpha Modulation in Primary Somatosensory Cortex", *Brain Research Bulletin*, v. 85, pp. 98-103, 2011.

7. Antoine Lutz et al., "Mental Training Enhances Attentional Stability: Neural and Behavioral Evidence", *The Journal of Neuroscience*, 29:42, pp. 13418-27, 2009; Heleen A. Slagter et al., "Theta Phase Synchrony and Conscious Target Perception: Impact of Intensive Mental Training", *Journal of Cognitive Neuroscience*, 21:8, pp. 1536-49, 2009. Um grupo de controle ativo, que aprendeu mindfulness durante uma sessão de uma hora no início e no fim do período de três meses e foi instruído a praticar por vinte minutos diários, não se saiu melhor após o treinamento, em comparação a antes.

8. Katherine A. MacLean et al., "Intensive Meditation Training Improves Perceptual Discrimination and Sustained Attention", *Psychological Science*, 21:6, pp. 829-39, 2010.

9. Heleen A. Slagter et al., "Mental Training Affects Distribution of Limited Brain Resources", *PLoS Biology*, 5:6, 2007, e138. Disponível em: <doi:10.1371/journal.pbio.0050138>. Acesso em: 25 ago. 2017. Entre os indivíduos não meditadores do grupo de controle testados nos mesmos intervalos não houve alteração na piscada da atenção.

10. Sara van Leeuwen et al., "Age Effects on Attentional Blink Performance in Meditation", *Consciousness and Cognition*, v. 18, pp. 593-9, 2009.

11. Lorenzo S. Colzato et al., "Meditation-Induced States Predict Attentional Control over Time", *Consciousness and Cognition*, v. 37, pp. 57-62, 2015.

12. E. Ophir et al., "Cognitive Control in Multi-Taskers", *Proceedings of the National Academy of Sciences USA*, 106:37, pp. 15583-7, 2009.

13. Clifford Nass, em uma entrevista à NPR, citado em *Fast Company*, 2 fev. 2014.

14. Thomas E. Gorman e C. Shawn Gree, "Short-Term Mindfulness Intervention Reduces the Negative Attentional Effects Associated with Heavy Media Multitasking", *Scientific Reports*, v. 6, p. 24542, 2016. Disponível em: <doi:10.1038/srep24542>. Acesso em: 28 ago. 2017.

15. Michael D. Mrazek et al., "Mindfulness and Mind Wandering: Finding Convergence through Opposing Constructs", *Emotion*, 12:3, pp. 442-8, 2012.

16. Michael D. Mrazek et al., "Mindfulness Training Improves Working Memory Capacity and GRE Performance while Reducing Mind Wandering", *Psychological Science*, 24:5, pp. 776-81, 2013.

17. Bajinder K. Sahdra et al., "Enhanced Response Inhibition during Intensive Meditation Predicts Improvements in Self-Reported Adaptive Socioemotional Functioning", *Emotion*, 11:2, pp. 299-312, 2011.

18. Sam Harris, *Waking Up: A Guide to Spirituality without Religion* (Nova York: Simon & Schuster, 2015), p. 137.

19. Ver, por exemplo, Daniel Kahneman, *Thinking, Fast and Slow*. Nova York: Farrar, Straus and Giroux, 2011. [Ed. bras.: *Rápido e devagar*. Rio de Janeiro: Objetiva, 2011.]

20. R. C. Lapate et al., "Awareness of Emotional Stimuli Determines the Behavioral Consequences of Amygdala Activation and Amygdala-Prefrontal Connectivity", *Scientific Reports*, 20:6:25826. Disponível em: <doi:10.1038/srep25826>. Acesso em: 28 ago. 2017.

21. Benjamin Baird et al., "Domain-Specific Enhancement of Metacognitive Ability Following Meditation Training", *Journal of Experimental Psychology: General*, 143:5, pp. 1972-9, 2014. Disponível em: <http://dx.doi.org/10.1037/a0036882>. Acesso em: 28 ago. 2017. Tanto o grupo de mindfulness como o de controle precisaram de aulas de 45 minutos quatro vezes por semana por duas semanas, junto com a prática em casa por quinze minutos diários.

22. Amishi Jha et al., "Mindfulness Training Modifies Subsystems of Attention", *Cognitive Affective and Behavioral Neuroscience*, 7:2, pp. 109-19, 2007. Disponível em: <ói:10.3758/cabn.7.2.109>. Acesso em: 28 ago. 2017.

8. LEVEZA DE SER [pp. 125-38]

1. Marcus Raichle et al., "A Default Mode of Brain Function", *Proceedings of the National Academy of Sciences*, v. 98, pp. 676-82, 2001.

2. M. F. Mason et al., "Wandering Minds: The Default Network and Stimulus-Independent Thought", *Science*, 315:581, pp. 393-5, 2007. Disponível em: <doi:10.1126/science.1131295>. Acesso em: 28 ago. 2017.

3. Judson Brewer et al., "Meditation Experience Is Associated with Differences in Default Mode Network Activity and Connectivity", *Proceedings of the National Academy of Sciences*, 108:50, pp. 1-6, 2011a. Disponível em: <ói:10.1073/pnas.1112029108>. Acesso em: 28 ago. 2017.

4. Fakhruddin Iraqi, poeta sufi do século XIII, citado em James Fadiman e Robert Frager, *Essential Sufism* (Nova York: HarperCollins, 1997).

5. Abu Said de Mineh, citado em P. Rice, *The Persian Sufis* (Londres: Allen & Unwin, 1964), p. 34.

6. David Creswell et al., "Alterations in Resting-State Functional Connectivity Link Mindfulness Meditation with Reduced Interleukin-6: A Randomized Controlled Trial", *Biological Psychiatry*, v. 80, pp. 53-61, 2016.

7. Judson Brewer et al., "Meditation Experience Is Associated with Differences in Default Mode Network Activity and Connectivity" (2011a).

8. Kathleen A. Garrison et al., "BOLD Signals and Functional Connectivity Associated with Loving Kindness Meditation", *Brain and Behavior*, 4:3, pp. 337-47, 2014.

9. Aviva Berkovich-Ohana et al., "Alterations in Task-Induced Activity and Resting-State Fluctuations in Visual and DMN Areas Revealed in Long-Term Meditators", *NeuroImage*, v. 135, pp. 125-34, 2016.

10. Giuseppi Pagnoni, "Dynamical Properties of BOLD Activity from the Ventral Posteromedial Cortex Associated with Meditation and Attentional Skills", *The Journal of Neuroscience*, 32:15, pp. 5242-9, 2012.

11. V. A. Taylor et al., "Impact of Meditation Training on the Default Mode Network during a Restful State", *Social Cognitive and Affective Neuroscience*, v. 8, pp. 4-14, 2013.

12. D. B. Levinson et al., "A Mind You Can Count On: Validating Breath Counting as a Behavioral Measure of Mindfulness", *Frontiers in Psychology*, v. 5, 2014. Disponível em: ‹http://journal.frontiersin.org/Journal/110196/abstract›. Acesso em: 28 ago. 2017.

13. Cole Koparnay, Center for Healthy Minds, Universidade de Wisconsin, em preparativo. Esse estudo aplicou critérios mais estritos para alterações cerebrais do que estudos anteriores, que relataram diversos aumentos no volume cerebral do meditador.

14. Novamente, talvez um subconjunto de meditadores siga por um caminho que os deixe mais distanciados e frios ou indiferentes. Compensando essa tendência pode haver um motivo para que tantas tradições enfatizem a compaixão e a devoção, que são "saborosas".

15. Arthur Zajonc, comunicação pessoal.

16. Kathleen Garrison et al., "Effortless Awareness: Using Real Time Neurofeedback to Investigate Correlates of Posterior Cingulate Cortex Activity in Meditators' Self-Report", *Frontiers in Human Neuroscience*, 7:440, pp. 1-9, ago. 2013.

17. Anna-Lena Lumma et al., "Is Meditation Always Relaxing? Investigating Heart Rate, Heart Rate Variability, Experienced Effort and Likeability During Training of Three Types of Meditation", *International Journal of Psychophysiology*, v. 97, pp. 38-45, 2015.

18. Ver Daniel Goleman, *Destructive Emotions: How Can We Overcome Them?* Nova York: Bantam, 2003.

9. MENTE, CORPO E GENOMA [pp. 139-59]

1. Natalie A. Morone et al., "A Mind-Body Program for Older Adults with Chronic Low Back Pain: A Randomized Trial", *Journals of the American Medical Association: Internal Medicine*, 176:3, pp. 329-37, 2016.

2. M. M. Veehof, "Acceptance-and Mindfulness-Based Interventions for the Treatment of Chronic Pain: A Meta-Analytic Review", *Cognitive Behaviour Therapy*, 45:1, pp. 5-31, 2016.

3. Paul Grossman et al., "Mindfulness-Based Intervention Does Not Influence Cardiac Autonomic Control or Pattern of Physical Activity in Fibromyalgia in Daily Life: An Ambulatory, Multi-Measure Randomized Controlled Trial", *The Clinical Journal of Pain*, 11 ago. 2016. Disponível em: <doi:10.1097/AJP.0000000000000420>. Acesso em: 28 ago. 2017.

4. Elizabeth Cash et al., "Mindfulness Meditation Alleviates Fibromyalgia Symptoms in Women: Results of a Randomized Clinical Trial", *Annals of Behavioral Medicine*, 49:3, pp. 319-30, 2015.

5. Melissa A. Rosenkranz et al., "A Comparison of Mindfulness-Based Stress Reduction and an Active Control in Modulation of Neurogenic Inflammation", *Brain, Behavior, and Immunity*, v. 27, pp. 174-84, 2013.

6. Melissa A. Rosenkranz et al., "Neural Circuitry Underlying the Interaction Between Emotion and Asthma Symptom Exacerbation", *Proceedings of the National Academy of Sciences*, 102:37, pp. 13319-24, 2005. Disponível em: <http://doi.org/10.1073/pnas.0504365102>. Acesso em: 28 ago. 2017.

7. Jon Kabat-Zinn et al., "Influence of a Mindfulness Meditation-Based Stress Reduction Intervention on Rates of Skin Clearing in Patients with Moderate to Severe Psoriasis Undergoing Phototherapy (UVB) and Photochemotherapy (PUVA)", *Psychosomatic Medicine*, v. 60, pp. 625-32, 1988.

8. Melissa A. Rosenkranz et al., "Reduced Stress and Inflammatory Responsiveness in Experienced Meditators Compared to a Matched Healthy Control Group", *Psychoneuroimmunology*, v. 68, pp. 117-25, 2016.

9. E. Walsh, "Brief Mindfulness Training Reduces Salivary IL-6 and TNF-α in Young Women with Depressive Symptomatology", *Journal of Consulting and Clinical Psychology*, 84:10, pp. 887-97, 2016. Disponível em: <doi:10.1037/ccp0000122>. Acesso em: 28 ago. 2017; T. W. Pace et al., "Effect of Compassion Meditation on Neuroendocrine, Innate Immune and Behavioral Responses to Psychological Stress", *Psychoneuroimmunology*, v. 34, pp. 87-98, 2009.

10. David Creswell et al., "Alterations in Resting-State Functional Connectivity Link Mindfulness Meditation with Reduced Interleukin-6: A Randomized Controlled Trial", *Biological Psychiatry*, v. 80, pp. 53-61, 2016.

11. Daniel Goleman, "Hypertension? Relax", *New York Times Magazine*, 11 dez. 1988.

12. Jeanie Park et al., "Mindfulness Meditation Lowers Muscle Sympathetic Nerve Activity and Blood Pressure in African-American Males with Chronic Kidney Disease", *American Journal of Physiology — Regulatory, Integrative and Comparative Physiology*, 307:1, 1 jul. 2014, R93-R101; publicado on-line. em 14 maio 2014. Disponível em: <doi:10.1152/ajpregu.00558.2013>. Acesso em: 28 ago. 2017.

13. John O. Younge, "Mind-Body Practices for Patients with Cardiac Disease: A Systematic Review and Meta-Analysis", *European Journal of Preventive Cardiology*, 22:11, pp. 1385-98, 2015.

14. Perla Kaliman et al., "Rapid Changes in Histone Deacetylases and Inflammatory Gene Expression in Expert Meditators", *Psychoneuroendocrinology*, v. 40, pp. 96-107, 2014.

15. J. D. Creswell et al., "Mindfulness-Based Stress Reduction Training Reduces Loneliness and Pro-Inflammatory Gene Expression in Older Adults: A Small Randomized Controlled Trial", *Brain, Behavior, and Immunity*, v. 26, pp. 1095-101, 2012.

16. J. A. Dusek, "Genomic Counter-Stress Changes Induced by the Relaxation Response", *PLoS One*, 3:7, 2008, e2576; M. K. Bhasin et al., "Relaxation Response Induces Temporal Transcriptome Changes in Energy Metabolism, Insulin Secretion and Inflammatory Pathways", *PLoS One*, 8:5, 2013, e62817.

17. H. Lavretsky et al., "A Pilot Study of Yogic Meditation for Family Dementia Caregivers with Depressive Symptoms: Effects on Mental Health, Cognition, and Telomerase Activity", *International Journal of Geriatric Psychiatry*, 28:1, pp. 57-65, 2013.

18. N. S. Schutte e J. M. Malouff, "A Meta-Analytic Review of the Effects of Mindfulness Meditation on Telomerase Activity", *Psychoneuroendocrinology*, v. 42, pp. 45-8, 2014. Disponível em: <http://doi.org/10.1016/j.psyneuen.2013.12.017>. Acesso em: 28 ago. 2017.

19. Tonya L. Jacobs et al., "Intensive Meditation Training, Immune Cell Telomerase Activity, and Psychological Mediators", *Psychoneuroendocrinology*, 36:5, pp. 664-81, 2011. Disponível em: <http://doi.org/10.1016/j.psyneuen.2010.09.010>. Acesso em: 28 ago. 2017.

20. Elizabeth A. Hodge et al., "Loving-Kindness Meditation Practice Associated with Longer Telomeres in Women", *Brain, Behavior, and Immunity*, v. 32, pp. 159-63, 2013.

21. Christine Tara Peterson et al., "Identification of Altered Metabolomics Profiles Following a *Panchakarma*-Based Ayurvedic Intervention in Healthy Subjects: The Self-Directed Biological Transformation Initiative (SBTI)", *Nature: Scientific Reports*, v. 6, p. 32609, 2016. Disponível em: <doi:10.1038/srep32609>. Acesso em: 28 ago. 2017

22. A. L. Lumma et al., "Is Meditation Always Relaxing? Investigating Heart Rate, Heart Rate Variability, Experienced Effort and Likeability During Training of Three Types of Meditation", *International Journal of Psychophysiology*, 97:1, pp. 38-45, 2015.

23. Antoine Lutz et al., "BOLD Signal in Insula Is Differentially Related to Cardiac Function during Compassion Meditation in Experts vs. Novices", *NeuroImage*, 47:3, pp. 1038-46, 2009. Disponível em: <http://doi.org/10.1016/j.neuroimage.2009.04.081>. Acesso em: 28 ago. 2017.

24. J. Wielgosz et al., "Long-Term Mindfulness Training Is Associated with Reliable Differences in Resting Respiration Rate", *Scientific Reports*, v. 6, p. 27533, 2016. Disponível em: <doi:10.1038/srep27533>. Acesso em: 28 ago. 2017.

25. Sara Lazar et al., "Meditation Experience Is Associated with Increased Cortical Thickness", *Neuroreport*, v. 16, pp. 1893-7, 2005. O estudo comparou vinte praticantes vipassana (média em torno de 3 mil horas ao longo da vida) com um grupo de controle de indivíduos equiparados em idade e gênero.

26. Kieran C. R. Fox, "Is Meditation Associated with Altered Brain Structure? A Systematic Review and Meta-Analysis of Morphometric Neuroimaging in Meditation Practitioners", *Neuroscience and Biobehavioral Reviews*, v. 43, pp. 48-73, 2014.

27. Eileen Luders et al., "Estimating Brain Age Using High-Resolution Pattern Recognition: Younger Brains in Long-Term Meditation Practitioners", *Neuroimage*, 2016. Disponível em: <doi:10.1016/j.neuroimage.2016.04.007>. Acesso em: 28 ago. 2017.

28. Eileen Luders et al., "The Unique Brain Anatomy of Meditation Practitioners' Alterations in Cortical Gyrification", *Frontiers in Human Neuroscience*, 6:34, pp. 1-7, 2012.

29. Por exemplo, B. K. Holzel et al., "Mindfulness Meditation Leads to Increase in Regional Grey Matter Density", *Psychiatry Research: Neuroimaging*, v. 191, pp. 36-43, 2011.

30. S. Coronado-Montoya et al., "Reporting of Positive Results in Randomized Controlled Trials of Mindfulness-Based Mental Health Interventions", *PLoS One*, 11:4, 2016, e0153220. Disponível em: <http://doi.org/10.1371/journal.pone.0153220>. Acesso em: 28 ago. 2017.

31. Cole Korponay, em preparação.

32. A. Tusche et al., "Decoding the Charitable Brain: Empathy, Perspective Taking, and Attention Shifts Differentially Predict Altruistic Giving", *Journal of Neuroscience*, 36:17, pp. 4719-32, 2016. Disponível em: <doi:10.1523/JNEUROCI.3392-15.2016>. Acesso em: 28 ago. 2017.

33. S. K. Sutton e R. J. Davidson, "Prefrontal Brain Asymmetry: A Biological Substrate of the Behavioral Approach and Inhibition Systems", *Psychological Science*, 8:3, pp. 204-10, 1997. Disponível em: <http://doi.org/10.1111/j.1467-9280.1997. tb00413.x>. Acesso em: 28 ago. 2017.

34. Daniel Goleman, *Destructive Emotions: How Can We Overcome Them?* Nova York: Bantam, 2003.

35. P. M. Keune et al., "Mindfulness-Based Cognitive Therapy (MBCT), Cognitive Style, and the Temporal Dynamics of Frontal EEG Alpha Asymmetry in Recurrently Depressed Patients",

Biological Psychology, 88:2-3, pp. 243-52, 2011. Disponível em: ‹http://doi.org/10.1016/j. biopsycho.2011.08.008›. Acesso em: 28 ago. 2017.

36. P. M. Keune et al., "Approaching Dysphoric Mood: State-Effects of Mindfulness Meditation on Frontal Brain Asymmetry", *Biological Psychology*, 93:1, pp. 105-13, 2013. Disponível em: ‹http://doi.org/10.1016/j.biopsycho.2013.01.016›. Acesso em: 28 ago. 2017.

37. E. S. Epel et al., "Meditation and Vacation Effects Have an Impact on Disease--Associated Molecular Phenotypes", *Nature*, v. 6, 2016, e880. Disponível em: ‹doi:10.1038/tp.2016.164›. Acesso em: 28 ago. 2017.

38. Stephen E. Straus Distinguished Lecture In the Science of Complementary Health Therapies.

10. A MEDITAÇÃO COMO PSICOTERAPIA [pp. 160-73]

1. Tara Bennett-Goleman, *Emotional Alchemy: How the Mind Can Heal the Heart*. Nova York: Harmony Books, 2001.

2. Zindel Segal, Mark Williams e John Teasdale et al., *Mindfulness-Based Cognitive Therapy for Depression*. Nova York: Guilford Press, 2003; John Teasdale et al., "Prevention of Relapse/Recurrence in Major Depression by Mindfulness-Based Cognitive Therapy", *Journal of Consulting and Clinical Psychology*, 68:4, pp. 615-23, 2000.

3. Madhav Goyal et al., "Meditation Programs for Psychological Stress and Well-Being: A Systematic Review and Meta-Analysis", *JAMA Internal Medicine*, publicado on-line, 6 jan. 2014. Disponível em: ‹doi:10.1001/jamainternmed.2013.13018›. Acesso em: 28 ago. 2017.

4. J. Mark Williams et al., "Mindfulness-Based Cognitive Therapy for Preventing Relapse in Recurrent Depression: A Randomized Dismantling Trial", *Journal of Consulting and Clinical Psychology*, 82:2, pp. 275-86, 2014.

5. Alberto Chiesa, "Mindfulness-Based Cognitive Therapy vs. Psycho-Education for Patients with Major Depression Who Did Not Achieve Remission Following Anti-Depressant Treatment", *Psychiatry Research*, v. 226, pp. 174-83, 2015.

6. William Kuyken et al., "Efficacy of Mindfulness-Based Cognitive Therapy in Prevention of Depressive Relapse", *JAMA Psychiatry*, 27 abr. 2016. Disponível em: ‹doi:10.1001/jamapsychiatry.2016.0076›. Acesso em: 28 ago. 2017.

7. Zindel Segal, apresentação na International Conference on Contemplative Science, San Diego, 18-20 nov. 2016.

8. Sona Dimidjian et al., "Staying Well during Pregnancy and the Postpartum: A Pilot Randomized Trial of Mindfulness-Based Cognitive Therapy for the Prevention of Depressive Relapse/Recurrence", *Journal of Consulting and Clinical Psychology*, 84:2, pp. 134-45, 2016.

9. S. Nidich et al., "Reduced Trauma Symptoms and Perceived Stress in Male Prison Inmates through the Transcendental Meditation Program: A Randomized Controlled Trial", *Permanente Journal*, 20:4, pp. 43-7, 2016. Disponível em: <http://doi.org/10.7812/TPP/16-007>. Acesso em: 28 ago. 2017.

10. Filip Raes et al., "School-Based Prevention and Reduction of Depression in Adolescents: A Cluster-Randomized Controlled Trial of a Mindfulness Group", *Mindfulness*, mar. 2013. Disponível em: <doi:10.1007/s12671-013-0202-1>. Acesso em: 28 ago. 2017.

11. Philippe R. Goldin e James J. Gross, "Effects of Mindfulness-Based Stress Reduction (MBSR) on Emotion Regulation in Social Anxiety Disorder", *Emotion*, 10:1, pp. 83-91, 2010. Disponível em: <http://dx.doi.org/10.1037/a0018441>. Acesso em: 28 ago. 2017.

12. David J. Kearney et al., "Loving-Kindness Meditation for Post-Traumatic Stress Disorder: A Pilot Study", *Journal of Traumatic Stress*, v. 26, pp. 426-34, 2013. Os pesquisadores de VA observam que seus resultados promissores pedem um estudo de acompanhamento, que no momento em que escrevo está em curso. Esse novo estudo tem 130 veteranos com TEPT, distribuídos em um grupo de controle ativo, e uma linha cronológica de quatro anos. A meditação da bondade amorosa está sendo comparada ao que é considerado um tratamento "padrão-ouro" para TEPT, uma variedade de terapia cognitiva, no controle ativo. A hipótese: a bondade amorosa também funciona, mas através de mecanismos diferentes.

13. Outro relato anedótico: P. Gilbert e S. Procter, "Compassionate Mind Training for People with High Shame and Self-Criticism: Overview and Pilot Study of a Group Therapy Approach", *Clinical Psychology & Psychotherapy*, v. 13, pp. 353-79, 2006.

14. Jay Michaelson, *Evolving Dharma: Meditation, Buddhism, and the Next Generation of Enlightenment*. Berkeley: Evolver Publications, 2013. No uso popular, a expressão "noite sombria" em uma jornada espiritual foi um pouco distorcida em relação ao seu sentido original. O místico espanhol do século XVII, são João da Cruz, é conhecido por ser o primeiro a usar o termo — mas para descrever a misteriosa ascensão por um território desconhecido rumo a uma fusão arrebatada com o divino. Hoje, porém, "noite sombria" significa atolar-se em medos e outras coisas que a liberação de nossa identidade terrena pode acarretar.

15. Daniel Goleman, "Meditation as Meta-Therapy", *Journal of Transpersonal Psychology*.

16. Jack Kornfield, *The Wise Heart: A Guide to the Universal Teachings of Buddhist Psychology*. Nova York: Bantam Books, 2009.

17. Daniel Goleman e Mark Epstein, "Meditation and Well-Being: An Eastern Model of Psychological Health", *ReVision*, 3:2, pp. 73-84, 1980. Reproduzido em Roger Walsh e Deane Shapiro, *Beyond Health and Normality* (Nova York: Van Nostrand-Reinhold, 1983).

18. *Thoughts Without a Thinker: Psychotherapy from a Buddhist Perspective* (Nova York: Basic Books, 1995) foi o primeiro livro de Mark Epstein; *Advice Not Given: A Guide to Getting Over Yourself* (Nova York: Penguin, 2018) será o próximo.

11. O CÉREBRO DE UM IOGUE [pp. 174-89]

1. François Jacob descobriu que os níveis de expressão enzimática nas células ocorrem por meio de mecanismos de transcrição de DNA. Por essa descoberta ele ganhou o Prêmio Nobel em 1965.

2. Por vários anos Matthieu pertenceu ao quadro de diretores do Mind and Life Institute e durante muito tempo interagiu com os cientistas ligados a essa comunidade, bem como entabulou diálogos científicos com o Dalai Lama.

3. Antoine Lutz et al., "Long-Term Meditators Self-Induce High-Amplitude Gamma Synchrony during Mental Practice", *Proceedings of the National Academy of Sciences*, 101:46, p. 16369, 2004. Disponível em: <http://www.pnas.org/content/101/46/16369.short>. Acesso em: 28 ago. 2017.

4. Dilgo Khyentse Rinpoche (1910-91).

5. Lawrence K. Altman, *Who Goes First?* Nova York: Random House, 1987.

6. Francisco J. Varela e Jonathan Shear, "First-Person Methodologies: What, Why, How?", *Journal of Consciousness Studies*, 6:2-3, pp. 1-14, 1999.

7. Heleen A. Slagter et al., "Mental Training as a Tool in the Neuroscientific Study of Brain and Cognitive Plasticity", *Frontiers in Human Neuroscience*, 5:17, 2011. Disponível em: <doi:10.3389/fnhum.2011.00017>. Acesso em: 28 ago. 2017.

8. O currículo foi desenvolvido pelo Tibet-Emory Science Project, sob codireção de Geshe Lobsang Tenzin Negi. Para celebrar o novo currículo, Richie participou de um encontro com o Dalai Lama, cientistas, filósofos e meditadores contemplativos no mosteiro Drepung, um posto avançado budista tibetano no estado indiano meridional de Karnataka. Mind and Life XXVI, "Mind, Brain, and Matter: A Critical Conversation between Buddhist Thought and Science", Mundgod, Índia, 2013.

9. Na época, John Dunne era professor assistente no Departamento de Línguas e Culturas da Ásia da Universidade de Wisconsin; hoje, detém uma cadeira como Distinguished Professor of Contemplative Humanities, afiliado ao programa de pesquisa com Richie por lá.

10. Antoine Lutz et al., "Long-Term Meditators Self-Induce High-Amplitude Gamma Synchrony during Mental Practice", *Proceedings of the National Academy of Sciences*, 101:46, pp. 16369, 2004. Disponível em: <http://www.pnas.org/content/101/46/16369.short>. Acesso em: 28 ago. 2017.

11. Alega-se que o pai de Tulku Urgyen, por sua vez, fez mais de trinta anos de retiro no decorrer de sua vida. E o bisavô de Tulku Urgyen, o lendário Chokling Rinpoche, foi um gigante espiritual que fundou uma linha de prática ainda muito viva. Ver Tulku Urgyen, *Blazing Splendor*. Trad. de Erik Pema Kunzang (Katmandu: Blazing Splendor Publications, 2005).

12. TESOURO ESCONDIDO [pp. 190-206]

1. Third Dzogchen Rinpoche, *Great Perfection, Volume Two: Separation and Breakthrough*. Trad. de Cortland Dahl (Ithaca, NY: Snow Lion Publications, 2008), p. 181.

2. F. Ferrarelli et al., "Experienced Mindfulness Meditators Exhibit Higher Parietal--Occipital EEG Gamma Activity during NREM Sleep", *PLoS One*, 8:8, 2013, e73417. Disponível em: <doi:10.1371/journal.pone.0073417>. Acesso em: 28 ago. 2017. Isso se encaixa no que os iogues relatam, e suspeitamos fortemente que também descobriríamos isso neles (esse estudo de sono em iogues tibetanos ainda está por ser feito — embora eles de fato realizem uma prática de cultivar a consciência meditativa durante o sono).

3. Antoine Lutz et al., "Long-Term Meditators Self-Induce High-Amplitude Gamma Synchrony during Mental Practice", *Proceedings of the National Academy of Sciences*, 101:46, p. 16369, 2004. Disponível em: <http://www.pnas.org/content/101/46/16369.short>. Acesso em: 28 ago. 2017.

4. Antoine Lutz et al., "Regulation of the Neural Circuitry of Emotion by Compassion Meditation: Effects of Meditative Expertise", *PLoS One*, 3:3, 2008, e1897. Disponível em: <doi:10.1371/journal.pone.0001897>. Acesso em: 28 ago. 2017.

5. Para a semana que levou à sessão de neuroimagem deles, os novatos passaram vinte minutos diários gerando esse estado de positividade dirigido a todo mundo.

6. Antoine Lutz et al., "Regulation of the Neural Circuitry of Emotion by Compassion Meditation: Effects of Meditative Expertise", 2008.

7. Judson Brewer et al., "Meditation Experience Is Associated with Differences in Default Mode Network Activity and Connectivity", *Proceedings of the National Academy of Sciences*, 108:50, pp. 1-6, 2011a. Disponível em: <doi:10.1073/pnas.1112029108>. Acesso em: 28 ago. 2017.

8. Ver <https://www.freebuddhistaudio.com/texts/meditation/Dilgo_Khyentse _Rinpoche/ FBA13_Dilgo_Khyentse_Rinpoche_on_Maha_Ati.pdf>. Acesso em: 28 ago. 2017.

9. Khamtrul Rinpoche Terceiro, *The Royal Seal of Mahamudra*. Trad. de Gerardo Abboud (Boston: Shambhala, 2014), p. 128.

10. Anna-Lena Lumma et al., "Is Meditation Always Relaxing? Investigating Heart Rate, Heart Rate Variability, Experienced Effort and Likeability during Training of Three Types of Meditation", *International Journal of Psychophysiology*, v. 97, pp. 38-45, 2015.

11. R. van Lutterveld et al., "Source-Space EEG Neurofeedback Links Subjective Experience with Brain Activity during Effortless Awareness Meditation", *Neuroimage*, 2016. Disponível em: <doi:10.1016/j.neuroimage.2016.02.047>. Acesso em: 28 ago. 2017.

12. K. A. Garrison et al., "Effortless Awareness: Using Real Time Neurofeedback to Investigate Correlates of Posterior Cingulate Cortex Activity in Meditators' Self-Report", *Frontiers in Human Neuroscience*, v. 7, pp. 1-9, ago. 2013. Disponível em: <doi:10.3389/fnhum.2013.00440>. Acesso em: 28 ago. 2017.

13. Antoine Lutz et al., "BOLD Signal in Insula Is Differentially Related to Cardiac Function during Compassion Meditation in Experts vs. Novices", *NeuroImage*, 47:3, pp. 1038-46, 2009. Disponível em: <http://doi.org/10.1016/j.neuroimage.2009.04.081>. Acesso em: 28 ago. 2017.

13. ALTERANDO TRAÇOS [pp. 207-28]

1. Jetsun Milarepa, em Matthieu Ricard, *On the Path to Enlightenment* (Boston: Shambhala, 2013), p. 122.

2. Judson Brewer et al., "Meditation Experience Is Associated with Differences in Default Mode Network Activity and Connectivity", *Proceedings of the National Academy of Sciences*, 108:50, pp. 1-6, 2011a. Disponível em: <doi:10.1073/pnas.1112029108>. Acesso em: 28 ago. 2017.

3. Francis de Sales, citado em Aldous Huxley, *The Perennial Philosophy* (Nova York: Harper & Row, 1947), p. 285.

4. Wendy Hasenkamp e sua equipe usaram a fMRI para identificar as regiões cerebrais envolvidas em cada um desses passos. Wendy Hasenkamp et al., "Mind Wandering and Attention during Focused Meditation: A Fine-Grained Temporal Analysis during Fluctuating Cognitive States", *NeuroImage*, 59:1, pp. 750-60, 2012; Wendy Hasenkamp e L. W. Barsalou, "Effects of Meditation Experience on Functional Connectivity of Distributed Brain Networks", *Fron-*

tiers in Human Neuroscience, 6:38, 2012. Disponível em: <doi:10.3389/fnhum.2012.00038>. Acesso em: 28 ago. 2017.

5. O Dalai Lama contou essa história e explicou suas implicações no 23º encontro do Mind and Life em Dharamsala, 2011. Daniel Goleman e John Dunne (Orgs.), *Ecology, Ethics and Interdependence*. Boston: Wisdom Publications, 2017.

6. Anders Ericsson e Robert Pool, *Peak: Secrets from the New Science of Expertise*. Nova York: Houghton Mifflin Harcourt, 2016.

7. T. R. A. Kral et al., "Meditation Training Is Associated with Altered Amygdala Reactivity to Emotional Stimuli", sob revisão, 2017.

8. J. Wielgosz et al., "Long-Term Mindfulness Training Is Associated with Reliable Differences in Resting Respiration Rate", *Scientific Reports*, v. 6, 2016. Disponível em: <27533; doi:10.1038/srep27533>. Acesso em: 29 ago. 2017.

9. Jon Kabat-Zinn et al., "The Relationship of Cognitive and Somatic Components of Anxiety to Patient Preference for Alternative Relaxation Techniques", *Mind/Body Medicine*, v. 2, pp. 101-9, 1997.

10. Richard Davidson e Cortland Dahl, "Varieties of Contemplative Practice", *JAMA Psychiatry*, 74:2, p. 121, 2017. Disponível em: <doi:10.1001/jamapsychiatry.2016.3469>. Acesso em: 29 ago. 2017.

11. Ver, por exemplo, Daniel Goleman, *The Meditative Mind* (Nova York: Penguin; publicado pela primeira vez em 1976, como *The Varieties of the Meditative Experience*). Dan percebe hoje que a categorização é limitada de muitas maneiras. Para começar, essa digitação binária omite ou no mais distorce diversos métodos contemplativos importantes como visualização, em que a pessoa gera uma imagem e o conjunto de sentimentos e atitudes que a acompanham.

12. Cortland J. Dahl, Antoine Lutz e Richard J. Davidson, "Reconstructing and Deconstructing the Self: Cognitive Mechanisms in Meditation Practice", *Trends in Cognitive Science*, v. 20, pp. 1-9, 2015. Disponível em: <http//dx.doi.org/10.1016/j.tics.2015.07.001>. Acesso em: 29 ago. 2017.

13. Hazrat Ali, citado em Thomas Cleary, *Living and Dying in Grace: Counsel of Hazrat Ali* (Boston: Shambhala, 1996).

14. Parafraseado de Martin Buber, *Tales of the Hasidim* (Nova York: Schocken Books, 1991), p. 107.

15. Khamtrul Rinpoche Terceiro, *The Royal Seal of Mahamudra*. Trad. de Gerardo Abboud (Boston: Shambhala, 2014).

16. J. K. Hamlin et al., "Social Evaluation by Preverbal Infants", *Nature*, 450:7169, pp. 557-9, 2007. Disponível em: <doi:10.1038/nature06288>. Acesso em: 29 ago. 2017.

17. F. Ferrarelli et al., "Experienced Mindfulness Meditators Exhibit Higher Parietal--Occipital EEG Gamma Activity during NREM Sleep", *PLoS One*, 8:8, 2013, e73417. Disponível em: <doi:10.1371/journal.pone.0073417>. Acesso em: 29 ago. 2017.

18. A visão de que ciência e religião ocupam diferentes domínios de autoridade e formas de conhecimento, e que não se sobrepõem, foi defendida, por exemplo, por Stephen Jay Gould em *Rocks of Ages: Science and Religion in the Fullness of Life* (Nova York: Ballantine, 1999).

14. UMA MENTE SAUDÁVEL [pp. 229-43]

1. L. Flook et al., "Promoting Prosocial Behavior and Self-Regulatory Skills in Preschool Children through a Mindfulness-Based Kindness Curriculum", *Developmental Psychology*, 51:1, pp. 44-51, 2015. Disponível em <http://dx.doi.org/10.1037/a0038256>. Acesso em: 29 ago. 2017.

2. R. Davidson et al., "Contemplative Practices and Mental Training: Prospects for American Education", *Child Development Perspectives*, 6:2, pp. 146-53, 2012. Disponível em: <doi:10.1111/j.1750-8606.2012.00240>. Acesso em: 29 ago. 2017.

3. Daniel Goleman e Peter Senge, *The Triple Focus: A New Approach to Education*. Northampton, MA: MoreThanSound Productions, 2014.

4. Daniel Rechstschaffen, *Mindful Education Workbook* (Nova York: W. W. Norton, 2016); Patricia Jennings, *Mindfulness for Teachers* (Nova York: W. W. Norton, 2015); R. Davidson et al., "Contemplative Practices and Mental Training: Prospects for American Education", 2012.

5. Esse trabalho ainda está em sua infância. No momento em que escrevemos, os primeiros artigos científicos averiguando os jogos estão sendo preparados para publicação.

6. D. B. Levinson et al., "A Mind You Can Count On: Validating Breath Counting as a Behavioral Measure of Mindfulness", *Frontiers in Psychology*, v. 5, 2014. Disponível em: <http://journal.frontiersin.org/Journal/110196/abstract>. Acesso em: 29 ago. 2017. O *Tenacity* provavelmente estará disponível no fim de 2017. Para mais informações ver: <http://centerhealthyminds.org>. Acesso em: 29 ago. 2017.

7. E. G. Patsenko et al., "Resting State (rs)-fMRI and Diffusion Tensor Imaging (DTI) Reveals Training Effects of a Meditation-Based Video Game on Left Fronto-Parietal Attentional Network in Adolescents", submetido em 2017.

8. B. L. Alderman et al., "Mental and Physical (MAP) Training: Combining Meditation and Aerobic Exercise Reduces Depression and Rumination while Enhancing Synchronized Brain Activity", *Translational Psychiatry*, v. 2 (aceito para publicação em 2016), e726-9. Disponível em: <doi:10.1038/tp.2015.225>. Acesso em: 29 ago. 2017.

9. Julieta Galante, "Loving-Kindness Meditation Effects on Well-Being and Altruism: A Mixed-Methods Online RCT", *Applied Psychology: Health and Well-Being*, 2016. Disponível em: <doi:10.1111/aphw.12074>. Acesso em: 29 ago. 2017.

10. Sona Dimidjian et al., "Web-Based Mindfulness-Based Cognitive Therapy for Reducing Residual Depressive Symptoms: An Open Trial and Quasi-Experimental Comparison to Propensity Score Matched Controls", *Behaviour Research and Therapy*, 2014. Disponível em: <doi:10.1016/j.brat.2014.09.004>. Acesso em: 29 ago. 2017.

11. Kathleen Garrison, "Effortless Awareness: Using Real Time Neurofeedback to Investigate Correlates of Posterior Cingulate Cortex Activity in Meditators' Self-Report", *Frontiers in Human Neuroscience*, 7:440, pp. 1-9, ago. 2013.

12. Judson Brewer et al., "Mindfulness Training for Smoking Cessation: Results from a Randomized Controlled Trial", *Drug and Alcohol Dependence*, v. 119, pp. 72-80, 2011b.

13. A. P. Weible et al., "Rhythmic Brain Stimulation Reduces Anxiety-Related Behavior in a Mouse Model of Meditation Training", *Proceedings of the National Academy of Sciences*, no prelo, 2017. O impacto da indução eufótica de luzes estroboscópicas pode criar um perigo em humanos para quem sofre de epilepsia, porque os ritmos às vezes podem deflagrar um ataque.

14. H. F. Iaccarino et al., "Gamma Frequency Entrainment Attenuates Amyloid Load and Modifies Microglia", *Nature*, 540:7632, pp. 230-5, 2016. Disponível em: <doi:10.1038/nature20587>. Acesso em: 29 ago. 2017.

15. A biologia mamífera básica do camundongo é configurada mais ou menos nas linhas da humana, mas não inteiramente, e, quando se trata do cérebro, as diferenças são bem maiores.

16. Para mais detalhes, ver Daniel Goleman, *A Force for Good: The Dalai Lama's Vision for Our World*. Nova York: Bantam, 2015 [Ed. bras.: *Uma força para o bem: A visão do Dalai Lama para o nosso mundo*. Rio de Janeiro: Objetiva, 2015.]; <www.joinaforce4good.org>.

17. Alguma evidência para essa estratégia: C. Lund et al., "Poverty and Mental Disorders: Breaking the Cycle in Low-Income and Middle-Income Countries", *Lancet*, 378:9801, pp. 1502-14, 2011. Disponível em: <doi:10.1016/s0140-6736(11)60754-x>. Acesso em: 29 ago. 2017.

Outras fontes

PARA INFORMAÇÕES ATUALIZADAS DA PESQUISA EM MEDITAÇÃO

Center for Healthy Minds, Universidade de Wisconsin-Madison: <https://centerhealthyminds.org>.
Mind and Life Institute: <https://www.mindandlife.org>.
National Center for Complementary and Integrative Health: <https://nccih.nih.gov>.
Center for Compassion and Altruism Research and Education, Universidade Stanford: <http://ccare.stanford.edu>.
Terapia cognitiva baseada em mindfulness: <http://mbct.com>.

PRINCIPAIS GRUPOS DE PESQUISA EM MEDITAÇÃO

Laboratório de Richie Davidson: <https://centerhealthyminds.org/science/studies>.
Laboratório de Judson Brewer e centro da MBSR: <http://www.umassmed.edu/cfm>.
Estudo de meditação de Tania Singer: <https://www.resource-project.org/en/home.html>.
Laboratório de Amishi Jha: <http://www.amishi.com/lab>.
Laboratório de Clifford Saron: <http://saronlab.ucdavis.edu>.
Oxford Mindfulness Centre: <https://www.psych.ox.ac.uk/research/mindfulness>.
UCLA Mindful Awareness Research Center: <http://marc.ucla.edu>.

Índice remissivo

Abhidhamma, 40
abnegação, 131-8
ação compassiva, 92, 102, 196
adolescentes, 165
Agency for Healthcare Research and Quality, 163
alerta, estado de, 122
Alexandre, o Grande, 50
Alpert, Richard, 23
altruísmo, 97, 223, 225, 260n18
amadurecimento, 233
amígdala, 78, 86, 95-8, 166, 208; e emoções, 109; e estresse, 143; e meditadores de longo prazo, 202, 210; e mulheres, 102; e pegajosidade, 138
amor, 89-105
anseio, 237-8
ansiedade, 163, 165, 172-3, 198, 217, 236, 254n4
Antonova, Elena, 108, 261n3
Antrobus, John, 249n12
apego, 134, 138, 210
aplicativos, 230, 236

aprendizagem social/emocional (SEL), 234
arhant, 216
Aristóteles, 50
atenção, 61, 106-24, 129, 202, 220; e amígdala, 78-9; e crianças, 233-4; e meditadores de longo prazo, 209, 227
atenção plena, 77-9
atenção seletiva, 110-3, 123
autocircuito, 138
autocompaixão, 92, 259n5
autonomia, 140
autorreferência, 136
autorrelatos, 57, 69-70

Basili, padre, 104
Beck, Aaron, 102, 160-1
bem-estar, 51-3, 230-1
Bennett-Goleman, Tara, 160-1
Benson, Herbert, 146, 148
bhakti, 218-9
Biblioteca de Obras e Arquivos Tibetanos, 40
biofeedback, 15
Bodh Gaya, India, 22, 24

bodhi, 52

bolsas, 20

bondade, 222-3, 232-4

bondade amorosa, 89, 95, 98, 101, 196

Brewer, Judson, 132-3, 136, 200, 212, 238-9

Britton, Willoughby, 169-70

Buda Gautama, 36, 130, 226

budismo teravada, 8

Bush, Mirabai, 248n3

Center for Contemplative Mind in Society, 248n3

Center for Healthy Minds, 10, 14, 69, 86-7, 153-6, 230-5; e condições de comparação, 66; e investigação do núcleo accumbens, 134; e pesquisa de inflamação, 142-4; e pesquisa de iogues, 174-80, 184-205, 211-2; e pesquisa do ritmo de respiração, 150; e pesquisa epigenética, 148; e piscada da atenção, 115; e protocolo experimental, 179; e traços alterados, 210; e viés, 60

Center for Mind and Brain, 83

Center for Mindfulness in Medicine, Health Care, and Society, 139

Centro de Pesquisa de Neurociência de Lyon, 191

Centro Médico da Universidade de Massachusetts, 75, 139

Centro Nacional de Pesquisa Científica francês, 19

Centro Nacional de Saúde Complementar e Integrada [EUA], 158

cérebro, 45-9, 70, 87, 159; assimetria do, 155-6; atividade do, 94, 127, 180-1, 195; e empatia, 185; e energia metabólica, 127; e envelhecimento, 187-8; e o coração, 203; oscilações do, 180, 193; tamanho do, 134, 150-4; e tipo de meditação, 217; *ver também*

neurociência (pesquisa)

céticos, 60

Chokling Rinpoche, 271n11

Chokyi Nyima Rinpoche, 185

Chomsky, Noam, 249n10

City College of New York, 249n12

Cognitively-Based Compassion Training (CBCT), 102

compaixão, 71, 89-104, 181, 196-7, 203-6

concentração, 27, 39, 68, 111, 119; acesso, 35-6; como *paramita*, 222; e iogues, 211; sem esforço, 201, 206

concentração de acesso, 36

conduta ética, 222, 225

conectividade, 86-7, 133, 145, 159, 208-9, 235

conflito de interesse, 60

consciência, 31-2, 42, 120, 126, 191, 193

consciência aberta, 115-6

consciência sensória, 112

consideração, 103-5

controle cognitivo, 110, 118-9

controle do hábito, 135

conversa interior, 145, 166

coração, 58, 149-50, 202-5, 255n8

córtex auditivo primário, 252n14

córtex cingulado, 151; anterior, 143; posterior, 127, 132, 136, 159, 197, 238

córtex orbitofrontal, 151

córtex pré-frontal, 109-10, 151; e amígdala, 86; ativação, 155, 235; e estágios iniciais da meditação, 135; e meditadores de longo prazo, 210; e o córtex cingulado posterior, 197

córtex pré-frontal dorsolateral, 121, 129, 132

cortisol, 143, 144, 179, 209, 214, 227

Creswell, David, 131-2, 145

crianças, 165, 223, 232-5

crises, 169-70

Dahl, Cortland, 217

Dalai Lama, 18-9, 137-8, 202, 221; e amor universal, 103; e ciência, 180; e compaixão, 92; e dados de imagem cerebral, 43; e emoções destrutivas, 13-4; e enfermidades, 158; e iogues, 174; e Khunu Lama, 23; e sofrimento, 261n30; e vida cotidiana, 214; visão de, 242

Dalhousie, Índia, 32, 125-6

Davidson, Richard J., 9, 33-4, 109, 174-89, 215, 240-3; e amígdala, 258n22; e Antoine Lutz, 191-6; e categorias de meditação, 180-3, 217, 220; e o Dalai Lama, 202, 221; e demonstração de EEG, 202-3; e dor, 125-7; formação de, 28-32, 248-9n9-10; e Goleman, pesquisa de, 179; e Mingyur Rinpoche, 186-9; e palestra Stephen E. Straus, 158; pesquisa de Harvard por, 122; e pesquisa de piscada da atenção, 115; e pesquisa genética, 147-8; primeiros escritos de, 42; e sociólogos, 47; tese de, 11, 30, 61-2, 111-2, 254n6

Davidson, Susan, 229

Davis, Jake, 238

de Sales, Francisco, 212

depressão, 155, 161-6, 168, 236, 259n5

de-reificação, 130

desacoplamento funcional, 81

descentrar, 160, 164

despertar, 226

devoção, 225

Dharamsala, Índia, 40

Diamond, Marion, 46-54

Dilgo Khyentse Rinpoche, 176, 197

Dimidjian, Sona, 165, 236

diretrizes morais, 225

distrações, 117, 237

divagação mental, 128-9, 208-9

doença de Alzheimer, 239

doença mental, 169-70

doença renal, 146, 260n18

doenças cardíacas, 141, 146-7

Dogen, 130

dor, 125-6, 140, 198-200; e iogues, 206, 211; e meditação, 79-81, 162-3; redes neurais para, 99

drogas, 32, 250n20

drogas psicodélicas, 250n17

Dunne, John, 182, 270n9

Dzogchen, 219

EEG, 111, 180, 184, 192, 202-3, 239

efeito coquetel, 111

efeito de traço, 81, 85, 144, 159; ver também traços alterados

efeito Hawthorne, 65-6

efeito sonâmbulo, 213

efeitos de estado, 35, 42, 192, 200

Ekman, Paul, 85, 137-8

emoções, 8, 99, 109, 137-8, 156, 199, 206

emoções destrutivas, 13-4, 154, 176, 180

empatia, 71, 92-3, 105, 154, 204; circuitos cerebrais para, 185; e crianças, 233; e jogo Tenacity, 235; e meditadores novatos, 208; pesquisas sobre, 98-100, 196; e sofrimento, 96

Engle, Adam, 19-20

envelhecimento, 116, 151-2, 187-8, 209, 228

epigenética, 147-8

Epstein, Mark, 171

eremitas cristãos, 89-90, 258n1

Ericsson, Anders, 214

escaneamento corporal, 75, 213

escolas filosóficas greco-romanas, 50, 52

esforço, 135-6, 200-2, 222

esgotamento, 82, 99

especificidade cortical, 112

espessura cortical, 151-65

estado por interação de traço, 194, 196, 203, 210-1

estados alterados de consciência, 27, 30-1, 195

estresse, 66, 73, 82-7, 254n4; causa, 58; e inflamação, 142-5; reatividade ao, 76, 209; recuperação de, 71, 208

estudos longitudinais, 83-4, 114, 187, 213

eu, 128-31, 136-7

eudaimonia, 51-4

expectativas, 57, 100, 126

experiências de pico, 249n15

experimentos da natureza, 48-9

Faculdade de Medicina da Universidade de Massachusetts, 74, 238

Faculdade de Medicina de Harvard, 15, 146, 150-1

felicidade, 102, 104

Feniger, Siegmund, 250n2

fibromialgia, 141

financiamento, 20

fitness mental, 235-7

florescimento, 50-2

fluxo, 129

fMRI, 76, 164, 184-6

foco, 35, 96, 112, 198, 201-2, 208

Freud, Sigmund, 31

gânglios basais, 135

Garrison Institute, 231

generosidade, 221-2

genômica, 147-50

girificação cortical, 152

Goenka, S. N., 25, 33-5, 75, 91

Goldin, Philippe, 76, 165

Goldstein, Joseph, 24-5, 91

Goleman, Daniel, 9, 22-8, 30, 42, 215, 240-3; e Davidson, pesquisa de, 179; e Jon Kabat-Zinn, 216-8; e o prêmio Templeton do Dalai Lama, 221; e pressão arterial, 157-8; e psicologia transpessoal, 250n15; tese de, 11, 28, 56-9, 254n7, 255n8-9; e tipologia de meditação, 273n11; e U Pandita, 145

gratidão, 233

Gross, James, 76, 165

grupos de controle, 83, 147, 198; e controles ativos, 60, 63, 66, 162, 258n20, 262n7

Gueth, Anton, 250n2

habituação, 107-8, 113

Harris, Sam, 120

Hasenkamp, Wendy, 212, 272n4

Health Enhancement Program (HEP), 66, 143, 155

Hora da Imobilidade, 125-6

Hover, Robert, 75-6

humor, 155

inconsciente cognitivo, 120

Índia, 32-4; *ver também* cidades individuais

indução eufótica, 239, 275n13

inflamação, 142-4, 159

inibição de resposta, 119

inibição do impulso, 119

insight, 26, 37-9

Insight Meditation Society (IMS), 74, 91, 112, 115

Instituto de Estudos Budistas do Mosteiro Namgyal, 202-3

Instituto Max Planck de Cognição Humana e Neurociências, 62-3, 93, 99, 154

Instituto Nacional de Saúde Mental, EUA (NIMH), 166

Institutos Nacionais de Saúde, EUA, 147, 158, 235, 242

ínsula, 95, 151, 164, 203

ínsula anterior, 151

interocepção, 213

ioga, 74, 251n5

iogues, 148, 156, 174-206, 224; e atividade do cortisol, 211, 214; e sono, 271n2; tipo de meditação, 219; e traços alterados, 210-1, 227; tradição de, 223-5

Jacob, François, 270n1

James, Williams, 31, 106-7, 110, 205

Jetsun Milarepa, 207

Jha, Amishi, 110, 122, 231

jhana, 36, 38

Journal of Transpersonal Psychology, 28, 248n6

junção temporoparietal (TPJ), 154

Kabat-Zinn, Jon, 9, 68, 139-40, 247n4; e Daniel Goleman, 216-8; formação, 74-7; e MBSR, 144, 155-6

Kandy, Sri Lanka, 40-1

Kapor, Mitch, 250n3

kenosis, 131

Khunu Lama, 22, 222

Kornfield, Jack, 171

Krishna Das, 24, 248n3

Kuhn, Thomas, 241

Lazar, Sara, 150, 267n25

Lazarus, Richard, 55

libertação, 27

locais de trabalho, 230

Lutz, Antoine, 191-6

Mahamudra, 219

Maharaji, 23-4, 248n3

Maharishi University of Management, 60, 165

mantra, 11, 68, 148, 162, 220, 258n1

manual, 26, 35-9

Manual diagnóstico e estatístico de transtornos mentais (DSM), 166, 172

Maslow, Abraham, 249n15

Maull, Fleet, 231

MBCT (Terapia Cognitiva Baseada em Mindfullness), 160-1, 164, 166, 173, 236

MBSR (Redução do Estresse Baseada em Mindfulness), 9, 66, 75-7, 139-41, 217; e amígdala, 86, 208; e ansiedade social, 165; e atenção seletiva, 111, 123; e consciência sensorial, 112; e níveis de cortisol, 144; e qualificações dos professores, 156; e solidão, 148

McCleary, Joel, 251n4

McEwen, Bruce, 45

McLeod Ganj, Índia, 174

medicina ayurvédica, 149

medições fisiológicas, 30, 58

meditação, 14, 18; e atenção sustentada, 113-4; atitudes em relação à, 32; benefícios a curto prazo de, 208-9; benefícios da, 63, 66, 146-8, 156-8, 163, 205; como metaterapia, 171-3; como psicoterapia, 160-73; e dor, 75, 79-81, 125-6, 198-200; e efeitos de estado, 42; efeitos de traço da, 71; efeitos na saúde da, 157-8, 161-2, 227, 231; e esforço, 135-6, 200-2, 222; e estado por interações de traço, 195; e estresse, 74-7; estudos longitudinais da, 83-4; e falta de tempo, 229; guia para, 26, 35-9; impacto a longo prazo da, 43, 97, 122-4, 209-10; impactos fisiológicos da, 149-50; intensidade da, 215; metas da, 73; mindfulness *ver* mindfulness; monetização da, 16; níveis de, 8-9, 208; e perfis neurais, 101-2; e plataformas digitais, 230; em posição sentada, 76; processo da, 25, 36-7, 212-3; professores de, 214-6; e psicologia clínica, 26; e qualidade de vida, 157; quantificação da, 64-5, 161, 202, 213; e rede de modo padrão, 138; em retiros, 32-4, 169-70, 186, 190, 215; resiliência, 82; e TEPT, 167-8; tipos de, 62, 96, 101, 152, 154, 156, 217-20; e viés inconsciente, 121; *ver também* meditadores; pesquisa; tipos individuais

meditação compassiva, 78, 91, 149-50, 196-7, 208-9; e ação, 105; e TEPT, 168

meditação construtiva, 220

meditação da bondade amorosa, 62, 91-5, 149, 220; e atividade cerebral, 197; e inflamação, 144; instrução baseada na web para, 236; e meditadores de longo prazo, 210; e o eu, 133; e trauma, 167-8, 173, 269n12; e viés implícito, 104

meditação de consciência respiratória, 166

meditação de insight, 35-9

meditação desconstrutiva, 220

meditação transcendental (MT), 9, 60, 162

meditação zen, 80-81, 107-8, 113, 130, 133, 219

meditadores, 174-206; amígdalas de, 86-7; cérebro de, 134, 150-4, 201, 264n13; e estresse, 215; iniciantes, 194, 200, 207; longo prazo, 132-3, 207-10, 227; nível de experiência de, 64-5, 201, 214-6; e pico da onda cerebral, 182

memória, 45-6, 119, 123, 208

mente consciente, 119-20

mente de macaco, 36, 132

Mentes Saudáveis, 230

Merton, Thomas, 73

meta-análise, 146, 152, 162-3

metaconsciência, 100, 110, 119-21, 132-3, 219

métodos de pesquisa, 16, 55-72, 94, 121; e

autosseleção, 152; e dor, 80-1; e estresse, 85-7; e estudo da depressão, 164; e grupos de controle, 66, 83, 147, 162, 198; e iogues, 190-1; e perícia de meditação, 178, 202; e tipo de meditação, 152-3

metta, 91

Michaelson, Jay, 169

Mind and Life Institute, 13, 19, 77, 135, 176, 212; e o Dalai Lama, 221; e encontro sobre emoções destrutivas, 180; e pesquisa de desejo, 237; e SRI, 83, 111, 132, 150, 165

Mindful Mood Balance, 236

mindfulness, 18, 37, 67-70, 76-7, 132-3; e ansiedade, 162; e concentração, 118; e crianças, 165, 232; e depressão, 164; e dor, 140-1, 162; e foco, 112; e frequência cardíaca, 149-50; e inflamação, 144, 159; e iniciantes, 219; e insight, 26; e metaconsciência, 100; e pesquisa com telomerase, 149; e piscada da atenção, 116; e possessividade, 238; e TEPT, 8; e veteranos, 167

Mingyur Rinpoche, 180-9, 198, 218

movimento da mindfulness, 140

multitarefa, 116-8

Munindra, Anagarika, 25, 35

não resultados, 60, 122

Nass, Clifford, 118

Neem Karoli Baba, 23, 218

Neff, Kristin, 92

Negi, Geshe Lobsang Tenzin, 101, 270n8

neocórtex, 109

neurociência, 12-3, 30, 45-6, 109, 111, 220, 223; *ver também* cérebro; pesquisa; métodos de pesquisa

neurofeedback, 238-9

neurogênese, 236

neuromitologia, 154-6

neuroplasticidade, 47-9, 210, 232-6, 253n16

neurotransmissores, 32, 250n17

Neville, Helen, 48-9, 252n14

nibbana, 37, 179

Nisker, Wes, 248n3

nível de reatividade, 86

noites negras, 169-70, 269n14

Norla, Lama, 218

Northeastern University, 101

núcleo accumbens, 134, 138, 204, 210-1

Nyanaponika Thera, 40-1, 250n2

open presence, 183, 195, 198

orientação atencional, 111, 122

oscilações gama, 192-4, 205-6, 210, 239

paciência, 213, 222

Padres do Deserto, 89-90, 258n1

panchakarma, 149

paramitas, 221

pegajosidade, 130, 136-8, 258n22

pele, 142-5

pensamento depressivo, 102

percepção extrassensorial, 183-4

perfil neural, 95, 101

período refratário, 114

personalidade, 253n16

pesquisa: avaliação de, 70; cobaias de, 61, 153; histórico de, 18; na década de 1970, 107; normas de, 184; projeto de, 66, 72, 166, 178-9, 184, 255n13, 267n25; sobre a MBSR, 112; sobre atenção seletiva, 111; sobre bondade amorosa, 95; sobre compaixão, 89, 100; sobre controle cognitivo, 118-9; sobre empatia, 93; sobre inflamação, 142-4; sobre meditadores zen, 133; sobre metaconsciência, 121; sobre mindfulness, 54; sobre propósito de vida, 53; supersimplificação da,

153; e tipo de meditação, 62, 152-3, 220; *ver também* métodos de pesquisa

Pinger, Laura, 232

piscada da atenção, 114-6, 123, 204, 262n9

Posner, Michael, 122

possessividade, 130, 135, 237

postura não dual, 219

prática vajrayana, 219

preocupação empática, 92, 98, 105, 235

pressão arterial, 85, 146-7, 157-8

Prison Mindfulness Institute, 231

professores, 156, 215-6, 225

Programa de Redução do Estresse e Relaxamento, 139

propósito na vida, 53, 82, 224

psicanálise, 172

psicologia: behaviorista, 29, 248n8; budista, 40, 171; clínica, 26; primeiros dias da, 31

psicologia da consciência, curso, 41, 171

psicologia transpessoal, 250n15

psicoterapia, 160-73

questionários, 68-70

Raichle, Marcus, 127

Ram Dass, 23, 248n3

reavaliação cognitiva, 94

rede em modo default, 127-9, 132-4, 138, 204

Redução do Estresse Baseada em Mindfulness *ver* MBSR

regulação decrescente, 82, 147

relação dose-resposta, 65, 208

relaxamento, 62, 148

religiões, 27, 274n8

renúncia, 134

reprodutibilidade, 56, 60, 165

resiliência, 82

ReSource Project, 99, 213

resposta galvânica da pele, 58, 254n5

resultados nulos, 57

retiros, 32-4, 169-70, 186, 190, 215

Ricard, Matthieu, 99, 176-9, 189, 196, 207, 270n2

ritmo de respiração, 118, 149-50, 215, 234

Rodin, Judith, 29, 249n11

Rosenkranz, Melissa, 143, 144, 257n20

ruminação, 128

Ryff, Carol, 52-3, 82

sabedoria, 222

Sacks, Oliver, 250n20

Sahn, Seung, 74

Salzberg, Sharon, 91, 248n3

samádi, 27, 38

Saron, Cliff, 83-4, 97, 174-5, 213; e benefício da telomerase, 149; e inibição de impulso, 119; pesquisa de, 114, 123

Sasaki, Ruth, 80

sati, 67

Sayadaw, Ledi, 25

Sayadaw, Mahasi, 26, 145, 250n2

Sayadaw, U Pandita, 145, 160

Schumpeter, Joseph, 45

Segal, Zindel, 161, 164

sentimentos positivos, 99

serenidade, 101, 222

shamatha, 213

Shantideva, 221

Shapiro, David, 247n4

Shors, Tracy, 236

Simon, Herbert, 117

síndrome de Tourette, 247n1

Singer, Tania, 98-100, 149, 154, 213

sintomas psicológicos, 141, 169-70

sistema de ativação reticular (RAS), 107

sistema educacional, 233

sistema imune, 53, 210

sistema límbico, 109

Skinner, B. F., 248-9n8-10

Sociedade de Neurociências, 45, 251n9

sofrimento, 95-6, 138, 161, 169-70, 197, 199

solidão, 148

sono, 271n2

Sri Lanka, 40

State-Trait Anxiety Measure, 254n4

Stendl-Rast, David, 98

sufi, 131

Summer Research Institute (SRI), 19-20, 83, 111, 132, 150, 165, 212

surdos, 48-9, 252n14

Surwit, Richard, 247n4

Suzuki, Shunryu, 52

Suzuki, D. T., 113

Tart, Charles, 32

Teasdale, John, 161-4

telomerase, 148

Tenacity, jogo, 234-5

teólogos cristãos, 131

teoria fundamentada, 179

Terapia Cognitiva Baseada em Mindfulness *ver* MBCT

Tibet-Emory Science Project, 270n8

traços alterados, 12, 41, 49, 195, 205-28, 240-3, 253n19; induzidos por meditação, 114; primeiras ideias sobre, 42, 44

transtorno de ansiedade social, 76-7, 165

transtorno do estresse pós-traumático, TEPT, 7-8, 49, 167-8

trauma, 165-8, 231

Travis, John, 248n3

treinamento em compaixão baseado na cognição *ver* Cognitively-Based Compassion Training (CBCT)

Treinamento Mental e Físico (MAP), 236
treinamento musical, 252n12
Treisman, Anne, 122
Trier Social Stress Test (TSST), 84
Tsikey Chokling Rinpoche, 185
Tsoknyi Rinpoche, 185
Tulku Urgyen Rinpoche, 185, 271n11

U Ba Khin, 25, 75, 179
Universidade Brown, 169
Universidade Carnegie Mellon, 131
Universidade da Califórnia em Berkeley, 46, 55
Universidade da Califórnia em Davis, 83
Universidade da Califórnia em Los Angeles, 151-2
Universidade da Califórnia em Santa Barbara, 118, 121
Universidade da Pensilvânia, 110
Universidade de Miami, 111
Universidade de Montreal, 133
Universidade de Nova York, 29, 248n9
Universidade de Oxford, 161, 163-4
Universidade de Washington, 127
Universidade de Wisconsin: ver Center for Healthy Minds
Universidade do Colorado, 100
Universidade do Oregon, 239
Universidade do Texas em Austin, 92
Universidade Emory, 77-9, 102, 133, 212, 221, 270n8
Universidade Estadual de Nova York em Purchase, 83-4, 179
Universidade Harvard, 41-2, 128, 183
Universidade Johns Hopkins, 161-3
Universidade Rockefeller, 45
Universidade Stanford, 76-7, 117-8, 165
Universidade Yale, 104, 132

vairagya, 134
validade de construção, 69
Varela, Francisco, 19, 178-9, 203
Variedades da Experiência Contemplativa, 169
vazio, 131
veteranos, 167-8, 269n12
vício, 237-8
videogames, 234-5
viés, 57-60, 103, 121
vigilância, 110, 113-4, 123
vipassana, 25, 75, 91, 96, 160; e atenção seletiva, 112-3, 123; e pesquisa com inflamação, 144; e pesquisa epigenética, 148; e piscada da atenção, 115; e prática de longo prazo, 207, 219; e reatividade da amígdala, 109
visão parafoveal, 48, 252n13-14
visão periférica, 48, 252n13-14
visualização, 178, 183
Visuddhimagga, 35-40, 169, 216-7

Waisman Center, 10; ver também Center for Healthy Minds; Davidson, Richard J.
Wallace, Alan, 77-9, 83-5, 102, 114
Williams, Mark, 161, 164
Winnicott, Donald, 172

Young, Jeffrey, 161

Zajonc, Arthur, 135, 251n4

1ª EDIÇÃO [2017] 5 reimpressões

ESTA OBRA FOI COMPOSTA PELA ABREU'S SYSTEM EM INES LIGHT
E IMPRESSA EM OFSETE PELA LIS GRÁFICA SOBRE PAPEL PÓLEN NATURAL
DA SUZANO S.A. PARA A EDITORA SCHWARCZ EM MAIO DE 2023

A marca FSC® é a garantia de que a madeira utilizada na fabricação do papel deste livro provém de florestas que foram gerenciadas de maneira ambientalmente correta, socialmente justa e economicamente viável, além de outras fontes de origem controlada.